10,—

**Droemer**
**Knaur**®

Josephine Lowndes Sevely

# Evas Geheimnisse

Neue Erkenntnisse
zur Sexualität der Frau

Droemer Knaur

Aus dem Amerikanischen
von Irene Rumler

CIP-Titelaufnahme der Deutschen Bibliothek

**Sevely, Josephine Lowndes:**
Evas Geheimnisse: neue Erkenntnisse zur Sexualität d. Frau/Josephine
Lowndes Sevely. Aus d. Amerikan. von Irene Rummler. – München:
Droemer Knaur, 1988
Einheitssacht.: Eve's secrets ‹dt.›
ISBN 3-426-26363-7

© Copyright für die deutschsprachige Ausgabe bei Droemersche
Verlagsanstalt Th. Knaur Nachf., München 1988.
Titel der amerikanischen Originalausgabe
»Eve's Secrets«
© Copyright 1987 by Josephine Lowndes Sevely
Das Werk einschließlich aller seiner Teile ist urheberrechtlich geschützt.
Jede Verwertung außerhalb der engen Grenzen des Urheberrechtsgesetzes
ist ohne Zustimmung des Verlags unzulässig und strafbar. Das gilt insbeson-
dere für Vervielfältigungen, Übersetzungen, Mikroverfilmungen und die
Einspeicherung und Verarbeitung in elektronischen Systemen.
Umschlaggestaltung: Kaselow Design, München
Satzarbeiten: Compusatz GmbH, München
Druck und Bindearbeiten: May & Co., Darmstadt
Printed in Germany
3-426-26363-7

2 4 5 3 1

# INHALT

# EINLEITUNG

Sex ist zwar eine sehr persönliche und intime Angelegenheit, aber die Einstellung des einzelnen dazu wird ganz erheblich durch äußere Einflüsse geprägt. Gesellschaft, Religion und Wissenschaft haben uns Dogmen beschert, die sich nachhaltig auf die Dynamik unseres Liebeslebens auswirken. Vorurteile – zum Teil Hunderte von Jahren alt – in bezug auf die Überlegenheit des männlichen Geschlechts und die Rollen, die Männer und Frauen zu spielen haben, bestimmen noch immer unser Sexualleben und unsere Erwartungen.

Im neunzehnten Jahrhundert, an dessen Einflüssen wir nach wie vor schwer zu tragen haben, wurde das weibliche Geschlecht in zwei Kategorien eingeteilt: in die »Engel« und die gefallenen Frauen. Die geschlechtslose Frau galt als Ideal, und wurde man diesem nicht gerecht, stand man als Sünderin da.

Ein recht offenherziger Arzt namens Joseph Richardson Parke schrieb 1906:

> »Diejenigen, die den Wunsch hegen, den sexuellen Status der Frau eingehender zu analysieren, werden feststellen, daß in dieser Hinsicht bislang zwei recht gegensätzliche Ansichten herrschten, die beide gleichermaßen falsch waren. Die Vertreter der einen machten aus der Frau einen Engel, ein ganz und gar übernatürliches Wesen im menschlichen Leben, die anderen betrachteten sie lediglich als Spielzeug für die animalische Begierde, als ein Wesen ohne Verstand und Gefühl, das außerhalb des sexuellen Bereichs keinerlei Zweck erfüllte.«[1]

---

[1] Parke 1906, S. 224.

Dieser klassischen Vorstellung von der Dualität des weiblichen Geschlechts entsprach die traditionelle doppelte Moral, die für das Sexualverhalten von Männern und Frauen galt. Sex vor der Ehe war für eine anständige Frau undenkbar; bei Männern wurde er anstandslos akzeptiert. Die Literatur zu diesem Thema zieht sich durch das ganze Jahrhundert. Im Jahr 1809 warnte ein anonymer männlicher Autor, nachdem er die Gefahren weiblicher Unkeuschheit geschildert hatte, seine Leserinnen:

»Angesichts [dieses] Bildes der Unkeuschheit … möget ihr erkennen, christliche Jungfrauen, in welchen Abgrund geistigen und weltlichen Elends sie [die Unkeuschheit] jene stürzt, die sie ausüben. Wie sorgfältig solltet ihr euch folglich in acht nehmen vor allen Wegen, die zu ihr hinführen, als da sind freizügige Gespräche, Bücher, Zeitvertreibe, Berührungen, Liebkosungen, Umarmungen, Galanterien, Intimitäten und tausend andere Dinge, welche euch nichts weiter zu sein scheinen als unschuldige Vergnügungen, welche jedoch nur allzu oft und allzu unausweichlich den Weg zu großen Beschwerlichkeiten in diesem Leben pflastern und in Folterqualen im nächsten gipfeln.«[2]

Um die Wertschätzung ihrer Männer zu erringen und sie sich zu erhalten, empfiehlt der Autor den Frauen außerdem:

»Ihr müßt es euch ganz allgemein zum Grundsatz machen, daß Ungleichheit zwischen den Geschlechtern herrscht, und daß aus Gründen der Ökonomie die Männer, die von jeher zu Wächtern und Gesetzgebern bestimmt waren, mit einem größeren Anteil nicht nur an körperlichen Kräften, sondern auch an Verstand und Entschlossenheit ausgerüstet sind. Aufgrund dieser Überlegungen wird euer Geschlecht um so besser vorbereitet sein auf die Unterwer-

[2] Anonym 1809, S. 48.

fung und die Passivität, die ihm abverlangt werden und die zur besseren Ausübung jener Pflichten, die ihm die Natur durchaus zu Recht übertragen hat, erforderlich sind.«[3]

Eduard von Hartmann (1842 bis 1906), Autor der *Philosophie des Unbewußten* (1869), behandelt in seinen 1885 erschienenen Abhandlungen über *Moderne Probleme* unter anderem *Die Gleichstellung der Geschlechter*. In diesem Aufsatz weist er auf einen fundamentalen Unterschied zwischen den Geschlechtern hin, durch den diese wie durch eine unüberbrückbare Kluft getrennt sind:

»Dieser Gegensatz ist derjenige von Aktivität und Passivität, von Begehren und Gewähren, Werben und Umworbensein. . . . Wären beide [Mann und Frau] aktiv, so würde das Geschlechtsleben alle übrigen Seiten des Lebens überwuchern; wären beide passiv, so würde der Naturzweck nicht mehr hinlänglich gesichert sein. . . . Darum gilt die Jungfräulichkeit der Braut als selbstverständliche, stillschweigende Voraussetzung der Eheschließung, und jede Täuschung über dieselbe als gesetzlicher Ehescheidungsgrund, ebensogut wie Ehebruch. Wollte man aber dem entsprechend auch die Jungfräulichkeit der Bewerber zur Bedingung gültiger Ehen machen, so würden in der Hauptsache nur noch solche Männer legitime Familien gründen, deren physiologischer Defekt die Fortpflanzung ihrer Naturanlage nicht wünschenswert macht. . . . Ein Mann braucht sich durch die Wittwenschaft seiner Geliebten nicht von der Verbindung mit derselben abhalten zu lassen, aber er soll sich darüber klar sein, dass diese Wittwenschaft ein Punkt ist, über den er sich hinwegsetzen muss, und dass die Frau es durch ungewöhnliche persönliche Vorzüge verdienen muss, dass er sich über diesen Punkt hinwegsetzt. Ein Mädchen dagegen, das einen Wittwer heirathet, hat

---

[3] Anonym 1809, S. 174.

sich, was seine Person anbetrifft, über gar nichts hinwegzu-
setzen, kann sich vielmehr freuen, dass es einen schon von
ihrer Vorgängerin erzogenen und gezähmten Mann bekommt.«[4]

Zum Thema des Unterschiedes zwischen »einem Manne, der
schon einmal Bräutigam war, und einem Mädchen, das schon
einmal Braut war«, schrieb Hartmann:

>»Der erstere bleibt davon in seinem Werthe unberührt,
>sofern nur die Lösung der Verlobung ohne seine Schuld
>erfolgt ist; die letztere, auch wenn sie ganz schuldlos an
>dem Auseinandergehen ist, gleicht einer Waare, die Hava-
>rie erlitten hat, und deren Werth dadurch im Preise gesun-
>ken ist. Mag sie die weibliche Passivität in ihrem Braut-
>stand noch so wohl bewahrt haben, so ist doch die latente
>Potentialität ihrer Passivität aufgehoben, die Jungfräulich-
>keit von den Schmetterlingsflügeln abgestreift.«[5]

Im Jahr 1894 veröffentlichte der Geistliche L. E. Keith, der
unter dem Pseudonym Feelix Feeler schrieb, ein Buch über
die »weibliche Philosophie«, in dem er die Ansicht vertrat,
das Mündigkeitsalter von Mädchen solle nicht angehoben,
sondern völlig abgeschafft werden. Wenn es darum gehe, die
herrschende Moral zu verbessern, so argumentierte er, müßten beide Geschlechter keusch sein. Er beklagte die doppelte
Moral und die Tatsache, daß Männer wie Frauen sie als
selbstverständlich hinnähmen: »Keuschheit ist bei einer Frau
das Wichtigste..., aber bei Männern ist sie nicht entscheidend. Wie oft hören wir Männer und Frauen sagen: ›Jungen
müssen sich austoben. Sie werden schon irgendwann zur Ru-
he kommen und dann vorzügliche Ehemänner abgeben.‹«[6]

---

[4] Hartmann 1888, S. 37, 43, 46.
[5] Hartmann 1888, S. 46f.
[6] Keith 1894, S. 256.

In Europa mag zwar im publizistischen Bereich eine größere Offenheit in sexuellen Dingen geherrscht haben – so erschien zum Beispiel 1893 die *Psychopathia Sexualis* des deutschen Wissenschaftlers Richard von Krafft-Ebing –, aber auch hier hielt man, was die Einstellung zur Sexualität der Frau betraf, unverbrüchlich an der Ansicht fest, daß der Sexualtrieb bei Männern sehr viel stärker ausgeprägt sei als bei Frauen und daß für Männer Liebe eine weitgehend körperliche Angelegenheit sei, während für Frauen das Gegenteil zutreffe. Man war der Überzeugung, daß der Geschlechtstrieb bei Frauen normalerweise schwach entwickelt ist. Eine Frau, so glaubte man, läßt den Geschlechtsakt aus Pflichtgefühl ihrem Mann gegenüber zu oder, um ihm eine Gefälligkeit zu erweisen.

»Der allgemein herrschenden Auffassung zufolge, die man im neunzehnten Jahrhundert von der Sexualität der Frau hatte«, berichtete der Historiker Carl Degler 1974, »erwartete man von Frauen nicht, daß sie sexuelles Verlangen verspürten, und schon gar nicht, daß sie einen Orgasmus hatten.«[7] Der Arzt William Acton, in den fünfziger Jahren des vergangenen Jahrhunderts eine Autorität auf diesem Gebiet, formulierte die herrschende Einstellung kurz und bündig so: »Die Mehrzahl der Frauen (und das ist ihr Glück) wird von sexuellen Gefühlen nicht sonderlich geplagt. Was bei Männern die Regel ist, ist bei Frauen die Ausnahme.«[8] Degler zitiert außerdem einen Artikel[9], der die generelle Einstellung der Ärzte um 1800 schildert: »Männliche Ärzte waren so fest davon überzeugt, daß Frauen keinerlei sexuelles Interesse haben, daß in den Fällen, in denen es deutlich zum Ausdruck kam, drastische Maßnahmen ergriffen wurden, um es zu unterdrücken, bis hin zur Entfernung der Geschlechtsorgane.« Die Ärzte jener Zeit definierten das Nicht-Vorhandensein sexueller Begierde bei Frauen als normal und be-

---

[7] Degler 1974, S. 1483.
[8] Acton 1857, S. 133; zitiert in Degler 1974, S. 1467f.
[9] Barker-Benfield 1972; zitiert in Degler 1974, S. 1468.

trachteten jedes Anzeichen für ihr Vorhandensein als krankhaft. »Sexuelles Verlangen galt als eine männliche Eigenschaft (die natürlich entsprechend kanalisiert werden mußte)«, heißt es in diesem Artikel. »Wenn eine Frau sie an den Tag legte, glich sie damit einem Mann.« Degler hält dieses viktorianische Klischee eher für ein theoretisches als für ein reales und meint, daß sich aufgrund der Tatsache, daß in der distinguierten Mittelschicht über sexuelle Dinge Schweigen bewahrt wurde, falsche Vorstellungen über die sexuelle Realität einbürgerten. Er kommt zu dem Schluß, daß es sich bei dem, was über Sex zu Papier gebracht wurde, im Grunde eher um Vorschriften als um Beschreibungen handelte oder zumindest um eine Mischung aus beidem. Mag sein, daß die Frauen des neunzehnten Jahrhunderts in der Öffentlichkeit zwar den Anschein erweckt haben, als hätten sie sich die Auffassung von der weiblichen Geschlechtslosigkeit zu eigen gemacht, aber das Diktat der Gepflogenheit, »ruhig dazuliegen und an das Empire zu denken«, wie eine britische Autorität auf diesem Gebiet empfahl, wurde keineswegs von allen Frauen schicksalsergeben akzeptiert. In einem 1894 erschienenen Artikel stellte Elizabeth Blackwell die Annahme, daß die sexuelle Leidenschaft bei Männern stärker ist als bei Frauen, in Frage. Ihrer Ansicht nach war es unsinnig, männliche und weibliche Eigenschaften voneinander isoliert zu bewerten. Sie warnte vor den gesellschaftlichen Unruhen, die entstehen könnten, wenn man sich der elementaren Kraft des weiblichen Geschlechtstriebes in den Weg stellte.[10]

Marie Bonaparte, eine Kapazität des zwanzigsten Jahrhunderts in Sachen weibliche Sexualität, schrieb 1953:

»Die Frau gibt uns nicht wenige Rätsel auf, allen voraus diesen auffälligen Widerspruch; wie wir bei allem, worüber wir bisher berichtet haben, gesehen haben, ist sie auf der

---

[10] Blackwell 1894.

einen Seite anscheinend weniger gut als der Mann dafür ausgerüstet, ihre erotische Bestimmung zu erreichen, weniger mit Libido belastet und in der funktionellen Anpassung daran mehr behindert als der Mann; andererseits wird allgemein behauptet, und dies offenbar mit gutem Grund, daß die Frau vom Instinkt her mehr und tiefer in der Sexualität verankert ist, oft unter Ausschluß von allem anderen.«[11]

In der ersten Hälfte des zwanzigsten Jahrhunderts manifestierte sich die jahrhundertealte Ansicht von der sexuellen Dualität der Frau in der Überzeugung, daß anständige Frauen vor der Ehe unschuldig und jungfräulich und als Ehefrauen sexuell passiv zu sein haben und nur »beschmutzte«, weltlich gesinnte Frauen Sex genießen. Die »flappers« der zwanziger Jahre, jene weiblichen Vertreter der Charleston-Generation in Amerika, die sich Haare und Röcke abschnitten, auffallendes Make-up trugen, Zigaretten rauchten, tranken wie die Männer und ihre Beine zeigten, schockierten das Feingefühl der konventionellen Amerikaner, die diese Frauen als »lockere« Wesen einstuften. Obwohl Männer und Frauen außerhalb ehelicher Bande zusammenlebten, geschah dies normalerweise im verborgenen und wurde allgemein als »in Sünde leben« bezeichnet.

In unserem Jahrzehnt können sich junge Erwachsene wohl nur schwer vorstellen, wie abrupt und vor wie kurzer Zeit erst sich die Einstellung der Gesellschaft zur weiblichen Sexualität geändert hat. Im Kielwasser von Tabus, Unterdrückung und Selbstverleugnung hat die Auffassung von der Sexualität der Frau eine Umwälzung erfahren; doch das geschah erst in den späten sechziger und den frühen siebziger Jahren.

Heutzutage stehen im Mittelpunkt des Interesses die Unterschiede zwischen den Geschlechtern und zugleich die Tatsache, daß die Reaktionen, die mit sexueller Erregung und Orgasmus bei Mann und Frau einhergehen, so unterschied-

---

[11] Bonaparte 1953, S. 67.

lich nicht sind. Dank der bahnbrechenden Forschungsarbeiten von Alfred Kinsey und später von William Masters und Virginia Johnson wissen wir heute, daß Männer und Frauen durch taktile Stimulation gleichermaßen erregbar sind und dieselben neuralen und muskulären Reaktionen aufweisen. Tatsächlich kontrahieren ihre Muskeln beim Orgasmus in denselben, genau 0,8 Sekunden betragenden Intervallen. Trotzdem herrscht noch immer die landläufige Meinung, daß Frauen mehr physische Stimulation brauchen als Männer und beim Geschlechtsakt im allgemeinen eine untergeordnete Rolle spielen.

Anlaß für die Entstehung dieses Buches war die Tatsache, daß ich diese Theorie über die weibliche Sexualität in Frage stellte. Ich bin ausgebildete Psychologin und daher gewohnt, erwiesene Fakten neutral zu bewerten. Wenn alle Orgasmen gleich sind, warum, so fragte ich mich, sollten dann die Orgasmen von Männern objektiv und die von Frauen subjektiv sein? Dann begann ich mir über die scheinbar unwiderlegbare Behauptung Gedanken zu machen, daß das einzige physiologische Phänomen bei der sexuellen Reaktion, das sich bei Männern und Frauen nicht absolut entspricht, die Ejakulation ist: Männer ejakulieren, Frauen nicht. Ich begann, diese Prämisse in Frage zu stellen, da ich bei meiner Lektüre ständig auf Hinweise auf weibliche Flüssigkeiten stieß.

Leider waren es anfangs zumeist negative Hinweise auf den Zusammenhang zwischen weiblichen Absonderungen und Erkrankungen der Geschlechtsorgane. So beschreibt zum Beispiel Sigmund Freud in *Bruchstück einer Hysterie-Analyse* einige Symptome seiner Patientin Dora, darunter Genitalsekretion, die als anormal galt. Anscheinend glaubten die Ärzte früher, daß es eine Korrelation zwischen diesen beiden Phänomenen gibt: Frauen, deren hysterischer Zustand sich verschlechterte, »litten« oft auch unter verstärkter Genitalsekretion. Freud äußerte sich in etwas allgemeinerer Form zu diesem Thema, wobei er einige der psychologischen Aspekte ansprach:

»Der Stolz auf die Gestaltung der Genitalien ist bei unseren Frauen ein ganz besonderes Stück ihrer Eitelkeit; Affektionen derselben, welche für geeignet gehalten werden, Abneigung oder selbst Ekel einzuflößen, wirken in ganz unglaublicher Weise kränkend, das Selbstgefühl herabsetzend, machen reizbar, empfindlich und mißtrauisch. Die abnorme Sekretion der Scheidenschleimhaut wird als ekelerregend angesehen.«[12]

Doch der Kinsey-Report hatte mich auf die Tatsache aufmerksam gemacht, daß die weibliche Ejakulation im Volk weitgehend als Tatsache akzeptiert wird, und aus anderen Quellen habe ich erfahren, daß dieses Phänomen früher in anderen Kulturen als selbstverständlich anerkannt wurde; damals glaubte das einfache Volk ebenso fest an das Vorhandensein eines »weiblichen Samens«, der auch als »weibliche Fruchtbarkeitsflüssigkeit« bezeichnet wurde, wie die Wissenschaft. Diese Überzeugung hatte etwas mit der Fortpflanzung zu tun, nicht mit Sex. Als ich mich jedoch auf die Suche nach detaillierteren Beschreibungen der weiblichen Flüssigkeiten machte, entdeckte ich einen Wissenschaftler, dem ihre erotische Natur nicht entgangen war. In einer ausführlichen Abhandlung über die Fortpflanzungsorgane der Frau stellte Regnier de Graaf im Jahr 1672 den Zusammenhang zwischen den Flüssigkeiten und sexuellem Genuß bei der Frau her. Wenn Frauen im siebzehnten Jahrhundert eine sexuelle Reaktion erlebt hatten, die Frauen im zwanzigsten Jahrhundert angeblich nicht haben sollten, dann, so sagte ich mir, konnte da etwas nicht stimmen.

Der eigentliche Ursprung dieses Buches liegt ein Jahrzehnt zurück; als graduierte Studentin in Harvard nahm ich an einem Seminar teil, das den Studenten die Möglichkeit bot, selbständig auf einem Gebiet ihrer Wahl zu forschen. Da ich an den Theorien über die weibliche Sexualität interessiert war

---

[12] Freud 1905c, S. 246 f.

und bereits eine Seminararbeit über Frauen, Sexualität und die weibliche Ejakulation verfaßt hatte, reichte ich ein Projekt ein, das sich mit dem Thema der weiblichen Sexualflüssigkeiten in der wissenschaftlichen Literatur beschäftigen und die herrschende Meinung, daß Frauen nicht ejakulieren, überprüfen sollte. Das Ergebnis war eine umfangreiche Abhandlung mit dem Titel *Weibliche Ejakulation,* deren Quintessenz 1978 unter dem Titel *Concerning Female Ejaculation and the Female Prostate* in *The Journal of Sex Research* erschien. Ich gelangte zu dem Schluß, daß Frauen durchaus ejakulieren, und forderte die Sexualwissenschaft auf, in dieser Richtung weiterzuforschen.

Wenig später rief ich eine aus privaten Mitteln finanzierte Forschungsgesellschaft in Cambridge, Massachusetts, ins Leben, die Untersuchungen über Fragen zum Thema Frauen und ihre zwischenmenschlichen Beziehungen durchführen sollte. Fragenschwerpunkte waren dabei die Gesundheit der Frau und die Erforschung weiblicher Sexualflüssigkeiten, einschließlich deren möglicher Bedeutung für den Fortpflanzungsprozeß.

Im Sommer 1979 besuchte ich die Abteilung für Gynäkologie und Geburtshilfe in der Frauenklinik in Brigham, um festzustellen, ob sich die erforderlichen Laboranalysen dort durchführen ließen. In den darauf folgenden Vorgesprächen berichtete ich über meine bisherigen Arbeiten und legte einen Entwurf für mein Forschungsvorhaben über die Bestimmung der Flüssigkeiten vor; dieses Projekt nahm ich dann 1981 in Angriff.

Die Auswahl der Versuchspersonen erfolgte unter besonderer Berücksichtigung der *American Psychological Association Ethical Principles in the Conduct of Research with Human Subjects* (Ethische Grundsätze der Amerikanischen Gesellschaft für Psychologie für die Durchführung von Forschungsprojekten an Versuchspersonen; 1973). Das dabei angewandte Verfahren und die erforderlichen Einverständniserklärungen wurden von 1982 bis 1985 jährlich vom *Committee for the*

*Protection of Human Subjects from Research Risks* (Komitee zum Schutz von Versuchspersonen vor Forschungsrisiken) der Klinik bestätigt und überprüft und außerdem 1983 und 1984 vom *Institutional Review Board of the Harvard Medical School Committee on Human Studies* (Interner Kontrollausschuß des Komitees für Forschung an Menschen der Universität Harvard) gebilligt. Die in diesem Buch gemachten Aussagen und geäußerten Ansichten sind jedoch die der Autorin und nicht zwangsläufig die irgendeines Mitglieds der oben genannten Institutionen. Auch darf nicht davon ausgegangen werden, daß die diversen Fachleute, die mich bei meiner Arbeit unterstützt haben, beziehungsweise die Institutionen, für die sie tätig sind, den Ergebnissen meiner Untersuchungen in allen Punkten beipflichten.

Um die bei der Produktion der Flüssigkeiten wirkenden Mechanismen verstehen zu können, muß man über fundierte Kenntnisse in der Anatomie der betreffenden Körperteile verfügen. Aus diesem Grund bestand in den ersten Jahren ein Teil meiner Arbeit in der Erforschung der weiblichen Harnröhre und der Vagina. Aufgrund der dabei gewonnenen Erkenntnisse war ich in der Lage, eine anatomische Verwandtschaft zwischen den männlichen und den weiblichen Geschlechtsorganen festzustellen, die von der etablierten Theorie der Homologe oder Entsprechungen zwischen Mann und Frau abwich. Bevor ich meine Theorie veröffentlichte, arbeitete ich die gesamte Literatur durch, die ich über die embryologische Differenzierung der Geschlechter und die Anatomie der Geschlechtsorgane beim männlichen Erwachsenen finden konnte; auf diese Weise erhielt ich zusätzliche Anhaltspunkte, die meine Hypothese stützten.

Allmählich wurde mir klar, daß die Homologie-Theorie, die seit Jahrhunderten vertreten wird, nicht aus wissenschaftlichen Erkenntnissen hervorgegangen ist. Sie basiert vielmehr auf Vorurteilen über die Geschlechter, die sich bis zu den Schriftstellern der alten Griechen und des frühen Juden- und Christentums zurückverfolgen lassen; die entsprechenden

Texte postulieren die sexuelle Ungleichheit und sehen in der Frau lediglich eine unvollständige Version des Mannes. Diese Vorurteile fanden sich nicht nur im Bereich von Philosophie und Religion, sondern ebenso in den frühen medizinischen Schriften. Die Ärzte, die als erste die weiblichen Geschlechtsorgane beschrieben haben – natürlich waren das ausschließlich Männer –, taten dies aus ihrer männlichen Perspektive. Für sie waren die weiblichen Geschlechtsorgane eine minderwertige Version der männlichen.

Ich nahm die herrschende Theorie über die Anatomie der weiblichen Geschlechtsorgane genauer unter die Lupe, betrachtete sie unter einer veränderten Perspektive, bewertete sie aus dieser Perspektive neu und gewann so Schritt für Schritt durch Zusammensetzen der einzelnen Puzzleteile neue Erkenntnisse über die Anatomie sowohl der männlichen als auch der weiblichen Geschlechtsteile. Die Art und Weise, wie sich meine Theorie entwickelt hat, unterscheidet sich nicht allzusehr vom üblichen Verfahren; ungewöhnlich war dabei nur der Zeitfaktor. Wir haben uns daran gewöhnt, daß in bestimmten wissenschaftlichen Bereichen mindestens einmal im Jahrzehnt neue Theorien und Hypothesen auftauchen; aber im Bereich der Anatomie der weiblichen Geschlechtsorgane hat es zwanzig Jahrhunderte lang keine grundlegende Veränderung gegeben.

Die wissenschaftliche Forschung verläuft in der Regel mehrgleisig. Es gibt die traditionellen Wissenschaftler, die im Rahmen einer anerkannten Theorie unter Laborbedingungen Hypothesen testen, um damit neue Daten zu gewinnen; und es gibt Theoretiker, die bereits bekannte Daten auf völlig neue Weise interpretieren. Neue Ideen, vornehmlich solche, die sich gegen altbewährte Auffassungen richten, stoßen zwangsläufig auf Widerstand. Der Wissenschaftler Stephen Jay Gould, der kürzlich wegen seiner Revision der Darwinschen Evolutionstheorie in die Schußlinie geriet, zitiert den Naturforscher Louis Agassiz aus dem neunzehnten Jahrhundert, der folgende Beobachtung machte: »Erst sagen die Leu-

te, das stimmt nicht; dann, es verstößt gegen die Religion; und zuletzt behaupten sie, daß das längst bekannt ist.« Neue Theorien werden weder über Nacht angenommen und anerkannt, noch lassen sie sich über Nacht mit Hilfe eines einfachen Verfahrens auf einen Schlag beweisen oder widerlegen. Nach Thomas S. Kuhn[13] führt erst der historische Prozeß des wissenschaftlichen Wettbewerbs dazu, daß eine bislang akzeptierte Theorie verworfen und eine andere anerkannt wird. Kuhn hat klar erkannt, daß neue Theorien stets den Widerstand einiger Spezialisten hervorrufen, deren Fachgebiet sie betreffen. Für diese Wissenschaftler, so erläutert Kuhn, bedeutet eine neue Theorie eine Veränderung der Regeln, die die bisherige Praxis in diesem Bereich bestimmt haben. Aus diesem Grund läßt sie bereits erfolgreich abgeschlossene wissenschaftliche Arbeiten auf diesem Gebiet zwangsläufig in einem neuen Licht erscheinen. Der Wissenschaftler Ernst Mayr, der sich mit der Entstehung gedanklicher Konzepte beschäftigt hat, erklärt ebenfalls, daß jede neue Theorie unweigerlich auf Widerstand stößt.[14] Sie bringt eine Veränderung der Regeln mit sich, mit denen sich andere im Laufe der Zeit arrangiert haben; und da sie ein neues Licht auf bereits abgeschlossene Arbeiten wirft, zwingt sie den Wissenschaftler dazu, altbewährte Vorstellungen zugunsten anderer, die damit unvereinbar sind, aufzugeben. Aus diesen Gründen war mir klar, daß ich meine Theorie, bevor ich sie vorstellen konnte, logisch einwandfrei begründen und dadurch stützen mußte, daß ich eine einsichtige, widerspruchsfreie Interpretation der Fakten lieferte und die Arbeiten maßgeblicher Autoritäten hinzuzog.
Bei der Entwicklung meiner eigenen Ideen konnte ich mich auf die Arbeiten von Wissenschaftlern stützen, die auf dem Gebiet der Anatomie und anderer medizinischer Spezialgebiete, die mit meinem Thema zusammenhängen, Entschei-

---

[13] Kuhn 1970, S. VIII f., 7.
[14] Mayr 1982.

dendes geleistet haben. Dieses Quellenmaterial ist in der Bibliographie aufgeführt. Zu den zahlreichen Arbeiten, die mir weitergeholfen haben, gehören vor allem die von Robert Latou Dickinson, Milo H. Spaulding, Kermit E. Krantz, A. B. Huisman und die Beiträge in dem von E. S. E. Hafez und T. N. Evans herausgegebenen Sammelband *The Human Vagina*.

1984 war ich endlich soweit, daß ich meine Theorie mit Kollegen diskutieren konnte, die mich in meiner Arbeit sowohl als Ärzte wie auch als unerbittliche Advocati diaboli entscheidend unterstützt hatten. Ich hoffe, daß die aus diesem neuen Verständnis der männlichen und weiblichen urogenitalen Homologe gewonnenen Erkenntnisse für Mediziner in Praxis und Forschung von Interesse sind und dazu beitragen, daß in Zukunft mehr als bisher die Notwendigkeit weiterführender Untersuchungen über weibliche Sexualflüssigkeiten und die möglicherweise damit verbundenen wichtigen Aspekte der Fortpflanzung erkannt und finanziell gefördert werden. Außerdem hoffe ich, daß die neue Theorie Embryologen dazu veranlassen könnte, die Frage der geschlechtlichen Differenzierung neu zu überdenken und zu erkennen, daß es nach wie vor Fragen zur Entwicklung des urogenitalen Systems gibt, die noch offen sind. Es ist mir klar, daß auf diesem Gebiet noch sehr viel mehr Forschung erforderlich ist; aber im Verlauf der bisher geleisteten Arbeit sind entscheidende anatomische Entdeckungen gemacht worden, die der Öffentlichkeit so schnell wie möglich zugänglich gemacht werden sollten. Aus diesem Grund habe ich mich dazu entschlossen, die derzeit vorhandenen Untersuchungsergebnisse in Buchform zu publizieren. Ihre Bedeutung ist, wie ich hoffe, augenfällig. Die Entdeckung, wie sehr sich die »Geschlechtsapparate« von Männern und Frauen bis in kleinste Einzelheiten gleichen, dürfte beiden Geschlechtern helfen, sich selbst und auch einander besser zu verstehen. Diese neue Theorie gibt Frauen zum erstenmal die Möglichkeit zu erkennen, auf welche Weise die Männer mit *ihnen* geschlechtlich verwandt sind anstatt umgekehrt; sie vermittelt Männern ein neues Bewußtsein für die anatomische Beschaffenheit ihrer eigenen Sexualorgane und eine tiefere Einsicht in das, was Frauen sexuelle Erregung und Lust verschafft. Mit diesem Wissen kann es Paaren gelingen, sich ein größeres Spektrum an Möglichkeiten des beiderseitigen Genießens und Genußverschaffens zu erschließen. Und über seine sexuellen Implikationen hinaus kann dieses Buch eine Grundlage für eine neue Art Dialog liefern, der sich mit dem Gefühl von Identität und Nähe vereinbaren läßt, das die meisten Liebespaare in Augenblicken tiefer, zärtlicher Leidenschaft empfinden.

*Josephine Lowndes Sevely*
*New York, 1986*

# KAPITEL 1

# Die Lowndes-Kronen-Theorie

*Abbildung 1* Skizzen eines Mannes und einer Frau (Jean Auguste Dominique Ingres, *Das Goldene Zeitalter,* 1843–47).

24

Jahrhundertelang hat die Wissenschaft die Ansicht vertreten, daß die Klitoris ein weibliches Organ ist, das dem Penis des Mannes entspricht. In der ungekürzten Ausgabe des *Webster's Third New International Dictionary* von 1981 wird die Klitoris definiert als »ein kleines Organ am vorderen oder ventralen Teil der Vulva, entsprechend dem Penis beim Mann«. Diese allgemein verbreitete wissenschaftliche Homologie-Theorie oder Theorie der Entsprechungen besagt auch, daß die Spitze der Klitoris der Spitze des Penis entspricht. Aus diesem Grund hat man sowohl diesen männlichen wie auch den weiblichen Teil als Glans oder Eichel bezeichnet. Natürlich bestehen gewisse Ähnlichkeiten zwischen der Glans penis und der Glans clitoridis: Beide sind sichtbare Teile außen am Körper; beide befinden sich im Genitalbereich; beide sind äußerste Spitzen; und beide reagieren erotisch empfindlich auf taktile Stimulation.

Allerdings hat bereits 1672 der niederländische Anatom Regnier de Graaf einige Fragen bezüglich dieser Theorie aufgeworfen. Für einen scharfsichtigen Wissenschaftler wie de Graaf war der augenfällige Größenunterschied zwischen den beiden Organen durchaus nicht der wichtigste Aspekt. Er führte gravierendere Argumente gegen dieses Konzept ins Feld:»Anders als der Penis hat die Klitoris keine Urethra oder eine ähnliche Röhre.« Und da die Eichel der Klitoris nicht von der Harnröhre durchbrochen wird wie die des männlichen Gliedes, argumentierte er, daß »ihre Ähnlichkeit mit der männlichen Eichel folglich irreführend ist«.[1] Doch

---

[1] de Graaf 1972, S. 91.

obwohl die Unterschiede zwischen diesen beiden Teilen ungleich größer sind als ihre Ähnlichkeiten, hat de Graaf das bereits fest verwurzelte Penis/Klitoris-Konzept nicht in Zweifel gezogen.

Erst jetzt verfügen wir über genügend Wissen, um diese Theorie anzuzweifeln. Obwohl ich die Gültigkeit des antiken Ansatzes, der in der Feststellung von Homologen bestand, aufrechterhalte, glaube ich, daß die Penis/Klitoris-Analogie falsch ist. Ich habe die Absicht nachzuweisen, daß diese Vorstellung auf eine recht ungewöhnliche Weise zustande gekommen ist, die zweierlei Umständen zu verdanken ist: einer einseitigen Perspektive, die das rationale Vorgehen, das man von der Wissenschaft eigentlich erwarten darf, beeinträchtigt hat, und der ungenauen Übersetzung alter anatomischer Texte, durch die ursprüngliche Bedeutungen verfälscht wurden.

Der Begriff ›Homolog‹ ist von dem griechischen Wort *homología* abgeleitet, das Übereinstimmung bedeutet. Ursprünglich stellten die Anatomen Homologe schlicht und einfach durch Beobachtung der Übereinstimmung der Form zweier Teile fest. Der Ursprung dieses Homologie-Konzepts geht auf die Vorstellungen griechischer Philosophen zurück, die von einem Archetypus oder einer vollkommenen Form ausgingen, auf die eine absteigende Hierarchie von weniger vollkommenen Formen folgte.

Von Platon stammt das Konzept einer hierarchischen Ordnung in der Natur, die auf der Intelligenz basiert; in dieser Hierarchie steht der Mensch an der Spitze, gefolgt von anderen zweibeinigen Lebewesen (Frauen inbegriffen), dann Vierbeinern und Schlangen bis hinunter zu den Fischen. Aristoteles, ein Schüler des Platon, verquickte dieses Konzept mit seinen eigenen Ideen und entwickelte daraus eine Hierarchie von gattungsspezifischen Klassifikationen, die in der Reihenfolge ihrer »Vollkommenheit« angeordnet sind; Vollkommenheit setzte er dabei mit Wärme gleich. Da die menschliche Spezies über allen anderen steht und da Aristoteles entschied, daß das Männchen bei dieser Spezies wärmer ist als das Weibchen, stellte er den Mann an die Spitze der Hierarchie, gefolgt von der vergleichsweise kühleren Frau, und so weiter bis ans Ende der Leiter zum kalten Fisch. Wie ich später noch zeigen werde, geht aus seinen Schriften hervor, daß Frauen bestenfalls über eine lauwarme Intelligenz verfügen.

Die Einsicht in die philosophischen Hintergründe des Homologie-Konzepts trägt zur Erklärung der medizinischen Anschauungen bei. Als die frühen Anatomen erstmals bestimmte Teile der Geschlechtsorgane von Männern und Frauen aufgrund ihrer ähnlichen Form als Homologe identifizierten, geschah dies vor dem Hintergrund der aristotelischen Vorstellung von einer hierarchischen Ordnung, in der die Frau niedriger angesetzt war als der Mann.

Frühchristliche Wissenschaftler, die sich mit der Bestimmung anatomischer Teile beschäftigten, standen außerdem unter dem Einfluß der Heiligen Schrift, die zwei völlig unterschiedliche, offensichtlich widersprüchliche Auffassungen von den beiden Geschlechtern enthält.

»Und Gott der Herr baute ein Weib aus der Rippe, die er von dem Menschen nahm, und brachte sie zu ihm. Da sprach der Mensch: Das ist doch Bein von meinem Bein und Fleisch von meinem Fleisch; man wird sie Männin heißen, darum daß sie vom Manne genommen ist.«[2]

Aber Jesus fragte die Pharisäer: »Habt ihr nicht gelesen, daß, der im Anfang den Menschen gemacht hat, der machte, daß ein Mann und ein Weib sein sollte?«[3] Und wenn man in der Genesis (1.27) nachliest, stellt man fest, daß es dort tatsächlich heißt: »Und Gott schuf den Menschen ihm zum Bilde, zum Bilde Gottes schuf er ihn; und schuf sie, einen Mann und ein Weib.«

Bibelgelehrte können anhand der Schreibstile vier unter-

---

[2] Genesis (= 1. Buch Mose) 2.22,23. Zitiert nach der Luther-Übersetzung in der Ausgabe der Preußischen Haupt-Bibelgesellschaft, Berlin 1921. Alle weiteren Quellenangaben beziehen sich auf diese Ausgabe.

[3] Matthäus 19.4.

schiedliche Quellenschriften feststellen.[4] Die Rippen-Version im 2. Kapitel der Genesis wird Autoren zugeschrieben, die Gott mit dem Namen Jahweh (Jehova) bezeichnen und daher Jahwisten genannt werden. Die Auffassung von der Frau im 1. Kapitel der Genesis – die meiner Meinung nach die Gleichheit der Geschlechter suggeriert –, wird jüdischen Priestern zugeschrieben. In dieser sogenannten Priesterschrift heißt es: »Und schuf *sie,* einen Mann und ein Weib«. Die Verwendung von »sie« ist signifikant, weil sie impliziert, daß Gott sowohl Adam als auch Eva aus Staub geschaffen hat – nicht zuerst den Mann aus Staub und die Frau später aus seiner Rippe.

Auch frühchristliche Ärzte machten gleichzeitig zweierlei Aussagen: »Die Frau ist als Ebenbild des Mannes geschaffen«, andererseits aber: »Der weibliche Körper ist eine mindere Version des männlichen.« So verfestigte sich die im Grunde von den alten Griechen übernommene Anschauung, daß die Bestandteile der weiblichen Anatomie, obwohl sie allesamt als Homologe zu Teilen der männlichen Anatomie betrachtet wurden, eben weil sie von den männlichen abgeleitet waren, sekundär und folglich minderwertig sein mußten. Diese frühe Homologie-Theorie war die Grundlage, auf der man das Gebäude der menschlichen Anatomie errichtet hat: zuerst die männlichen Teile und dann die davon abgeleiteten weiblichen Teile.

Die Behauptung, daß die Vagina das Gegenstück zum Penis sei, stammt von dem griechisch-römischen Arzt Galen (129 bis 199), der in der Antike als absolute Autorität auf dem Gebiet der Medizin galt. Galen, der sich in Rom einen Ruf als »Wunderwirker« erworben hatte, beschrieb die weibliche Vagina als »einen nach innen gestülpten Penis« (vgl. Abbildung 2). Auf den ersten Blick mag diese Auffassung etwas wunder-

---

[4] Freye 1983, S. 107. In den fünf Büchern Mose (Genesis, Exodus, Leviticus, Numeri und Deuteronomium), die man auch als Pentateuch bezeichnet, sind vermutlich vier Quellen zu unterscheiden: Jahwist, Elohist, Deuteronomium und Priesterschrift.

lich erscheinen, aber sie war, wie ich in einem späteren Kapitel zeigen werde, durchaus einsichtig.

Galen praktizierte zu einer Zeit, in der die Arbeit von Wissenschaftlern durch aus der Philosophie stammende Anschauungen über die Geschlechter und gesellschaftliche Verbote erheblich eingeschränkt wurde. Wenn Galen beispielsweise die weiblichen Genitalien als eine »verstümmelte« Version der männlichen beschreibt, gibt er damit die allgemein herrschende Meinung seiner Zeit wieder, nämlich daß der Mann der Frau überlegen ist:

> »Ebenso wie die Menschheit die vollkommenste aller Tiergattungen ist, so ist innerhalb der Menschheit der Mann vollkommener als die Frau. ... Die Frau ist in bezug auf die der Fortpflanzung dienenden Teile weniger vollkommen als der Mann. ... Natürlich darf man nicht glauben, daß unser Schöpfer die Hälfte der ganzen Spezies absichtlich unvollkommen und, wie es der Fall ist, verstümmelt geschaffen hätte, wenn nicht in solch einer Verstümmelung irgendein großer Vorteil läge.«[5]

Da die genauere Untersuchung der weiblichen Geschlechtsorgane zum größten Teil Hebammen überlassen blieb, hatte Galen in seiner Praxis nur begrenzte Möglichkeiten, die »unanständigen Teile« von Frauen zu betrachten. Dazu kam, daß das Sezieren menschlicher Leichname gesetzlich verboten war. Die einzige Möglichkeit, sich Kenntnisse über die weibliche Anatomie zu verschaffen, bestand für Galen darin, weibliche Schweine und Affen zu sezieren. Immerhin stellte er trotz dieser Hindernisse und Einschränkungen die Penis/Vagina-Hypothese auf und behauptete nachdrücklich, der einzige Unterschied zwischen männlichen und weiblichen Geschlechtsteilen bestünde darin, daß sich die weiblichen innerhalb des Körpers befänden und die des Mannes außerhalb

---

[5] Galen 1822, Band II, Buch XIV, Kap. 6.

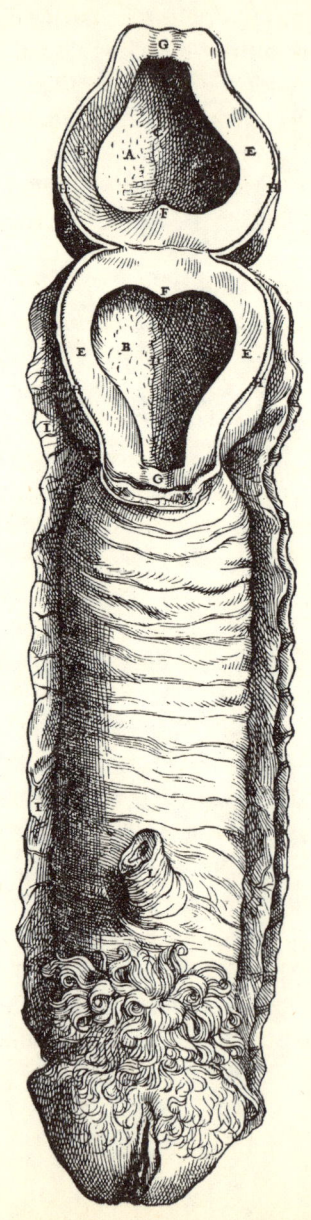

PRAESENS *figura uterum à corpore exectum ea magnitudine refert, qua postremò Patauij dissectæ mulieris uterus nobis occurrit. atq; ut uteri circunscriptionem hic expressimus, ita etiam ipsius fundum per mediũ dissecuimus, ut illius sinus in conspectum ueniret, unà cum ambarum uteri tunicarũ in non prægnantibus substantiæ crassitie.*

A, A. B, B *Vteri fundi sinus.*

C, D *Linea quodãmodo instar suturæ, qua scortum donatur, in uteri fundi sinum leuiter protuberans.*

E, E *Interioris ac propriæ fundi uteri tunicæ crassities.*

F, F *Interioris fundi uteri portio, ex elatiori uteri sede deorsum in fundi sinũ protuberans.*

G, G *Fundi uteri orificium.*

H, H *Secundum exteriusq; fundi uteri inuolucrum, à peritonæo pronatum.*

I, I *et c. Membranarum à peritonæo pronatarum, & uterum continentium portionem utrinq; hic asseruauimus.*

K *Vteri ceruicis substantia hic quoque conspicitur, quod sectio qua uteri fundum diuisimus, inibi incipiebatur.*

L *Vesicæ ceruicis pars, uteri cĕruici inserta, ac urinam in illam proijciens.*

*Vteri colles, & si quid hic spectãdum sit reliqui, etiam nullis appositis charaãeribus, nulli non patent.*

❧ VIGE.

*Abbildung 2* Menschliche Vagina (Vesalius, *De humani corporis fabricia*, 1543).

30

(vgl. Text 1). Demzufolge vertrat er auch die Ansicht, daß der Penis, wenn man ihn umstülpt, zur Vagina wird, und die Vorhaut zu jener Haut, die das Zubehör der Vagina darstellt. Mit ›Zubehör‹ meinte Galen die Haut, die die kleinen Schamlippen bildet.[6] Von der Klitoris in dem Sinne, wie wir diesen Begriff heute gebrauchen, ist in Galens Text nicht die Rede. Er verwendet zwar das lateinische Wort *pudenda* für die äußeren Geschlechtsteile, aber selbst wenn man noch soviel Phantasie walten läßt, kann er damit unmöglich jenen Teil gemeint haben, der später Klitoris genannt wurde.

---

Text 1: Galen

Alle männlichen Geschlechtsteile sind auch bei der Frau anzutreffen. Es besteht keinerlei Unterschied – mit einer Ausnahme… nämlich, daß sich die weiblichen Teile im Innern befinden und die des Mannes außen, wobei sie in dem Perineum genannten Bereich ihren Anfang nehmen. Nehmen wir an, daß diese männlichen Teile nach innen gestülpt werden, und des weiteren, daß sie im Innern den Raum zwischen Rectum und Harnblase einnehmen. Im Rahmen dieser Hypothese würde das Skrotum notwendigerweise den Platz der Vagina einnehmen, wobei sich die Ovarien nach Art der äußeren Teile zu beiden Seiten befinden; der Penis des Mannes wird zum Kanal, den der Hohlraum erzeugt, und der Teil an der Spitze des Penis, jetzt »Praeputium« genannt, wird zu den äußeren Geschlechtsteilen der Frau.

Galen, *De usu partium*, Bd. II, Buch XIV. 2. Jahrhundert nach Christus.

---

[6] Die kleinen Schamlippen werden in der Fachsprache mit dem lateinischen Begriff *labia minora* bezeichnet, der ›kleine Lippen‹ bedeutet und von Realdo Colombo (1516 bis 1559) eingeführt wurde; die wulstigen großen Schamlippen nennt man *labia majora*.

Mehr als tausend Jahre lang hat niemand gewagt, Galens Autorität in Frage zu stellen. Im sechzehnten Jahrhundert schließlich erlebte die anatomische Wissenschaft eine neue Blüte; maßgeblich daran beteiligt waren eine Handvoll beherzter Männer, zu denen auch der Italiener Gabriel Fallopio und sein Lehrer Vesalius gehörten.

Vesalius lebte von 1514 bis 1564. Obwohl das Sezieren menschlicher Leichname nicht mehr als Straftat galt, war es für ihn trotz seiner Stellung als Vorstand der anatomischen Fakultät der Universität Padua immer noch schwierig, Leichen zu Untersuchungszwecken zu bekommen. Von den sechs Leichen, die Vesalius unseres Wissens für die Erforschung der weiblichen Anatomie zur Verfügung standen, war eine nicht mehr in unversehrtem Zustand; die Überreste einer anderen – einer ermordeten, schwangeren Frau – mußten der Gerichtsbarkeit zurückgegeben werden; und drei weitere wurden für öffentliche Schaustellungen gebraucht. So blieb Vesalius lediglich eine Leiche – die einer Frau, die gehenkt worden war –, auf die er seine Erkenntnisse stützen konnte. Trotz der Revolution im Bereich der Anatomie, die diese jungen Wissenschaftler der Renaissance auslösten (Vesalius war erst 29 Jahre alt, als er sein Hauptwerk veröffentlichte), wurden nur geringe Fortschritte in der Erforschung der Anatomie der weiblichen Geschlechtsorgane gemacht. Schuld daran war nicht nur der Mangel an Objekten, die man sezieren konnte. Nachdem die Kirche die Auffassung vertrat, daß Männer und Frauen Geschlechtsverkehr nur zum Zwecke der Hervorbringung neuen Lebens ausüben dürften, tendierten die christlichen Ärzte dazu, jene Teile des weiblichen Körpers, die als für die Fortpflanzung unwichtig betrachtet wurden, einfach zu übersehen. Ihr Hauptinteresse galt dem Uterus; die weiblichen Geschlechtsorgane blieben weitgehend unbeachtet.

So ist es nicht weiter verwunderlich, daß Vesalius in seinem Hauptwerk, *De humani corporis fabrica* (1543), die Vagina ganz genau so abbildet, wie Galen sie beschrieben hatte (Abbildung 2). In fast vierzehn Jahrhunderten hatte sich tatsächlich nichts geändert; Vesalius hatte eindeutig dieselbe Vorstellung von der weiblichen Anatomie wie Galen.

Nicht so Fallopio. Obwohl er nur neun Jahre jünger war als sein Lehrer, wagte er im Gegensatz zu Vesalius, Galens Lehren anzugreifen. (Er korrigierte sogar einige irrige Annahmen des Vesalius, nachdem er dessen Nachfolger auf dem Lehrstuhl für Anatomie in Padua geworden war.) Fallopios Aufmerksamkeit entgingen weder die inneren noch die äußeren Teile der weiblichen Geschlechtsorgane; er war der Entdecker der Eileiter, die seitdem auch seinen Namen tragen[7], und ihm gebührt das Verdienst, als erster eine detaillierte Beschreibung der Klitoris geliefert zu haben. Sie wurde 1561 veröffentlicht – ein Jahr vor seinem Tod im Alter von 39 Jahren (vgl. Text 2).

Vor Fallopios Entdeckung gab es offensichtlich keine medizinische Veröffentlichung über die tieferliegenden Strukturen der Klitoris, von der er anatomische Schnitte angefertigt hatte. Für den modernen Leser ist es einigermaßen erstaunlich, daß offenbar niemand, nicht einmal Fallopio selbst, bemerkte, daß seine Behauptung, die Klitoris entspreche dem Penis, Galens Penis/Vagina-Konzept widerlegte. Ähnlich bezeichnete Realdo Colombo, ebenfalls ein italienischer Anatom, dessen Werk 1559 erschien, die Klitoris als einen weiblichen Penis. Der genaue Begriff, den Colombo verwendete, war *mentula muliebris*. Diese Tatsache läßt vermuten, daß das Penis/Klitoris-Konzept nicht von Fallopio eingeführt wurde, sondern daß es sich um eine bereits anerkannte Theorie handelte.

Aber wie ist es zu diesem Penis/Klitoris-Konzept gekommen? Eine sorgfältige Überprüfung medizinischer Schriften aus den vierzehnhundert Jahren, die zwischen Fallopio und Galen liegen, führt zu dem Ergebnis, daß bei den Übersetzungen einiger früher Texte ein scheinbar belangloser, kleiner Fehler

---

[7] Fallopische Tuben.

unterlaufen ist, der ganz erhebliche Verwirrung gestiftet hat. Da die entsprechenden Texte aus dem Griechischen ins Latei-

---

**Text 2: Fallopio**

Avicenna... erwähnt einen im weiblichen Pudendum befindlichen Teil und nennt ihn »einen Penis« oder vielmehr »al bathara« [das arabische Wort, das mit »Klitoris« übersetzt wurde]. Albucasim... nennt es »die Spannung«. Bei manchen Frauen kann es gelegentlich ein solches Wachstum erreichen, daß sie miteinander koitieren können, wie Männer, die Unzucht treiben. Dieser Teil wird von den Griechen noch immer als »Klitoris« bezeichnet, und es gibt noch immer das von diesem Begriff abgeleitete Verbum »clitorisieren«, das in obszöner Bedeutung verwendet wird.
Es stimmt, daß unsere Anatomen diesen Teil völlig vernachlässigt haben und ihn nicht einmal erwähnen.
Dieser kleine Teil entspricht dem männlichen Penis...
Dieser sehr intime Teil, von der Größe her klein und im recht fleischigen Teil des Schambeins versteckt, ist den Anatomen unbekannt geblieben, so daß ich seit Jahren der erste bin, der ihn beschreibt, und sollte es andere gegeben haben, die darüber gesprochen oder geschrieben haben, so sei kundgetan, daß sie nicht mich davon haben sprechen hören noch jene, die mich gehört haben, und folglich, allein aus diesem Grund, gibt es darüber nicht viel Wissen.
Man kann das Ende dieser Art Penis im oberen Teil des äußeren Pudendums leicht feststellen, genau dort, wo die »hängenden Flügel« [die äußeren fleischigen Lippen]... zusammenkommen oder wo sie beginnen.

Gabriel Fallopio, *Observationes Anatomicae.* Venedig: M. A. Ulmum, 1561.

---

nische, aus dem Lateinischen ins Arabische und schließlich aus dem Arabischen wieder zurück ins Lateinische übersetzt wurden, setzte sich das Penis/Klitoris-Konzept im medizinischen Denken fest, ohne je in Frage gestellt zu werden, weil anscheinend alle glaubten, daß es sich dabei um Galens Lehre handelte – alle, sogar Fallopio, der ansonsten durchaus Kritik an Galen übte.

Sprachwissenschaftler gehen davon aus, daß normalerweise ein Grund vorhanden ist, wenn sich die Bedeutung von Wörtern ändert; sie haben jedoch die Erfahrung gemacht, daß es zwecklos ist, genau feststellen zu wollen, wie eine solche Bedeutungsänderung zustande gekommen ist. Und dieser Fall bildet da keine Ausnahme. Man kann nicht genau sagen, wie diese Verwechslung entstanden ist, aber aus dem semantischen Durcheinander lassen sich die folgenden drei Auszüge aus frühen Texten heranziehen, die, korrekt übersetzt, beweisen, daß die frühgriechischen und arabischen Ärzte niemals die Auffassung vertraten, Klitoris und Penis würden einander entsprechen.

1. Avicenna (Ali Ibn Sina) war der große Kompilator allen medizinischen Wissens, das bis zum Jahr 1000 vorhanden war. Er selbst lebte von 980 bis 1037. Erst durch sein Werk haben wir Kenntnis von Galens Ideen. In seinem Text *De Vagina* beschrieb Avicenna die beiden Gegenstücke ganz genau so wie vor ihm Galen: Der Penis wird zur Vagina, das Skrotum zu den großen Schamlippen und die Vorhaut zu den äußeren Geschlechtsteilen der Frau (den kleinen Schamlippen), die Avicenna »die Vorhaut der Vagina« nannte.

2. Ibn Hubal (1117–1212) hält Galens Beobachtung aufrecht: »Die kleinen Schamlippen sind für den Eingang der Vagina das, was die Vorhaut für den Penis ist.« Sowohl Ibn Hubal als auch Avicenna verwendeten das arabische Wort *al bathara,* das gleichbedeutend ist mit dem griechischen Wort *klitoris.* Übersetzt man das, wie es oft geschehen ist,

ohne sich Gedanken über die intendierte Bedeutung zu machen, würde Ibn Hubals Satz fälschlicherweise folgendermaßen lauten: »Die Klitoris ist für den Eingang der Vagina das, was die Vorhaut für den Penis ist.« Der einzige Teil der Klitoris, von dem die Araber möglicherweise Kenntnis hatten, war die Spitze, und diese Spitze der Klitoris kann man sich nur schwerlich als »Vorhaut der Vagina« vorstellen. Andererseits werden die kleinen Schamlippen tatsächlich sogar von heutigen Ärzten als eine Erweiterung der Vagina angesehen.

Die arabischen Ärzte müssen ebenso wie die griechischen etwas vom oberflächlichen Teil der Klitoris gewußt haben, da in Ägypten vor sehr langer Zeit der Brauch der sogenannten pharaonischen Beschneidung herrschte; dabei handelte es sich, wie die Bezeichnung vermuten läßt, um die Entfernung der Klitoris.

Was dabei aber genau entfernt wurde, ob die Spitze oder die kleinen Schamlippen oder beides – darüber herscht bis heute Unklarheit.[8]

3. Eine Klärung all dieser Begriffe erfolgt im Werk des griechischen Arztes Rufus, der im ersten nachchristlichen Jahrhundert lebte und vermutlich Kleopatras Leibarzt war (vgl. Text 3). Rufus wies auf die äußeren weiblichen Ge-

---

[8] Eine damit verwandte Begriffsverwirrung hat sich bis heute gehalten. Im Sudan ist die Praxis der Infibulation (Genitalienverschluß) noch immer weit verbreitet, obwohl sie gesetzlich verboten ist. Bei der Infibulation handelt es sich um eine Operation, die bei Frauen vorgenommen wird, um mit einer recht direkten Maßnahme ihre Keuschheit zu gewährleisten. Dabei werden die äußeren Geschlechtsorgane entfernt, so daß der Eingang der Vagina mit Narbengewebe zuwächst. Die Hebammen, die diese Operation durchführen, bringen ein Stück Schilfrohr oder ein Streichholz an, um das herum die Wunde zuheilt, so daß eine kleine Öffnung bleibt, groß genug für den Menstruationsfluß, nicht aber für Geschlechtsverkehr.
Außerhalb des Sudans wird diese Maßnahme allgemein als ›pharaonische Beschneidung‹ bezeichnet; im Westen sind die meisten Leute der Ansicht, daß dabei nur die Klitorisspitze entfernt wird.
Viele Menschen in der westlichen Welt und in den Kulturen, in denen Infibulation praktiziert wird, machen sich Sorgen um die Frauen, deren Geschlechtsorgane auf diese Weise verstümmelt werden. In den schriftli-

## Text 3: Rufus

Was die äußeren Geschlechtsorgane der Frau betrifft, so bezeichnen einige diese als Pudenda, andere als Schambein, das dreieckige äußerste Ende des Hypogastriums [Abdomen]. Die Spalte ist die Öffnung ihrer äußeren Geschlechtsorgane. Das kleine Stückchen muskulösen Fleisches in ihrer Mitte,»nymphae« oder auch »Frucht der Myrte« genannt, ist die Haut, die auch den Namen »clitoris« trägt, und man spricht von »clitorisieren«, wenn man die wollüstige Berührung dieses Teiles zum Ausdruck bringen will. Die »Lippen der Myrte« [die äußeren Schamlippen] sind die beiden fleischigen Teile, die sich zu beiden Seiten herauslösen; Euryphon bezeichnet diese auch als »die steilen Hänge« – heutzutage verwendet man zum einen den Ausdruck »hängende Flügel« (pterigomata) für die äußeren Lippen und zum anderen »nymphae« für die »Frucht der Myrte« [die inneren Schamlippen].

Werke des Rufus von Ephesus, 1. Jahrhundert nach Christus.

---

chen Protesten der Leute, die sich für eine Abschaffung dieser Maßnahme einsetzen, werden beide Begriffe – ›Infibulation‹ und ›pharaonische Beschneidung‹ – gleichbedeutend zur Bezeichnung aller Operationen verwendet, deren Ergebnis eine Schließung des Vulva-Bereichs ist; dazu gehören auch jene Operationen, die Eingriffe entweder an der Klitorisspitze oder an den Labia minora oder beidem darstellen. Kritiker dieser Maßnahme treffen eine Unterscheidung zwischen zwei verschiedenen Operationen – einer, bei der der Vulva-Bereich geschlossen wird, und einer anderen Art »weiblicher Beschneidung«, bei der dies nicht der Fall ist, wie etwa bei einer einfachen Klitorisentfernung (fachmännische Entfernung lediglich der Klitorisspitze).

Allerdings lassen weiterhin viele der dörflichen Hebammen, die diese kulturelle Tradition aufrechterhalten, bei der Ausübung ihrer Tätigkeit dasselbe mangelnde Bewußtsein für kleine Unterschiede im Gewebe erkennen, das sich in der Sprache der frühen medizinischen Schriften zeigte. Die heutzutage gebräuchlichen Begriffe für diese Operationen und die davon betroffenen Teile sind nach wie vor ziemlich verwirrend.

schlechtsorgane, in ihrer Gesamtheit Pudenda genannt, hin und auf die »Spalte«, die die wulstigen großen Schamlippen teilt. Dann definierte er die Klitoris als die Haut, aus der die kleinen Schamlippen der Frau bestehen. Hier liegt der Schlüssel zum Verständnis.

Den Übersetzern jedoch entging diese Klarstellung. Für sie sah es oberflächlich betrachtet so aus, als behaupteten die griechischen wie die arabischen Ärzte, daß die Klitoris die Entsprechung zum Penis sei. Interpretiert man ihre Aussagen jedoch nicht durch mechanische Wiederholung wörtlicher, aber unrichtiger Übersetzungen, sondern berücksichtigt die intendierte Bedeutung, so wird klar, daß sie, wenn sie von ›Klitoris‹ sprachen, die kleinen Schamlippen – und nichts anderes – meinten und, wie Galen, der Ansicht waren, daß das Gegenstück zum Penis die *Vagina* ist.

Fallopio gebührt das Verdienst, als erster die Klitoris detailliert beschrieben zu haben. Er war der erste, der durch anatomische Schnitte ihre tieferliegende innere Struktur offenlegte – einen Teil der weiblichen Anatomie, der Wissenschaftlern vor ihm unbekannt war. Im Verlauf dieser wichtigen Entdeckung beging er allerdings den Irrtum anzunehmen – und lieferte damit anderen die Grundlage, dies ebenfalls zu tun –, daß die Klitoris ein Miniatur-Penis sei. Somit ist es eine kuriose historische Tatsache, daß diese Auffassung nicht aufgrund unbestreitbarer, wissenschaftlicher Erkenntnisse zustande gekommen ist, sondern das Ergebnis einer tiefverwurzelten männlichen Perspektive, aus der heraus die Frau als minderwertig betrachtet wurde, sowie des unkritischen Übernehmens unrichtiger Übersetzungen war.

Noch kurioser ist die Tatsache, daß der diesem Penis/Klitoris-Konzept zugrundeliegende Irrtum so lange unentdeckt blieb. Meiner Meinung nach läßt sich auf der Grundlage einer Neubewertung bereits erwiesener anatomischer Tatsachen eine Argumentation aufbauen, die überzeugend demonstriert, daß die alte, inadäquate Vorstellung von einer neuen, weitaus plausibleren Auffassung abgelöst werden sollte.

Die neue Theorie, die hier vorgestellt wird, geht davon aus, daß die Spitze der Klitoris und die Eichel des Penis *keine* Entsprechungen sind; die echten Homologe sind die Spitze der weiblichen Klitoris und die Spitze einer männlichen Struktur *im Innern* des Penis. Die männliche Struktur ist jener kapselähnliche Teil, der sich mit Blut füllt und eine Erektion hervorruft; man bezeichnet ihn als Corpus cavernosum (wörtlich: Hohlräume enthaltender Körper) oder erektilen Schwellkörper (Abbildung 3). Es läßt sich inzwischen mit einiger Bestimmtheit behaupten, daß die eigentliche Entsprechung zur weiblichen Klitoris nicht der Penis ist, sondern vielmehr dieser innere Teil des Penis, den man nur als die männliche Klitoris bezeichnen kann – und den ich hiermit als solche definiere. Die Spitzen der männlichen und der weiblichen Klitoris sind die Lowndes-Kronen, so genannt nach derjenigen, die die korrekte Homologie festgestellt hat – getreu der Tradition, daß anatomische Teile nach der Person benannt werden, die sie endeckt hat.[9]

Viele Leute wird es überraschen zu erfahren, daß die weibliche Klitoris unter der Haut tieferliegende Strukturen besitzt. Diese tieferliegenden Strukturen sind die zwei wie Beine aussehenden Teile des Organs, die am unteren Teil des Schambeins zu beiden Seiten des unteren Anteils der Vagina an den Innenflächen der Oberschenkel entlanglaufen. Für alle diese Teile der Klitoris gibt es einfache Bezeichnungen, nämlich Krone[10] (Spitze), Corpus (Schaft) und Crura (Schenkel). Die Krone ist der Teil, der uns am vertrautesten ist; tatsächlich hält man sie, zusammen mit der sie bedeckenden Hautfalte, normalerweise für die Klitoris, als sei sie bereits das Ganze. Schiebt man die Deckfalte zurück, läßt sich die

---

[9] Alle Teile des menschlichen Körpers sind von männlichen Wissenschaftlern bestimmt und benannt worden – oft nach ebendiesen Männern. Meines Wissens ist die Lowndes-Krone der erste Teil der menschlichen Anatomie, der nach einer Frau benannt wird.

[10] ›Krone‹ wird im folgenden gleichbedeutend mit ›Lowndes-Krone‹ verwendet.

Krone leicht erkennen – eine hochempfindliche Fleischspitze etwa von der Größe einer kleinen Erbse.

Das Corpus (oder der Schaft) hingegen ist nicht sichtbar, aber man kann es unmittelbar unter der Hautoberfläche mit den

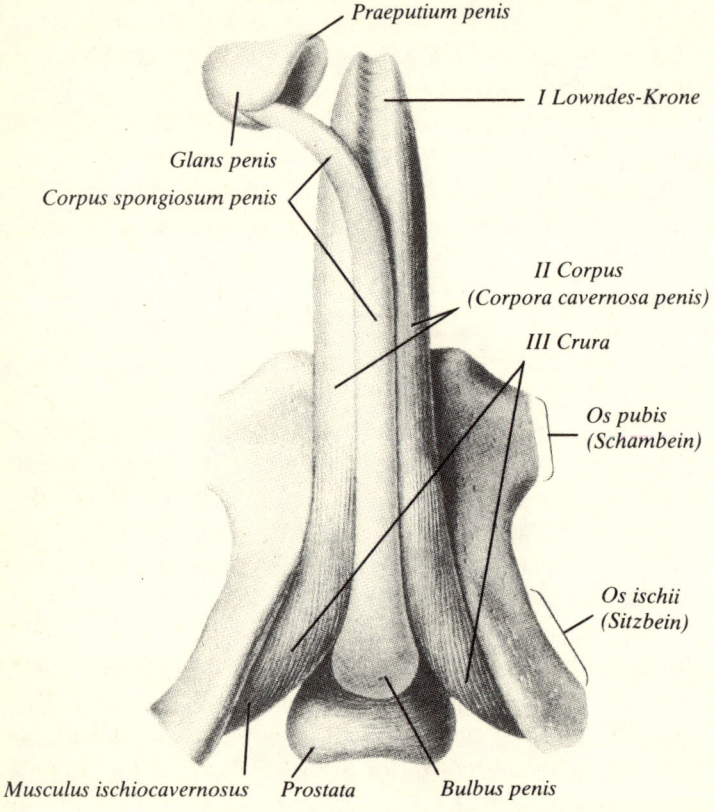

*Abbildung 3* Erektile Schwellkörper des Penis: Glans penis und distaler Teil des Corpus spongiosum penis wurden aus der Rinne im Corpus cavernosum penis herausgehoben, in der sie sich im Normalzustand befinden. (Sobotta 1957; Schema B in den Abbildungen 4 und 5 steht in Einklang mit dieser Abbildung; um ein Drittel verkleinerte Reproduktion der maßstabgetreuen Originalzeichnung.)

40

Fingerspitzen tasten. Es mißt im Querschnitt normalerweise etwa einen halben Zentimeter und ist etwas über zwei Zentimeter lang.

Die Crura (oder Schenkel) sind, da es sich um eine innere Struktur handelt, ebenfalls nicht sichtbar; auch lassen sie sich nicht ohne weiteres tasten. Die beiden Schenkel variieren in Form und Dicke; sie sind beide etwas weniger dick als ein kleiner Finger. In ihrer Form ähneln sie einem umgekehrten Y oder dem griechischen Lambda. Von den in der Natur vorkommenden Formen erinnern sie am ehesten an die Frucht des Ahornbaums:

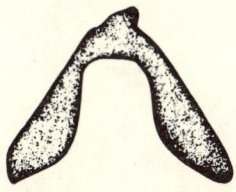

Die Vorstellung von einer männlichen Klitoris hat für viele etwas Irritierendes. Verständlicherweise sind uns die sichtbaren Teile der männlichen Geschlechtsorgane sehr viel vertrauter als die, die sich im Innern des Penis befinden. So kennt zum Beispiel so gut wie jeder den Penisschaft, ebenso die Vorhaut, die Eichel und die Öffnung der Harnröhre, durch die sowohl Sexualflüssigkeit als auch Urin befördert wird; vielleicht schon weniger bekannt ist der Gewebekörper, Corpus spongiosum genannt, der die männliche Harnröhre umgibt. Und obwohl jeder weiß, daß sich der Penis aufrichtet, weil er sich mit Blut füllt, haben bis heute nur sehr wenige Leute eine Ahnung von dem Teil, in den das Blut fließt: die männliche Klitoris.

Die folgenden schematischen Abbildungen der männlichen und der weiblichen Klitoris in Originalgröße verdeutlichen, daß männliche und weibliche Organe einander sehr ähnlich sind. Wie die weibliche Klitoris, so besteht auch die männliche aus zwei Schenkeln, einem Schaft und einer Krone (vgl. Abbildungen 4 und 5).

Die beiden Organe haben auch annähernd dieselbe Größe. Eine sorgfältige Messung der Gesamtlänge ergibt zwölfeinhalb Zentimeter bei der männlichen Klitoris und zehn Zentimeter bei der weiblichen; das entspricht einem Verhältnis von fünf zu vier. Da das durchschnittliche Gewicht eines Mannes etwa 72 Kilo beträgt und das einer Frau 58, darf man erwar-

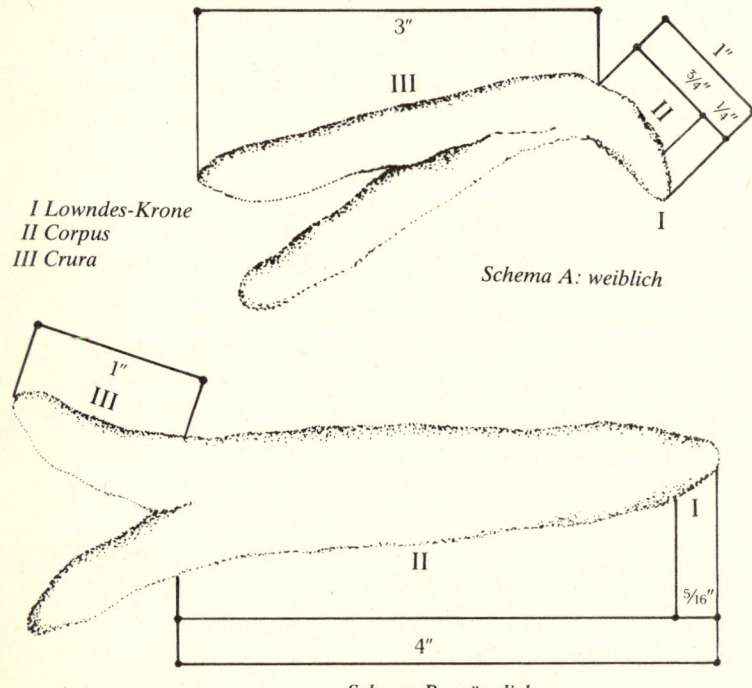

*I Lowndes-Krone*
*II Corpus*
*III Crura*

*Schema A: weiblich*

*Schema B: männlich*

*Abbildung 4* Die Klitoris der Frau (Schema A) und des Mannes (Schema B). (Schema A basiert auf Regnier de Graafs in Abbildung 7 gezeigten Zeichnungen anatomischer Schnitte der Klitoris und auf Sobottas Darstellung in Abbildung 17; Schema B basiert auf Sobottas Darstellung in Abbildung 3; um ein Drittel verkleinerte Reproduktion der maßstabgetreuen Originalzeichnung.)

42

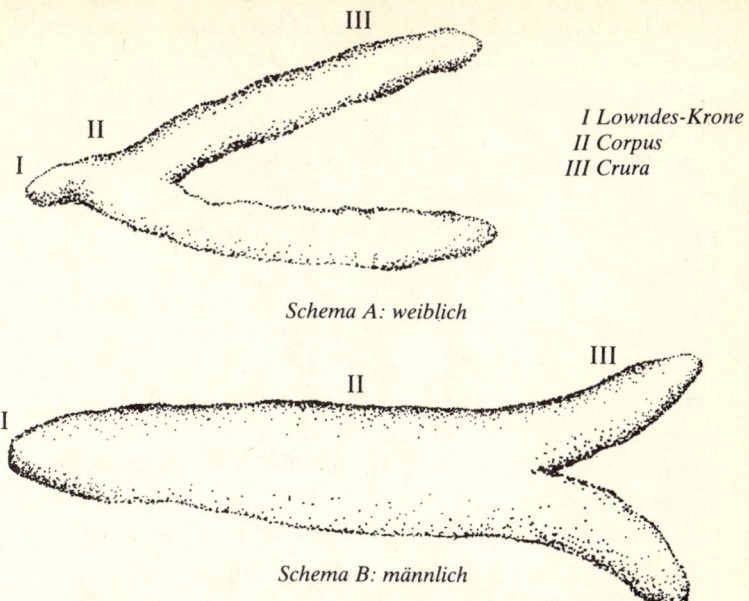

I *Lowndes-Krone*
II *Corpus*
III *Crura*

*Schema A: weiblich*

*Schema B: männlich*

*Abbildung 5* Die Klitoris: weiblich (Schema A) und männlich (Schema B). (Aus dieser Perspektive betrachtet wird im Gegensatz zu Abbildung 4 das Ausmaß der Gabelung bei der Frau deutlich sichtbar.)

ten, daß sich dieser Unterschied in der Größe der Teile, aus denen sich dieses Gewicht zusammensetzt, widerspiegelt, so daß das 5:4-Verhältnis genau stimmt. Angesichts dieser Überlegung muß die bisher geltende Prämisse, nämlich daß sich die Geschlechtsorgane von Männern und Frauen in ihrer Größe erheblich unterscheiden, neu überdacht werden.

Die weibliche Klitoris hat einen *kurzen* Schaft, der sich in zwei lange Schenkel spaltet, während die männliche Klitoris einen *langen* Schaft besitzt, der sich in zwei nur sehr kurze Schenkel teilt. Doch handelt es sich dabei um einen Unterschied im Aufbau, nicht in der Substanz. Grundsätzlich bestehen die weibliche und die männliche Klitoris aus demselben erektilen Gewebe.

Zwischen der männlichen und der weiblichen Lowndes-Krone gibt es nur einen grundsätzlichen Unterschied: Bei dem weiblichen Organ handelt es sich um eine äußere Struktur, die leicht zu sehen und unmittelbar zu tasten ist; die männliche hingegen befindet sich innen, reagiert aber trotzdem sehr empfindlich auf indirekte Berührung oder vielmehr Druck. Auf die Frage, welche Folgen dies für die sexuelle Erregung und den Geschlechtsakt hat, werde ich in einem späteren Kapitel zurückkommen.

Die Lowndes-Kronen-Theorie setzt sich aus zwei Teilen zusammen. Beim ersten Teil handelt es sich um die Entdeckung der männlichen Klitoris. Das wirft allerdings eine Frage auf: Wenn die Spitze der weiblichen Klitoris nicht das Pendant zur Eichel des männlichen Gliedes ist, gibt es dann einen anderen weiblichen Teil, der dieser entspricht? Es gibt ihn tatsächlich, und er läßt sich ohne weiteres lokalisieren und anschauen. Wenn man die kleinen Schamlippen (die Labia minora) auseinanderzieht, kann man deutlich die Öffnung der Urethra (Harnröhre) erkennen. Diese Öffnung, Meatus genannt, liegt unmittelbar über dem Eingang der Vagina, der sich bei den meisten Frauen knapp zwei Zentimeter unterhalb der Lowndes-Krone befindet. Der Meatus ist von einem eichelförmigen, relativ deutlich vorstehenden Bereich (dem Harnröhrenwulst) umgeben, dessen hinterer Rand das vordere Ende des Eingangs zur Vagina bestimmt. Genau dieser Rand ist es, der gleichzeitig den Anfang der Vagina und das Ende der Eichel definiert.

Dieser Rand ist lange Zeit als Carina (Carina urethralis vaginae) bezeichnet worden, während der vorstehende Bereich als ganzer bis jetzt ohne Bezeichnung geblieben ist. Diese eichelförmige Erhebung ist die weibliche Eichel. Wird sie als solche erkannt, ist die Ähnlichkeit zwischen ihr und der Eichel des Mannes offensichtlich. Beide haben die Form einer Eichel; beide werden von der Harnröhrenmündung durchbrochen; und die leicht erhobene weibliche Carina hat ihre Entsprechung in einem ähnlichen Rand (dem Sulcus) an der Eichel des Mannes (vgl. Abbildung 3). Wichtiger jedoch ist

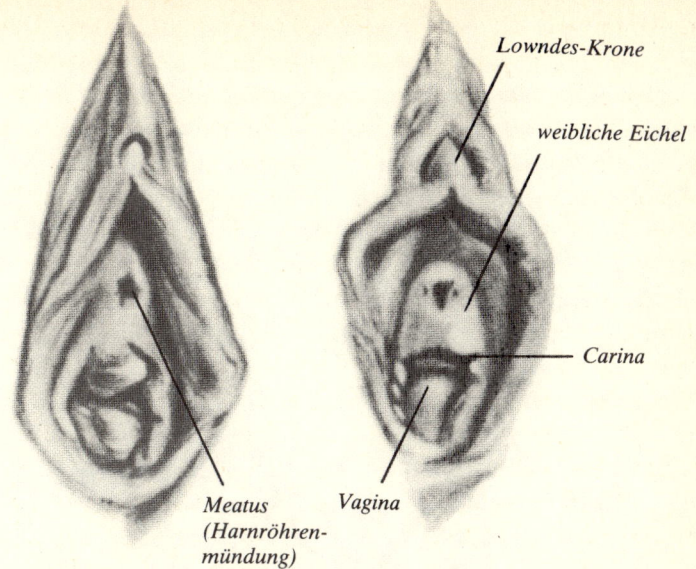

Lowndes-Krone

weibliche Eichel

Carina

Meatus    Vagina
(Harnröhren-
mündung)

*Abbildung 6* Weibliche Geschlechtsorgane (nach Dickinson 1949).

die Tatsache, daß bei *beiden* Geschlechtern die Eichel reichlich mit Nervenendigungen versehen ist, die diese Teile äußerst empfindlich für Berührung machen.

Bei der Beschreibung der Lowndes-Kronen haben wir gesehen, daß die männlichen Teile zum Zusammenhalt oder zum Konvergieren tendieren, während die weiblichen dazu neigen, sich zu spalten oder zu divergieren[1]; diese Beobachtung scheint ganz allgemein auf die männlichen und die weiblichen Geschlechtsorgane zuzutreffen.

Die männliche Eichel bedeckt unmittelbar die männliche Lowndes-Krone, während die weibliche Eichel und die darüber befindliche, exponierte weibliche Lowndes-Krone knapp zwei Zentimeter voneinander entfernt sind.

---

[1]Die äußeren Geschlechtsteile einer Frau, die man heutzutage Vulva nennt, wurden in der Elisabethanischen Zeit allgemein »die große Spalte« genannt – eine Bezeichnung, die aus der freilich mit einigen Ausschmückungen versehenen Sprache des Rufus aus dem ersten Jahrhundert übernommen wurde.

Drückt man mit dem Finger leicht gegen die Eichel der Frau, stellt man fest, daß sie ein so großes Maß an Beweglichkeit aufweist, daß sie sich leicht ins Innere der Vagina schieben läßt. Die Eichel der Frau ist kein »feststehendes« Organ, sondern läßt sich bewegen – zwar nicht nach vorne, aber zurück. Beim Koitus wird sie zwischen das Schambein der Frau und den Penis ihres Partners gedrückt; die Stöße des Penis bewirken, daß die Eichel in die Vagina hinein und wieder heraus rutscht – und damit der Frau ein lustvolles Gefühl verschafft.

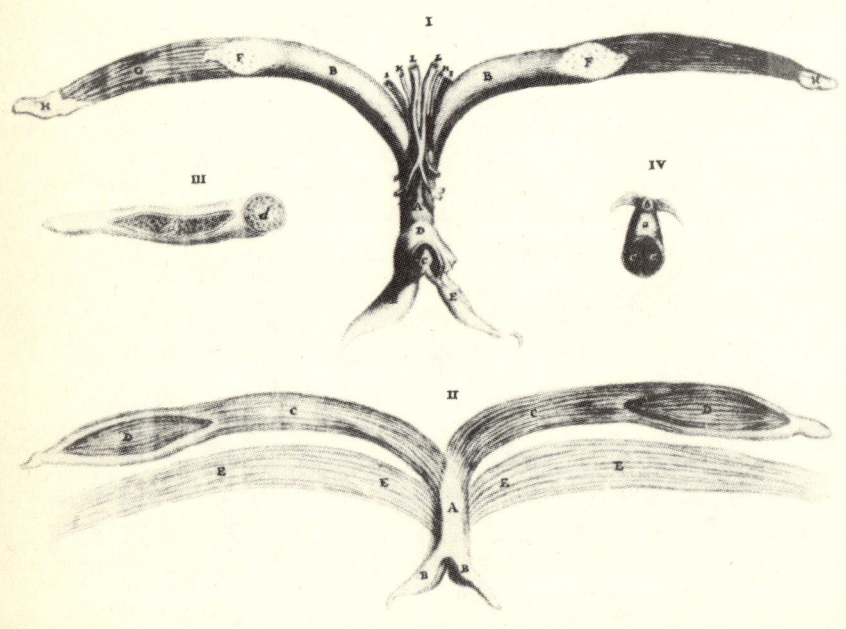

*Abbildung* 7 Die weibliche Klitoris. (Schema A der Abbildungen 4 und 5 stimmt mit diesen, von Regnier de Graaf gezeichneten anatomischen Schnitten aus dem Jahr 1972 überein; um ein Drittel verkleinerte Reproduktion der maßstabgetreuen Originalzeichnung.)

Die in den folgenden Kapiteln dargestellten Tatsachen über die weibliche Urethra und die Vagina ergänzen die, wie ich glaube, zwingenden Argumente, die für die neue Theorie sprechen. In diesem Buch sollen alle Bestandteile der weiblichen Geschlechtsorgane und die damit verbundenen Strukturen, die als Sexualorgane fungieren, erörtert und neu interpretiert werden. Auch die männlichen Geschlechtsorgane werden ausführlich behandelt, damit sich in allen Einzelheiten beschreiben läßt, in welcher Beziehung weibliche und männliche Homologe zueinander stehen.

I  zeigt die Vorderseite der Klitoris
   A  *Klitoris*
   B  *Crura (Schenkel) der Klitoris*
   C  *Glans (Eichel) der Klitoris*
   D  *Präputium (Vorhaut) der Klitoris*
   E  *Nymphen (kleine Schamlippen)*
   F  *Teil des Periostums (Knochenhaut), das die Schenkel der Klitoris mit dem unteren Teil des Schambeins verbindet*
   G  *Muskeln der Klitoris*
   H  *Teile der Muskeln, die an den Knochen des Ischiums (Hüfte) entspringen*
   I  *Nerven*
   K  *Arterien*　　} die alle Bereiche der Schamgegend versorgen
   L  *Venen*

II  zeigt die Rückseite der Klitoris
   A  *Klitoris*
   B  *umgestülpte Nymphen (kleine Schamlippen)*
   C  *Muskeln, die durch die Crura (Schenkel) der Klitoris verlaufen*
   D  *fleischige Fasern derselben Muskeln, die eine Art Höhlen bilden*
   E  *fleischige Fasern des Schließmuskels, die mit der Nervenversorgung der Klitoris zusammenhängen*

III  und IV zeigen unterschiedliche anatomische Schnitte der Klitoris
   a  *Klitoris*
   b  *Glans der Klitoris und kleine Schamlippen*
   c  *Schwellkörper der Klitoris, der in der Mitte durch eine Scheidewand getrennt wird*
   d  *Schwellkörper eines Klitorisschenkels, der nicht durch eine Scheidewand in der Mitte getrennt wird*

Männliche und weibliche Homologe

| Galens Theorie | | Moderne Theorie* | | Lowndes-Kronen-Theorie | |
|---|---|---|---|---|---|
| *männl.* | *weibl.* | *männl.* | *weibl.* | *männl.* | *weibl.* |
| (1) Penis | Vaginaler Kanal | (1) Penis<br>(a) (noch nicht identifizierte Krone)<br><br>(b) Corpora cavernosa<br>(2) Glans penis | (1) Klitoris<br>(a) als »Glans« identifizierte Krone – siehe (2) unten<br>(b) Corpora cavernosa<br>(2) Glans clitoridis | (1) Klitoris<br>(a) Krone<br><br>(b) Corpus und Crura<br>(2) Eichel des Penis | (1) Klitoris<br>(a) Krone<br><br>(b) Corpus und Crura<br>(2) Eichel der Frau |

*Aus der Zusammenstellung von Leslie B. Arey, *Developmental Anatomy: A Textbook and Laboratory Manual of Embryology*, Philadelphia: W. B. Saunders Co., 1965 (erstmals 1924 erschienen).

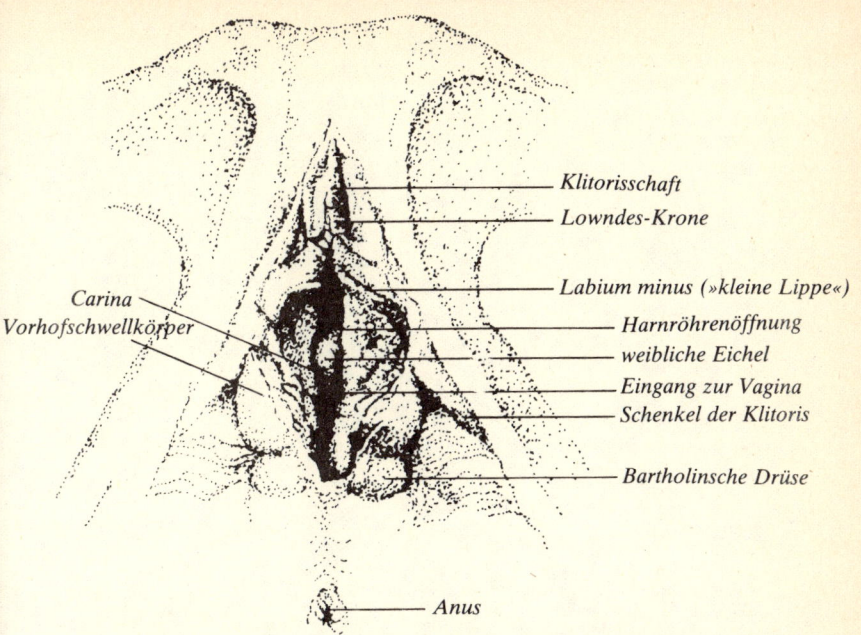

*Klitorisschaft*

*Lowndes-Krone*

*Carina*
*Vorhofschwellkörper*

*Labium minus (»kleine Lippe«)*

*Harnröhrenöffnung*

*weibliche Eichel*

*Eingang zur Vagina*

*Schenkel der Klitoris*

*Bartholinsche Drüse*

*Anus*

*Abbildung 8* Weibliche Geschlechtsorgane (um ein Drittel verkleinerte Reproduktion der maßstabgetreuen Originalzeichnung).

# KAPITEL 2

# Die Urethra

Die neue Theorie versteht die Eichel der Frau und die Eichel des männlichen Gliedes als echte Homologe. Wie wir gesehen haben, liegen die weibliche Eichel am Eingang zur Vagina und die an der Oberfläche der Vulva sichtbare Lowndes-Krone ein Stück auseinander. Im Gegensatz dazu bedeckt die männliche Eichel, deren Umfang größer ist als der der weiblichen, die männliche Lowndes-Krone.

Bei beiden Geschlechtern stellt die Eichel den äußersten Teil der Urethra (Harnröhre) dar. Bis jetzt wurde die weibliche Harnröhre in westlichen Kulturen lediglich im Kontext des Urinierens gesehen, und kaum eine Frau hat sie mit Sex in Verbindung gebracht. Durch die Identifizierung und Benennung der weiblichen Eichel erhebt sich jedoch die Frage: Ist die weibliche Urethra ein Sexualorgan?

Die sexuelle Funktion der männlichen Urethra ist natürlich offiziell anerkannt und unmittelbar einsichtig – ebenso wie ihre Funktion beim Harnlassen und für die Fortpflanzung –, und jeder Mann ist sich der sexuellen Rolle der Harnröhre sehr wohl bewußt.

Verfolgt man den Verlauf der männlichen Harnröhre von der Öffnung an der Oberfläche bis hin zum Blasenhals, so lassen sich außer der Eichel drei Abschnitte feststellen, die von unterschiedlichen Strukturen umgeben sind:

1. Die Pars spongiosa, umgeben vom Corpus sponsiosum (den Harnröhrenschwellkörpern) und den damit verbundenen Bulbi penis (Peniszwiebeln),
2. die Pars membranacea, die durch den membranösen Bereich des Beckenbodens verläuft, und

3. die Pars prostatica, die durch die Prostata (Vorsteher-drüse) zieht.

Diese die männliche Harnröhre umgebenden Strukturen wollen wir nun näher betrachten und mit denen vergleichen, durch die die weibliche Harnröhre verläuft.

1. Das Corpus spongiosum, das die Harnröhre umgibt, und der Bulbus penis (die Peniszwiebel) sind so eng miteinander verbunden, daß es wohl am besten ist, sie in einem gemeinsamen Abschnitt zu beschreiben. Die derzeit anerkannte Theorie besagt, daß Männer ein

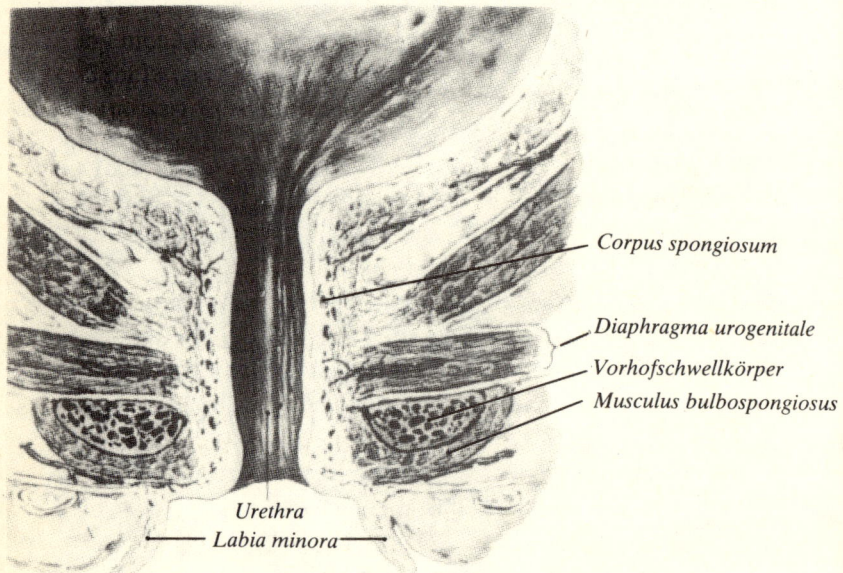

*Corpus spongiosum*

*Diaphragma urogenitale*

*Vorhofschwellkörper*

*Musculus bulbospongiosus*

*Urethra*
*Labia minora*

*Abbildung 9* Weibliche urogenitale Strukturen: Corpus spongiosum und Vorhofschwellkörper; Pars membranacea der Urethra (Diaphragma urogenitale).
Copyright 1954, CIBA Pharmaceutical Company, Division of CIBA-Geigy Corporation. Reproduktion mit Genehmigung der CIBA Collection of Medical Illustrations von Frank H. Netter M. D. Alle Rechte vorbehalten. Aus der oben erwähnten Sammlung, Bd. 2, *Geschlechtsorgane*.

54

Corpus spongiosum haben, Frauen hingegen nicht. Das Homolog zum männlichen Corpus spongiosum beschränkt sich angeblich auf die Vorhofschwellkörper (Bulbi vestibuli), die normalerweise als Teil der Klitoris und nicht der Harnröhre definiert werden. Natürlich sind Vorhofschwellkörper eng mit den meisten angrenzenden Teilen, zu denen auch die Klitoris gehört, verbunden. Und natürlich hängen alle diese unterschiedlichen Teile (Schwellkörper, Klitoris, Vagina, Anus und Harnröhre) unmittelbar zusammen. Eben dieses gleichzeitige Beteiligtsein von Klitoris, Urethra und Vagina an der sexuellen Funktion ist einer der Punkte, die ich besonders betonen möchte. Dazu muß ich zunächst den grundlegenden Aufbau der einzelnen Teile erläutern.

Mit meiner neuen Theorie verfolge ich die Absicht nachzuweisen, daß sehr wohl ein weibliches Corpus spongiosum existiert und daß die Vorhofschwellkörper (auch Vorhofzwiebeln genannt) logischerweise eher als Bestandteil der weiblichen Harnröhre als der Klitoris beschrieben werden sollten.

Die Eichel und das Corpus spongiosum stellen eine durchgehende Struktur dar. Wo eine Eichel ist, da ist auch ein Corpus spongiosum (vgl. Abbildungen 10 und 11). Vergleicht man die Querschnitte der weiblichen und der männlichen Harnröhre miteinander, so findet man die Tatsache, daß bei beiden Geschlechtern ähnliche schwammartige Bestandteile vorhanden sind, noch deutlicher bestätigt (Abbildungen 12 und 13). Bei der weiblichen Harnröhre befindet sich zwischen der Innenauskleidung der Röhre und den sie umgebenden Muskelschichten eine Schicht von schwammartiger, erektiler Beschaffenheit. Meiner Theorie zufolge ist dieser schwammartige Teil das weibliche Corpus spongiosum – das Pendant zu dem entsprechenden schwammartigen Teil der männlichen Harnröhre.

F. Netter M.D. © CIBA

Prostata

Mündungen
der Prostata

Samenhügel

Mündungen der
Samenblasengänge

Cowpersche
Drüse

Bulbus

Crus

Austritts-
stelle der
Cowperschen
Drüse

Corpus
spongiosum

Klitoris

Glans
(Eichel)

Pars
prostatica

Pars
membranacea

Pars bulbosa

Pars spongiosa

Pars penis (mobilis)

*Abbildung 10 (links)* Männliche urogenitale Strukturen: Glans, Corpus spongiosum und Bulbi; Pars membranacea der Urethra (Diaphragma urogenitale); Prostata.

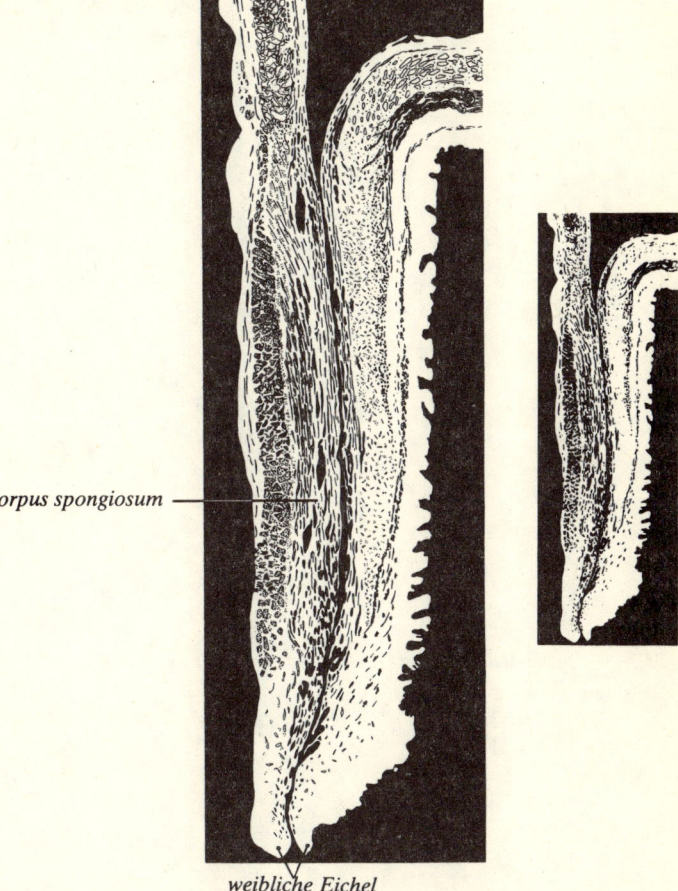

Corpus spongiosum ——

weibliche Eichel

*Abbildung 11* Urethra der erwachsenen Frau, medianer Sagittalschnitt. Das rechte Bild zeigt in etwa die natürliche Länge der Urethra (nach A. B. Huisman, *Contributions to Gynecology and Obstetrics* 10, 1983).

57

Beim Mann ist das Corpus spongiosum etwa fünfzehn bis zwanzig Zentimeter lang und dort, wo es am Ende in die Eichel übergeht, am dünnsten; es verdickt sich zur Peniswurzel im Innern des Körpers hin und schwillt am Ende ganz beträchtlich an, so daß es wie eine birnenförmige Knolle aussieht. Von der Peniszwiebel abgesehen ist das Corpus spongiosum sehr viel schmaler als der Schaft der männlichen Klitoris (Abbildung 16).

Die Peniszwiebel ist nicht in zwei Hälften geteilt, doch ist die Andeutung einer solchen Teilung in Gestalt einer flachen Furche (dem Sulcus bulbi) in der Oberfläche vorhanden. Die Zwiebel selbst liegt zwischen den Schenkeln der Klitoris, so daß der urethrale Gang oberhalb der Peniszwiebel verläuft und nicht durch sie hindurch. Die größte Ausdehnung des zwiebelförmigen Teils (etwa zweieinhalb Zentimeter) erstreckt sich zum Anus hin.

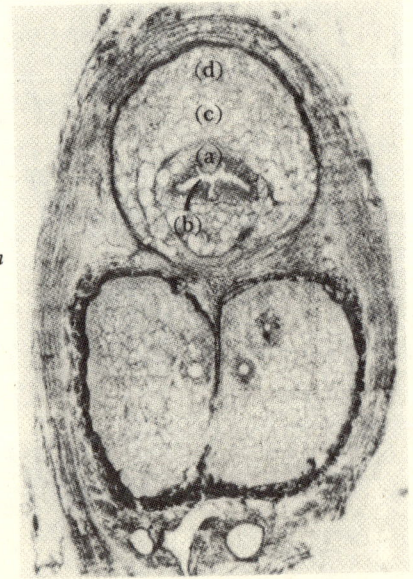

*(a) Corpus spongiosum*

*(b) Harnröhre*

*(c) glatte (unwillkürliche) Muskeln*

*(d) quer gestreifte (willkürliche) Muskeln*

*Abbildung 12* Querschnitt der Urethra beim männlichen Neugeborenen (nach J. A. G. Rhodin, *Histology: A Text and Atlas*, 1974).

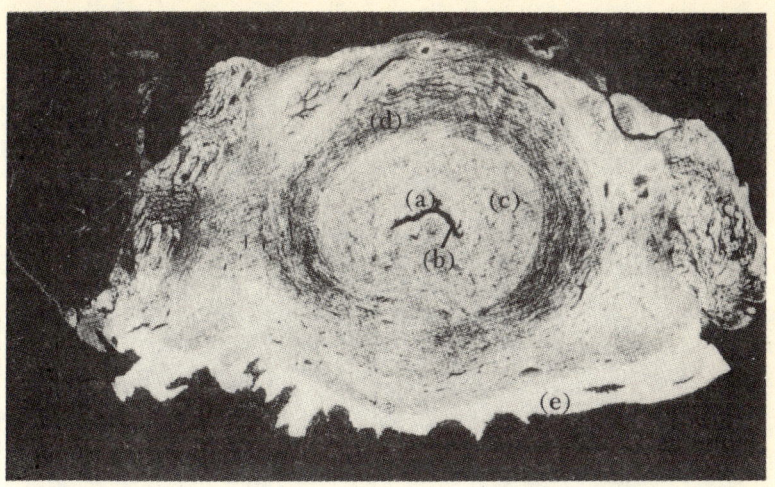

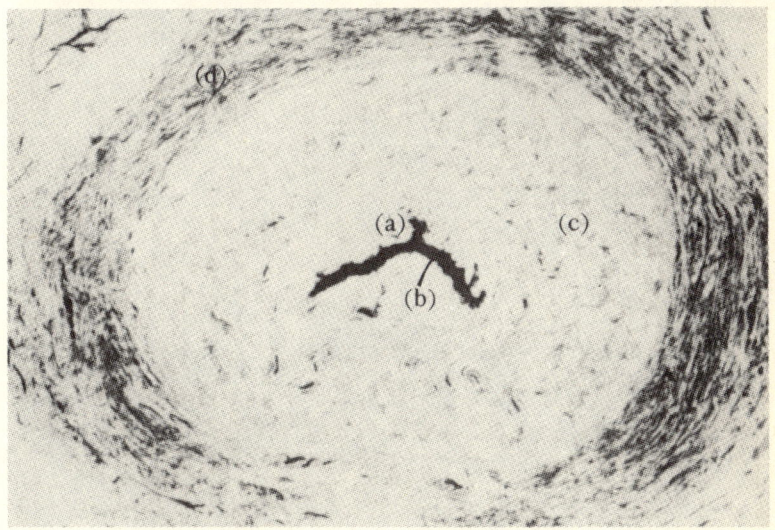

*Abbildung 13* Querschnitt und Ausschnittvergrößerung der Urethra beim weiblichen Neugeborenen (nach A. B. Huisman, *Contributions to Gynecology and Obstetrics* 10, 1983).

(a) Corpus spongiosum       (d) willkürlicher Schließmuskel
(b) urethraler Gang (Lumen)      (e) Gewölbe der Vagina
(c) unwillkürlicher Schließmuskel

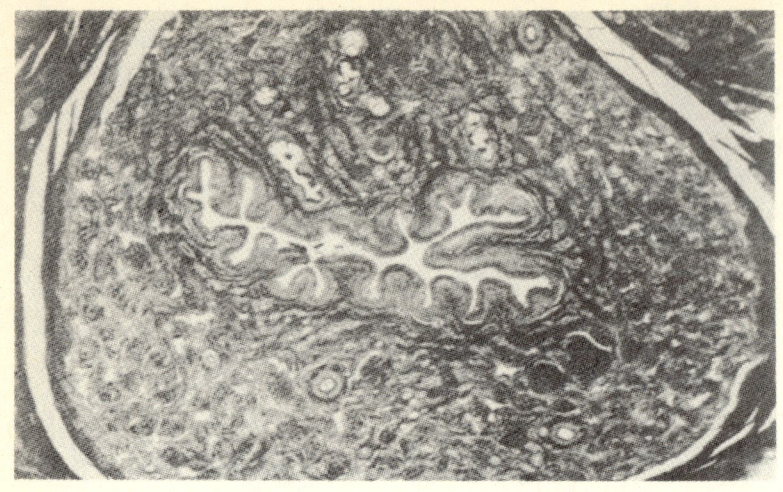

*Abbildung 14* Querschnitt durch die Pars spongiosa der Urethra beim erwachsenen Mann (aus F. Hammersen und J. Sobotta, *Histology,* 1985).

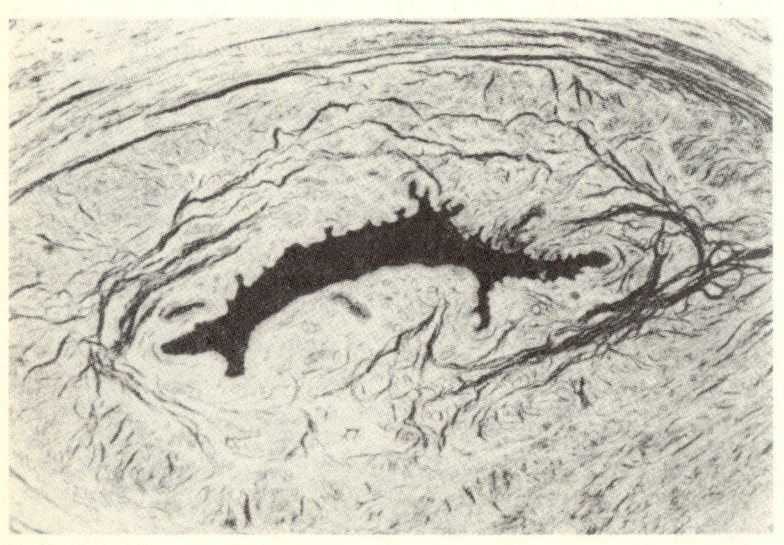

*Abbildung 15* Querschnitt durch die Pars spongiosa der Urethra bei der erwachsenen Frau (nach Huisman 1983).

60

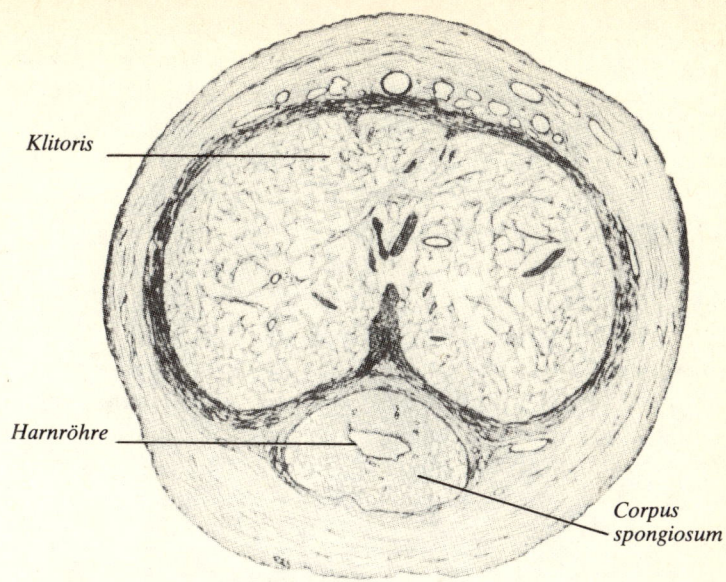

Klitoris

Harnröhre

Corpus spongiosum

*Abbildung 16* Männliches Corpus spongiosum im Verhältnis zur männlichen Klitoris (nach A. Maximow und W. Bloom, *A Textbook of Histology*, 1957).

2. Das weibliche Corpus spongiosum umgibt die Harnröhre vollständig und erstreckt sich von der Eichel etwa dreieinhalb Zentimeter weit an der Harnröhre entlang in Richtung Blasenhals. Seine Dicke ist ziemlich gleichmäßig – ein bis eineinhalb Zentimeter –, aber es verschmälert sich in der Nähe der Eichel (außerhalb des Körpers) und verdickt sich leicht zum Beckenbereich hinter dem Schambein hin (innerhalb des Körpers).

3. *Dieselbe Art erektilen Gewebes, das im männlichen und im weiblichen Corpus spongiosum zu finden ist, läßt sich in der Peniszwiebel und in den weiblichen Vorhofschwellkörpern feststellen.* Diese zwiebelförmigen erektilen Gewebe hängen eindeutig mit der Harnröhre zusammen. Folglich erscheint es nur logisch – und, was die sexuelle Funktion betrifft, auch einleuchtender –, die

weiblichen Schwellkörper primär mit der Harnröhre in Verbindung zu bringen anstatt mit der Klitoris. Die Vorhofschwellkörper haben in ihrer Gesamtheit die Form einer stark gebogenen Sichel, deren größte Ausdehnung sich unten, unmittelbar überhalb der jeweiligen Bartholinschen Drüse, zu beiden Seiten der Vagina befindet. Sie liegen zwischen der Innenauskleidung der Vagina und dem linken beziehungsweise dem rechten Schenkel der Klitoris (Abbildung 17). Nach oben hin verjüngen sich die Vorhofschwellkörper und laufen an der höchsten Stelle des Bogens, zwischen der Harnröhre und der Lowndes-Krone, zu einem schmalen Steg (der Kommissur) zusammen. Hier oben umschließen die En-

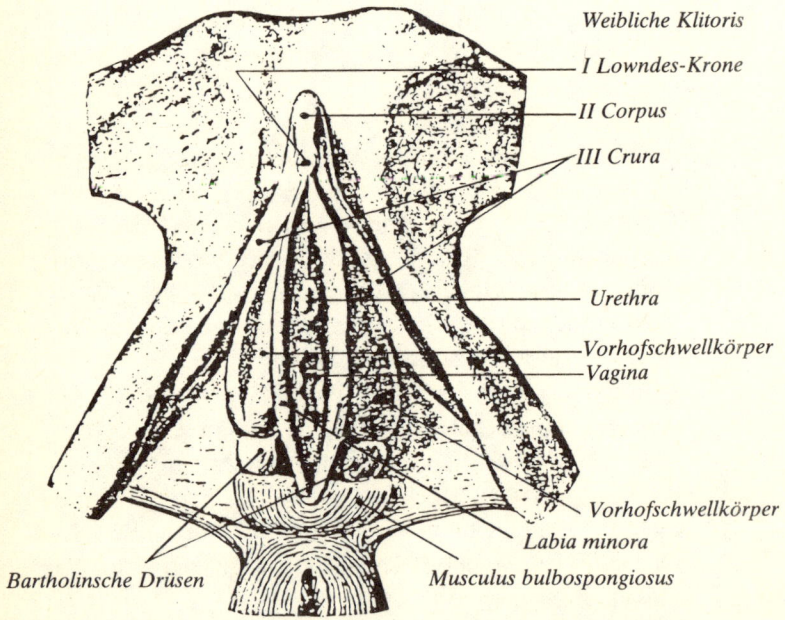

*Abbildung 17* Erektile Schwellkörper der weiblichen Geschlechtsorgane. (Schema A der Abbildungen 4 und 5 basiert auf dieser Darstellung nach Sobotta 1957; um ein Drittel verkleinerte Reproduktion der maßstabgetreuen Originalzeichnung.)

den der Schwellkörper die Harnröhre, bleiben jedoch
von ihr separat. Wie erwähnt, ist der männliche Schwellkörper ebenso wie sein weibliches Homolog von der
Harnröhre getrennt. Der einzige Unterschied bei den
Schwellkörpern besteht bei den Geschlechtern darin,
daß der Mann einen hat, die Frau zwei.

4. Jeder Vorhofschwellkörper ist etwa dreieinhalb bis vier
   Zentimeter lang, einen bis eineinhalb Zentimeter breit
   und etwa einen Zentimeter dick; und jeder wird von
   einem Musculus bulbospongiosus bedeckt (Abbildung 17). Die Peniszwiebel des Mannes wird von einem
   ähnlichen Muskel bedeckt; allerdings ist der Musculus
   bulbospongiosus bei der Frau sehr viel länger – insgesamt etwa viereinhalb Zentimeter. Bislang wurde in
   medizinischen Lehrbüchern in erster Linie auf die Bedeutung dieses Muskels für das Anschwellen der weiblichen Schwellkörper hingewiesen – ein Vorgang, durch
   den der Eingang der Vagina verengt wird; daher bezeichnet man diesen Muskel bei der Frau auch von jeher
   mit Vorliebe statt als Bulbospongiosus als »vaginalen
   Schließmuskel«. Ich werde später noch die lustvollen
   Empfindungen erörtern, die eine Frau infolge der Tätigkeit des Bulbospongiosus gleichermaßen haben wie vermitteln kann.

Die vier oben angeführten Punkte und die dazugehörigen,
teils adaptierten Abbildungen aus den Arbeiten mehrerer
Wissenschaftler liefern Beweise zur Unterstützung meiner
Hypothese, daß das weibliche Corpus spongiosum mit den
Vorhofzwiebeln dem männlichen Corpus spongiosum und
der Peniszwiebel entspricht.
Alles Gewebe, das die Eigenschaft besitzt, sich mit Blut zu
füllen und anzuschwellen, nennt man erektiles Gewebe. Aber
das Wort ›Erektion‹ ist, wie wir alle wissen, mit einer anderen
Bedeutung verknüpft. Die meisten von uns beziehen ›Erek-

tion‹ fast automatisch auf den männlichen Körper. Und manch einer würde vielleicht stutzen, wenn ihm ein Hinweis auf eine »weibliche Erektion« begegnen würde, obwohl diese Bezeichnung in gewisser Beziehung nicht unrichtig ist. Bei sexueller Erregung schwellen bei Männern und Frauen die urethralen und klitoralen Strukturen an. In angeschwollenem Zustand sind die Corpora spongiosa bei beiden Geschlechtern im Vergleich zur Klitoris noch immer relativ weich. Dasselbe gilt für die Zwiebeln, besonders für die der Frau. Die Vorhofzwiebeln werden von zahlreichen Venengeflechten durchzogen, die bei sexueller Stimulation bewirken, daß sich die Zwiebeln aufblähen und weich werden wie Kissen. Im Gegensatz dazu werden bei beiden Geschlechtern die klitoralen Strukturen, die von Anfang an fester sind, noch fester, was sich natürlich beim Mann eher bemerkbar macht als bei der Frau. Wird ›erektil‹ in diesem Sinne verstanden, dann kann man davon sprechen, daß es bei beiden Geschlechtern zu Erektionen kommt.

Allerdings impliziert ›Erektion‹ eine Bewegung nach oben. Wenn der Penis eines Mannes stimuliert wird und sich aus dem hängenden Zustand in die erigierte Stellung aufrichtet, kann Dickinson zufolge die Eichel bei voller Erektion in der Luft einen Bogen bis zur anatomischen Grenze von 120 Grad beschreiben. Dickinson merkt an, daß anatomische Untersuchungen des erigierten Phallus beim stehenden Mann im Durchschnitt einen Winkel von 110 Grad ergeben haben.[1] Bei den Geschlechtsorganen der Frau gibt es keinen anatomischen Bestandteil, von dem sich sagen ließe, er bewege sich ebenso »nach oben« wie der Penis. Insofern ist die Auffassung derjenigen, die es für unangebracht halten, bei der Frau von ›Erektion‹ zu sprechen, in gewisser Weise gerechtfertigt. Trotzdem ist die weibliche Erektion eine Realität.

Der alten Homologie-Theorie zufolge war die Klitoris das Pendant zum Penis, und die Vorhofschwellkörper wurden,

---

[1] Dickinson 1949, Abbildung 112.

auch wenn sie als Bestandteil der Klitoris galten, als Entsprechungen zum Corpus spongiosum des Mannes angesehen (siehe Anhang D – Corpus cavernosum urethrae). Ich habe den bereits vorhandenen wissenschaftlichen Nachweis für ein die weibliche Harnröhre umgebendes Corpus spongiosum erläutert und begründet, warum sowohl diese Struktur als auch die beiden Vorhofschwellkörper logischerweise eher als Homologe zum Corpus spongiosum und der einen Peniszwiebel des Mannes betrachtet werden sollten. Der Längenvergleich dieser Entsprechungen – zwölfeinhalb Zentimeter beim Mann und etwa elf Zentimeter bei der Frau (Corpus spongiosum: knapp drei Zentimeter; Schwellkörper: siebeneinhalb Zentimeter) – läuft so ziemlich auf dasselbe 5:4-Verhältnis hinaus, das sich zwischen der männlichen und der weiblichen Klitoris feststellen läßt. Der Hauptunterschied zwischen den Geschlechtern liegt im unterschiedlichen Aufbau der Strukturen: Wie bei Klitoris und Eichel läßt sich auch hier beim Mann eine konvergierende, bei der Frau eine divergierende Tendenz feststellen.

Zwischen der Pars spongiosa und der Pars prostatica der Harnröhre erstreckt sich zwischen den beiden unteren Schambeinästen eine flache, muskulös-sehnige Platte. Diese bezeichnet man als Diaphragma urogenitale. Es ist bei beiden Geschlechtern vorhanden und befindet sich auf der Ebene der Harnröhre unmittelbar hinter dem Schambein (Abbildung 18). Bevor die Harnröhre die Oberfläche des Körpers erreicht, muß sie das Diaphragma durchstoßen. Bei Frauen gilt dies auch für die Vagina. Da das Schambein bei Frauen breiter ist, ist auch das Diaphragma entsprechend breiter (Abbildung 18). Bei Männern ist dieses Diaphragma etwa achtzehn Millimeter dick, bei Frauen etwas dünner.

Obwohl diese Tatsachen bekannt sind, gibt sich die herrschende embryologische Theorie damit zufrieden, daß Frauen keine Pars membranacea der Harnröhre besitzen, und betrachtet statt dessen lediglich den mittleren Teil der Vorhofschwellkörper als Entsprechung zur Pars membranacea

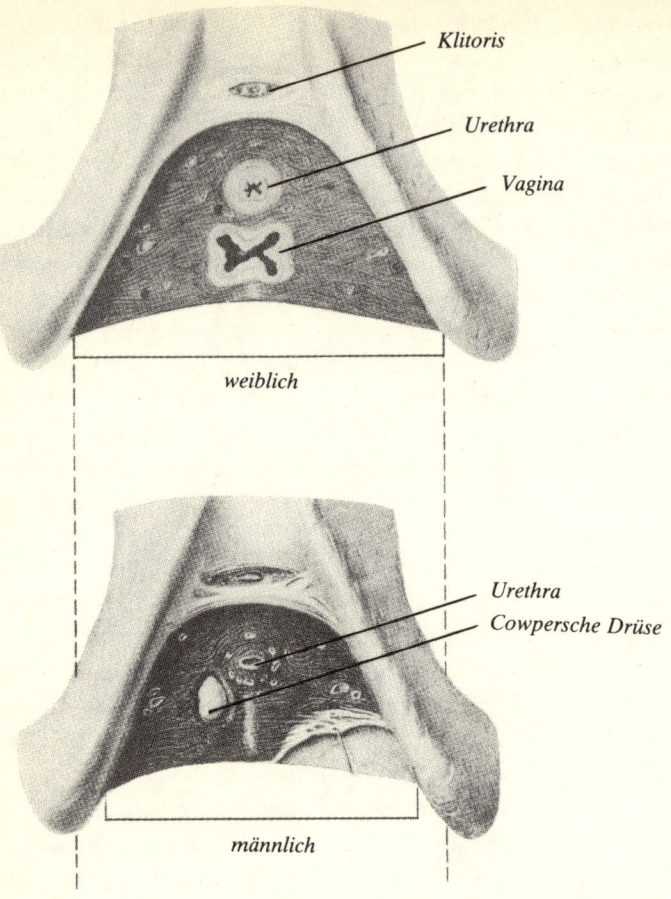

Klitoris

Urethra

Vagina

*weiblich*

Urethra
Cowpersche Drüse

*männlich*

*Abbildung 18* Das Diaphragma urogenitale (nach J. Sobotta, *Atlas of Descriptive Human Anatomy*, 1957).

der männlichen Harnröhre[2]; in der gesamten wissenschaftlichen Literatur wird dieser Teil ausschließlich dem Mann zugeschrieben. Dabei ist die Behauptung, daß ein Abschnitt der

---

[2] Man geht von der Prämisse aus, daß sich die Pars membranacea der männlichen Harnröhre und die Vorhofschwellkörper der Frau aus demselben embryonalen Beckenbestandteil, dem Sinus urogenitale (Geschlechtsharnrinne), entwickeln.

Harnröhre, der bei beiden Geschlechtern ähnlich gelagert ist und von einem strukturell ähnlichen Diaphragma umgeben wird, nur beim Mann existieren soll, nicht aber bei der Frau, ausgesprochen willkürlich – wenn nicht schlicht und einfach unlogisch. Die einzelnen Abschnitte der Harnröhre wurden von jeher nach den jeweiligen Strukturen benannt, durch die sie führen. Wenn, wie in diesem Fall, diese umgebenden Strukturen bei beiden Geschlechtern dieselben sind und wenn die Nomenklatur für die männliche und die weibliche Harnröhre konsequent sein soll, wäre es nur sinnvoll, für beide Geschlechter dieselben Bezeichnungen zu verwenden; genau dieses schlage ich vor.

Bei beiden Geschlechtern wird die Pars membranacea der Harnröhre von einem ähnlichen Schließmuskel (dem Sphincter membranaceae urethrae) umgeben. Dieser Abschnitt besitzt im Vergleich zu weiter unten und weiter oben gelegenen die geringste Ausdehnungsfähigkeit, da die Harnröhre an dieser Stelle von dem sie umgebenden Diaphragma und dem Schließmuskel so ziemlich an Ort und Stelle »festgehalten« wird. Die Pars membranacea der weiblichen Harnröhre ist relativ ausdehnungsfähiger als die des Mannes[3] und enthält ein schwammartiges Gewebe, das die männliche Urethra nicht besitzt.

Die Umgebung der Pars prostatica der Harnröhre, beim Mann Prostata oder Vorsteherdrüse genannt, produziert eine Sexualflüssigkeit. Aus diesem Grund ist sie für jegliche Betrachtung der Sexualfunktion von zentraler Bedeutung; daher ist sie ebenso wichtig für das Konzept der sexuellen Symmetrien zwischen den Geschlechtern. Männer und Frauen wissen im allgemeinen über die männliche Prostata und ihr Sekret Bescheid, aber nicht viele sind sich dessen bewußt, daß die Frau ähnliche Drüsen hat. Das Vorhandensein einer weib-

---

[3] Das gilt ganz allgemein für die weibliche Harnröhre, die, obwohl sie kürzer ist, sehr viel weiter gedehnt werden kann, wenn sich bei klinischen Eingriffen die Notwendigkeit dafür ergibt.

*Hinteransicht*

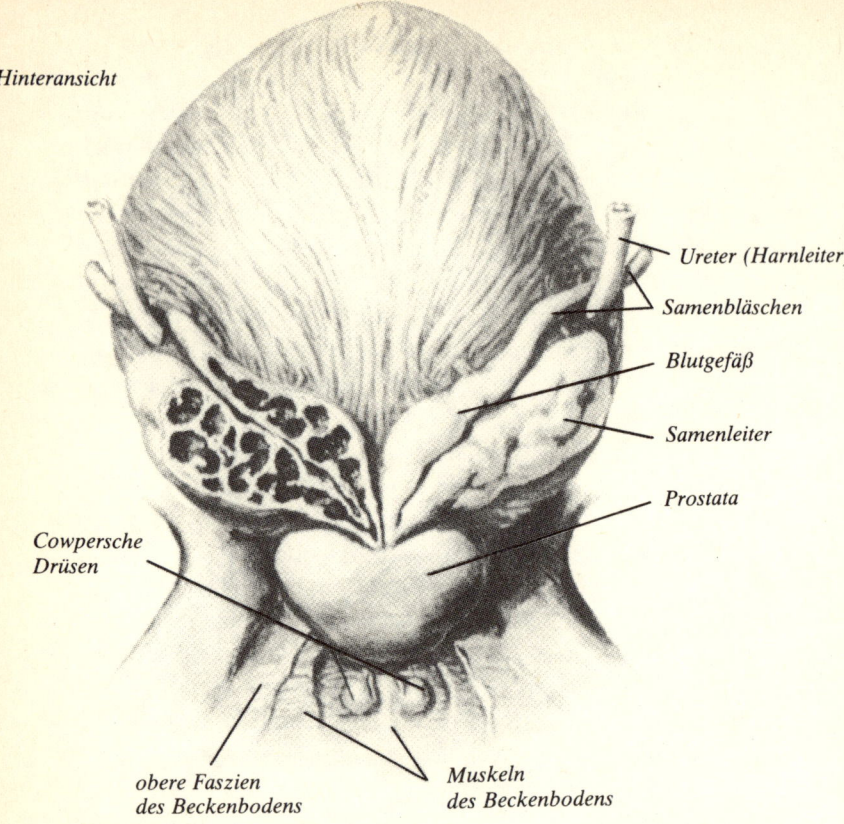

Ureter (Harnleiter)

Samenbläschen

Blutgefäß

Samenleiter

Prostata

Cowpersche
Drüsen

obere Faszien
des Beckenbodens

Muskeln
des Beckenbodens

*Abbildung 19* Die Harnblase des Mannes mit Sicht auf die Rückseite der Prostata (um ein Drittel verkleinerte Reproduktion der maßstabgetreuen riginalzeichnung).
Copyright 1954, CIBA Pharmaceutical Company, Division of Geigy Corporation. Reproduktion mit Genehmigung der CIBA Collection of Medical Illustrations von Frank H. Netter M. D. Alle Rechte vorbehalten. Aus der oben erwähnten Sammlung, Bd. 2, *Geschlechtsorgane*.

*Abbildung 20 (rechts)* Die Harnblase des Mannes mit Sicht auf die Rückseite der Prostata (um ein Drittel verkleinerte Reproduktion der maßstabgetreuen Originalzeichnung von de Graaf).

A  *Teil der Harnblase, an dem der Urachus (embryonaler Harngang) ansetzte*
B  *vorne geöffnete Harnblase*
C  *Urether (Harnleiter)*

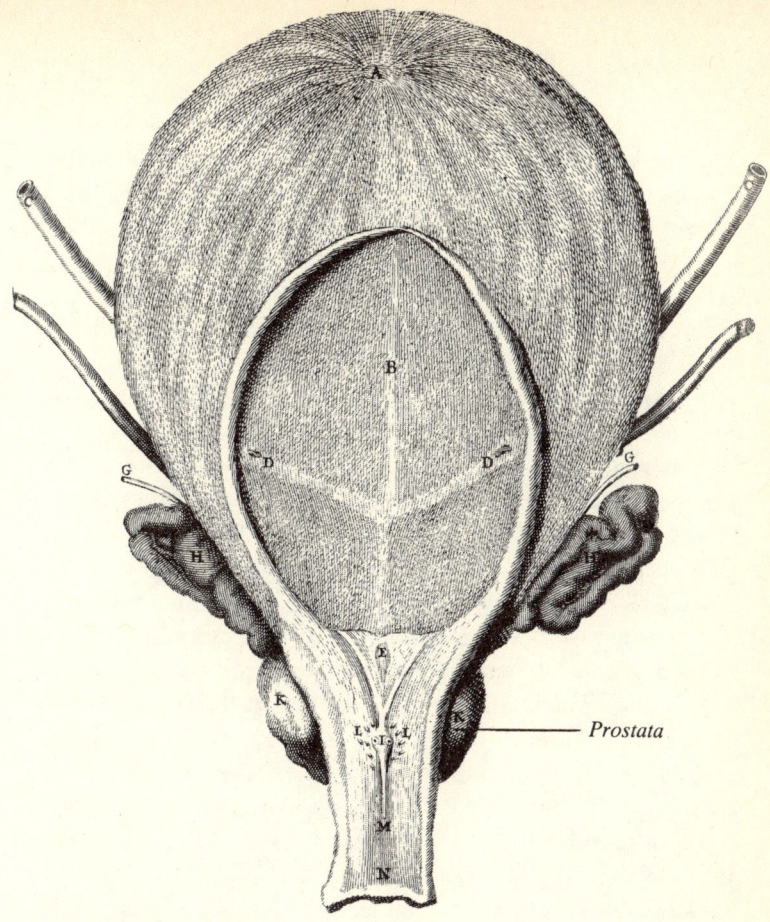

Prostata

D  Ausgänge der Harnleiter in die Blase
E  Blasenhals
F  Teile der Samenleiter
G  Gefäße, die zu den Samenbläschen führen
H  gefüllte Samenbläschen
I  kleiner Fleischwulst mit den beiden Löchern, durch die sich der Samen aus den Testikeln (Hoden), bzw. den Samenbläschen in die Harnröhre ergießt
K  Prostata (hinter der Harnröhre liegend)
L  Mündungen der Ausführungsgänge der Prostata an den Seiten des kleinen Fleischwulstes, die nur an bestimmten Stellen sichtbar sind, außer wenn die Gänge gefüllt sind.
M  Schnabel des kleinen Fleischwulstes, der einem Hahnenkopf ähnelt
N  Teil der Harnröhre

lichen Prostata und die Tatsache weiblicher Ejakulation galt in früheren Zeiten als selbstverständlich. In unserer Zeit jedoch wurde beides häufig geleugnet. Der Versuch, diese Kontroverse beizulegen, hat zu einer neuen Theorie geführt, die einige Antworten auf die Frage nach der weiblichen Sexualflüssigkeit gibt, deren eigentlicher Ursprung so lange ein Rätsel geblieben ist. Diese Theorie basiert auf dem Nachweis, daß bei Frauen eine Prostata vorhanden ist. Dieser Nachweis, der sich seit Jahrhunderten in der wissenschaftlichen Literatur findet, wird in Kapitel 3 im Zusammenhang mit den weiblichen Genitalsekretionen erörtert. Obwohl diese sekretproduzierenden, drüsenartigen Strukturen sowohl bei Männern als auch bei Frauen vorhanden sind, ergibt ein Vergleich gewisse Unterschiede hinsichtlich Form, Größe und Anzahl der Ausführungsgänge. Was den Aufbau betrifft, so stellt man auch hier wieder dasselbe Muster von Konvergenz bei der männlichen und Divergenz bei der weiblichen Drüse fest. Die Prostata beim Mann besteht aus einer Ansammlung von Drüsen, die zusammen ein Organ von der Form und Größe einer etwa zweieinhalb Zentimeter dicken Kastanie bilden (Abbildung 19). Nicht weniger als zehn bis zwanzig Ausführungsgänge der Prostata münden innerhalb eines kleinen, begrenzten Bereichs, Samenhügel genannt, in die Harnröhre (vgl. Abbildungen 10 und 20). Hier vermischt sich das Sperma, bevor es ausgestoßen wird, mit dem Sekret aus der Prostata und anderen männlichen Flüssigkeiten.[4] Der Länge nach erstreckt sich die Prostata vom Diaphragma urogenitale nach oben bis hin zum Blasenhals, und da sie sich an der Rückwand der Harnröhre befindet, wölbt sie sich in Richtung Rektum.

---

[4] Der Weg, den das Sperma zurücklegt, ist bekannt. Das Sperma kommt via Samenleiter *(vasa deferentia)* aus den Hoden; diese Samenleiter verbinden sich mit den sogenannten Samenblasen (vgl. Abbildung 10) und bilden mit diesen einen gemeinsamen Samenblasengang. Das männliche Ejakulat bzw. die Samenflüssigkeit ist eine Mischung aus Sperma aus den Hoden und Sekreten aus den sogenannten akzessorischen Drüsen – das heißt, im wesentlichen aus der Prostata und den Samenblasen und zu einem kleinen Teil aus den Cowperschen Drüsen (auch bulbourethrale Drüsen genannt).

Bei der Frau sind die einzelnen Drüsen der Prostata über den Boden der Harnröhre verstreut. Ihre Verteilung der Länge nach schwankt erheblich; diese Variabilität hat man einer Reihe möglicher Ursachen zugeschrieben, darunter Schwangerschaften, hormonellen Gründen und dem Alter. Bei Frauen sind diese Drüsen in größerer Anzahl zum blasenseitigen Ende der Harnröhre hin zu finden; beim weiblichen Neugeborenen tauchen sie in größerer Anzahl am entgegengesetzten Ende, also näher bei der Harngangöffnung auf. Doch ungeachtet des Alters einer Frau befinden sich diese Drüsen ausschließlich am Boden der Harnröhre und bilden somit eine Ausstülpung, die in die Vagina hineinreicht.

Die Harnröhre und die Vagina sind nicht voneinander zu trennen und bilden in diesem Bereich eine gemeinsame

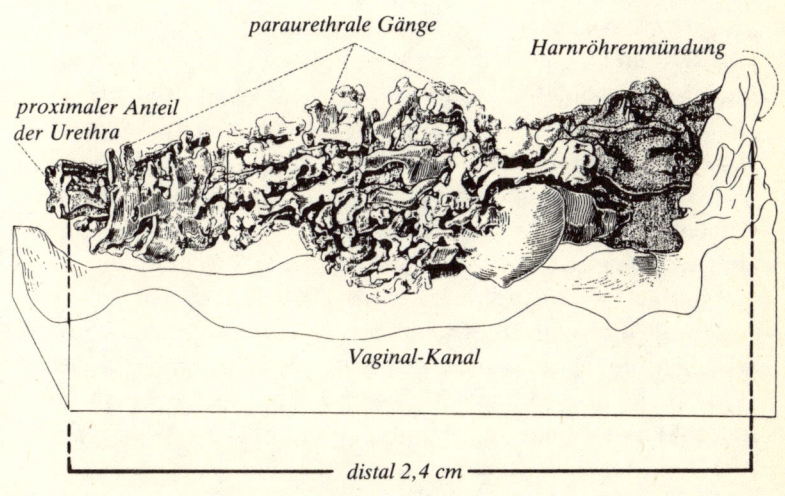

*paraurethrale Gänge*

*Harnröhrenmündung*

*proximaler Anteil der Urethra*

*Vaginal-Kanal*

*distal 2,4 cm*

*Abbildung 21* Die weibliche Prostata: Zeichnung eines Wachsmodells der Urethra einer erwachsenen Frau und der sie umgebenden Prostatadrüsen, das die distalen (körperfernen) 2,4 cm der insgesamt 2,8 cm zeigt; dieser Abschnitt enthält einunddreißig Ausführungsgänge. Das Gewebe wurde durch Obduktion einer zwanzigjährigen Jungfrau gewonnen (nach Huffman 1948).

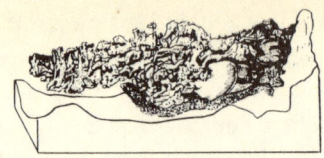

*Abbildung 22* Die weiblichen Prostatadrüsen in annähernd lebensechter Größe (mit eingezeichneter Kontur der Ausstülpung in das Vaginagewölbe; nach Huffman 1948).

»Wand«. Obwohl dieser Teil normalerweise so bezeichnet wird, liegen Harnröhre und Vagina nicht nebeneinander, wie das Wort Wand suggeriert; vielmehr handelt es sich hier um eine anatomisch untrennbare Struktur: Der »Boden« der Harnröhre ist gleichzeitig die »Decke« der Vagina. Die weiblichen Vorsteherdrüsen sind der Länge nach in diesen Bereich der Vagina eingebettet. Die Harnröhre und die Vorsteherdrüsen der erwachsenen Fau können bis zu einunddreißig Ausführungsgänge haben (Abbildung 21). Die Ausdehnung der Drüsen ist unterschiedlich; normalerweise sind sie weniger als zweieinhalb Zentimeter lang, sie können sich aber bis zu fast fünf Zentimetern erstrecken; dahinter wird die Vagina zumeist glatter und bekommt eine samtige Beschaffenheit. Bei sexueller Stimulation kann dieser Bereich an Umfang zunehmen.

Bei Männern ist das Anschwellen des Drüsengewebes im Gegensatz zu dem auffallenden Anschwellen des Schwellgewebes im Penis nicht sichtbar. Bei der Frau hingegen ist es möglich, das Anschwellen der urethralen Struktur und der Prostata im oberen Vaginalgewölbe zu beobachten; bei sexueller Aktivität allerdings kann man dieses Anschwellen bei der Frau leichter durch Tasten feststellen. Durch leichtes, langsames Streicheln mit einem Finger in seitlicher Richtung läßt sich (besser als durch eine Rein-raus-Bewegung) unmittelbar innerhalb des oberen Randes des Vaginaeingangs die Ausstülpung feststellen, die diese Struktur verursacht.

Der Arzt Dr. S. Richard Muellner behauptet, man habe aus der Harnröhre der Frau ganz unnötigerweise »ein geheimnis-

umwobenes Mysterium«[5] gemacht. Sein Interesse galt in erster Linie der Behandlung von Erkrankungen der weiblichen
Harnröhre, meines gilt ihrer Anatomie und Funktion; aber
ich stimme mit ihm darin überein, daß es keinen Grund gibt,
warum dieser Teil der weiblichen Anatomie weiterhin ein
Rätsel bleiben sollte. Nachdem wir inzwischen wissen, daß es
im Bereich der weiblichen Geschlechtsorgane eine Eichel, ein
Corpus spongiosum und eine Prostata gibt, kann es nicht
länger ein Geheimnis bleiben, daß die weibliche Harnröhre
ein Sexualorgan ist.

---

[5] Muellner 1959, S. 434.

KAPITEL 3

# Die weiblichen Flüssigkeiten

## 1. Die »Fruchtbaren Flüssigkeiten«

Zu den Grundprinzipien, auf deren Basis die Vorstellungen von den weiblichen Flüssigkeiten formuliert wurden, gehörte die philosophische Überzeugung der Antike, alles Leben entstehe aus einem *liquor vitae*, einem Lebenssaft. Hippokrates (460 bis 377 v. Chr.), der dazu beitrug, die Medizin von Aberglauben und Spekulationen zu befreien, vertrat eine »Zwei-Samen«-Theorie der Fortpflanzung, die auf der Überzeugung beruhte, daß sowohl die männlichen als auch die weiblichen Sexualflüssigkeiten zur Zeugung beitragen.[1] In seiner Abhandlung über Frauen aus dem siebzehnten Jahrhundert erwähnt Regnier de Graaf, daß die Schüler des Hippokrates behaupteten, daß »Frauen ebenso häufig wie Männer von nächtlichen Befleckungen [feuchten Träumen] heimgesucht würden und daß sowohl bei Witwen als auch bei Jungfrauen, die unter hysterischen Anfällen leiden, üppige und reichliche Mengen von Samen aus den Geschlechtsteilen ausströmen, wenn diese gekitzelt werden«.[2]

Pythagoras (580 bis 495 v. Chr.) glaubte, die Fortpflanzungsflüssigkeit der Frau sei der Schaum von reinem Blut, der aus dem Gehirn sickere. Demokrit (geboren um 460 v. Chr.) war der Meinung, diese Flüssigkeit stamme aus allen Teilen des Körpers, was in gewissem Sinn nicht ganz falsch ist. Parmeni-

---

[1] Hippokrates, *De genitura – Der Samen*, Kap. 6–8, und *De dieta – Die Diät (Lebensordnung)*, 1. Buch, Kap. 27. Vgl. auch de Graaf 1972, S. 136.

[2] de Graaf 1972, S. 137.

des (geboren um 460 v. Chr.) behauptete, der körperliche Zustand von Kleinkindern sei von der richtigen Mischung aus männlicher und weiblicher Sexualflüssigkeit abhängig. Für Diogenes (erste Hälfte des 3. Jh. v. Chr.) war die Fortpflanzungsflüssigkeit der Frau ein »Luftzug«, der beim Koitus aus den samenführenden Venen (den Venen, die zu den Fortpflanzungsorganen führen) entweicht.

Aristoteles (384 bis 322 v. Chr.) hingegen vertrat die Ansicht, die Macht zur Fortpflanzung wohne ausschließlich der »Samenflüssigkeit« des Mannes inne. Seiner Meinung nach verfügten allein die Männer über die für die Zeugung erforderliche Zauberkraft; der Vater – und nicht die Mutter – war der eigentliche Erzeuger des Neugeborenen. Aus aristotelischer Sicht hatte der Mann die Macht über die Form des neuen Lebens; die Frau stellte lediglich die »Materie« zur Verfügung. Die Folge davon war, daß der Status der Frau darunter litt. Diejenigen, die diese Auffassung vertraten, glaubten, die weibliche Flüssigkeit diene nur dazu, den Fötus zu ernähren; in der Mutter sahen sie lediglich eine Nähramme für den Nachwuchs, ähnlich der Erde, die den Nährboden für den Samen darstellt.

Galen (129 bis 199) widersprach der aristotelischen Auffassung; er vertrat die ältere hippokratische Überzeugung, daß Männer *und* Frauen Samen hervorbringen. Bei der ausführlichen und sorgfältigen Beschreibung der weiblichen Flüssigkeiten traf Galen in seinen Schriften eine Unterscheidung zwischen den Flüssigkeiten aus der weiblichen Prostata und denen aus anderen Körperteilen:

»Da die Frau frigider ist als der Mann, ist die Flüssigkeit in ihrer Prostata unkonzentriert und dünn. Sie trägt nichts zur Erzeugung von Nachkommenschaft bei.[3] Dementsprechend wird sie ausgegossen, wenn sie ihre Schuldigkeit getan hat. ...

---

[3] Galen, 14. Buch, Kapitel 11 (nach einer Übersetzung der Autorin).

Diese Flüssigkeit stimuliert nicht nur zum geschlechtlichen Akt, sondern besitzt auch die Fähigkeit, beim Austreten Lust zu verschaffen und den Kanal anzufeuchten. Sie fließt bei Frauen ganz offensichtlich dann, wenn sie beim Koitus die größte Lust empfinden; dabei ergießt sie sich sichtbar auf die männliche Schamgegend; in der Tat scheint ein solcher Ausfluß selbst Eunuchen eine gewisse Lust zu verschaffen. Einen deutlicheren Beweis als diesen kann man schlecht verlangen.«[4]

Wenn Galen den Ausdruck ›frigide‹ gebraucht, so verbindet er damit nicht die Bedeutung der sexuellen Apathie, die man heutzutage mit diesem Wort assoziiert; vielmehr nimmt er Bezug auf die Temperatur der menschlichen Organe. Seine Ansichten zu diesem Thema sind eindeutig von der »Elemente«-Theorie des Empedokles (ca. 490 bis 430 v. Chr.) beeinflußt, der in seinen Schriften die These vertrat, alle lebende Materie setze sich aus den in der Natur vorhandenen warmen und kalten Elementen zusammen. Empedokles zufolge korrelieren die »warmen« Elemente – Luft und Feuer – mit dem Mann, die »kalten« – Erde und Wasser – mit der Frau. So ging Galen offensichtlich davon aus, daß es berechtigt war, der Frau im Gegensatz zu der überlegenen Qualität relativer »Wärme«, die dem Mann zugestanden wurde, relative »Kälte« zuzuschreiben.

»Der Mann ist vollkommener als die Frau, und der Grund für diese Vollkommenheit ist seine übermäßige Wärme, denn Wärme ist das ursprüngliche Werkzeug der Natur. Folglich ist bei jenen Tieren, die weniger davon haben, ihre Ausführung notwendigerweise weniger vollkommen, und

---

[4] Galen, 14. Buch, Kap. 2 (nach der englischen Übersetzung von May 1968, S. 645. May merkt an, daß dieser Abschnitt einigen Gelehrten wegen seines Inhalts äußerst suspekt ist und tatsächlich nicht in allen Übersetzungen enthalten ist).

so ist es kein Wunder, daß die Frau um soviel weniger vollkommen ist als der Mann, als sie kälter ist als er.«[5]

Bei dieser Theorie der Körpersäfte maß Galen der Rolle der Wärme große Bedeutung bei. Wird der Körper wärmer, dann, so glaubte er, dient der erhöhte Hitzefaktor dazu, dem Muskelgewebe Flüssigkeit zu entziehen, und bewirkt damit, daß die Muskeln austrocknen und sich zusammenziehen. Die Wärme und die Muskelkontraktionen führen ihrerseits dazu, daß sich die Nerven wie ein »Seil an der Sonne« verkürzen und dadurch die zum Funktionieren erforderliche Interaktion von Muskel und Nerv zustande bringen.

Obwohl es heftige Kontroversen darüber gab, welche Fortpflanzungstheorie die richtige war, bestand in einem Punkt Einigkeit: Das Geheimnis hatte unmittelbar mit den Sexualflüssigkeiten zu tun.

In alten Zeiten wurden Naturgöttinnen oft mit den Wassern der Erde und die Körpersäfte mit dem Quell allen Lebens assoziiert. Die ägyptische Göttin Istar zum Beispiel war die Göttin der Meere und Gezeiten und der weiblichen Menstruationsflüssigkeit. Aus Istar entstand die griechische Göttin Aphrodite, die der Sage zufolge dem Schaum des Meeres entstieg; aus ihr sollte später die lateinische Venus werden und die mittelalterliche Maria, Königin der Natur, deren Name von *mare,* dem lateinischen Wort für Meer, abgeleitet ist. In seinem Buch *The Virgin* bezeichnet Geoffrey Ashe Maria als die »allheilige Aphrodite«.

In Indien betet man als höchstes Wesen eine Frau an. Diese Muttergöttin wird unter einer Anzahl verschiedener Namen verehrt, nicht nur als die mütterliche Fürsorgerin und Ernährerin, sondern auch als Göttin der Sexualität. Uma, die Frau von Siva, Kali, die schreckenerregende schwarze Erdmutter, und Lakshmi, Vishnus Frau, sind nur einige ihrer zahlreichen Namen, die zumeist nicht in Büchern zu finden sind, sondern

---

[5] Galen 1968, S. 630.

nur in der Sprache des einfachen indischen Volkes existieren, das sich, wie seine Vorfahren seit mindestens fünftausend Jahren, an diese Beschützerinnen der Fruchtbarkeit wendet.

Etwa vom vierten vorchristlichen Jahrhundert an verehrten die Hebräer die Göttin Aschera, die, wie sie glaubten, den Frauen mehr Fruchtbarkeit verleiht und ihnen das Gebären erleichtert. In seinem Buch *The Hebrew Goddess* erwähnt Raphael Patai, daß der Name Aschera oft an Stelle von Astarte verwendet wurde, was auf das Fehlen einer klaren Unterscheidung zwischen den Funktionen und den Persönlichkeiten dieser beiden Göttinnen hinweist, wie sie in der Bibel zu finden ist und unter Gelehrten auch weiterhin getroffen wird.»Aschera war eine mütterliche Göttin und fungierte als solche, ebenso wie ihre Tochter Anath, als die Amme der Götter«, belehrt uns Patai.[6] Andererseits war die Kriegsgöttin Astarte – so ihr griechischer Name – auch die Göttin der geschlechtlichen Liebe und der Fruchtbarkeit. Man geht davon aus, daß sie die Göttin ist, für die die Hebräer bei ihren Fruchtbarkeitsritualen Kuchen buken und Räucherwerk abbrannten. In Mesopotamien fand man eine Elfenbeinschnitzerei aus dem achten vorchristlichen Jahrhundert, bei der es sich vermutlich um eine Darstellung der Astarte handelt. Gleich den Prostituierten in ihrem Tempel blickt diese Astarte für alle Ewigkeit aus ihrem Fenster und lockt die Männer an. Patai berichtet auch von Matronit, die, wie eine echte Göttin, die Doppelrolle der Geliebten und Mutter spielte und »bis zum heutigen Tag beim Abendgebet in der Synagoge mit den Worten ›Komm, o Braut!‹ angerufen wird«. Auch Lilith dürfen wir nicht übersehen, Adams erste Frau, die, weil kein Friede zwischen ihnen herrschte, ihn verließ und sich in Luft auflöste.

Dem Anthropologen Bronislaw Malinowski zufolge war dem frühen Menschen der Zusammenhang zwischen Geschlechts-

---

[6] Patai 1978, S. 20.

akt und Geburt keineswegs bewußt, so daß aus diesem Grund das Geheimnis der Geburt zunächst ausschließlich mit der Frau in Verbindung gebracht wurde.[7] Und weil die Männer keine Ahnung von ihrem eigenen Beitrag zur Zeugung hatten, betrachteten sie beides als das Ergebnis weiblicher Zauberkunst. Die weiblichen Geschlechtsorgane, aus denen Leben hervorkommt, versetzten den prähistorischen Mann in Angst und Schrecken. Basreliefs, Höhlenmalereien, Figurinen und Bildtafeln zeigen den weiblichen Körper und Symbole der weiblichen Genitalien – vermutlich Fruchtbarkeitssymbole und die frühesten Gegenstände männlicher Verehrung (Abbildungen 23 und 24).

Wenn die Frauen verehrt wurden, weil die Männer glaubten, daß der weibliche Teil der Spezies aus eigener Kraft Kinder hervorbringt – wie kam dann die Herrschaft des Mannes zustande? Evelyne Sullerot kommt in ihrem Buch *Women, Society and Change* zu dem Schluß, daß das Verbindungsglied, das erklären könnte, wie die Herrschaft der Männer die der Frauen abgelöst hat, von jeher gefehlt hat.[8]
Eine mögliche Erklärung für diese Verschiebung gibt uns eine Sage. So erläutert Joseph Campbell in seiner Untersuchung primitiver Mythologien mit dem Titel *The Masks of God: Primitive Mythology*, daß die Legende vom Indianerstamm der Selk'nam (oder Ona) von Feuerland von einem Massaker berichtet, das dem Zeitalter der weiblichen Magie ein Ende bereitete. Weil sich die Männer von den Frauen, die innerhalb der Gesellschaft die größere Macht hatten, tyrannisiert fühlten, zettelten sie eine Verschwörung an, bei der alle Frauen umgebracht und nur die ganz jungen Mädchen verschont wurden, die ihre zukünftigen Frauen werden sollten.
E. Lucas Bridges, der von Campbell zitiert wird, meint dazu: »Diese Legende, daß den Frauen die Herrschaft mit Gewalt

---

[7] Malinowski 1929.
[8] Sullerot 1971.

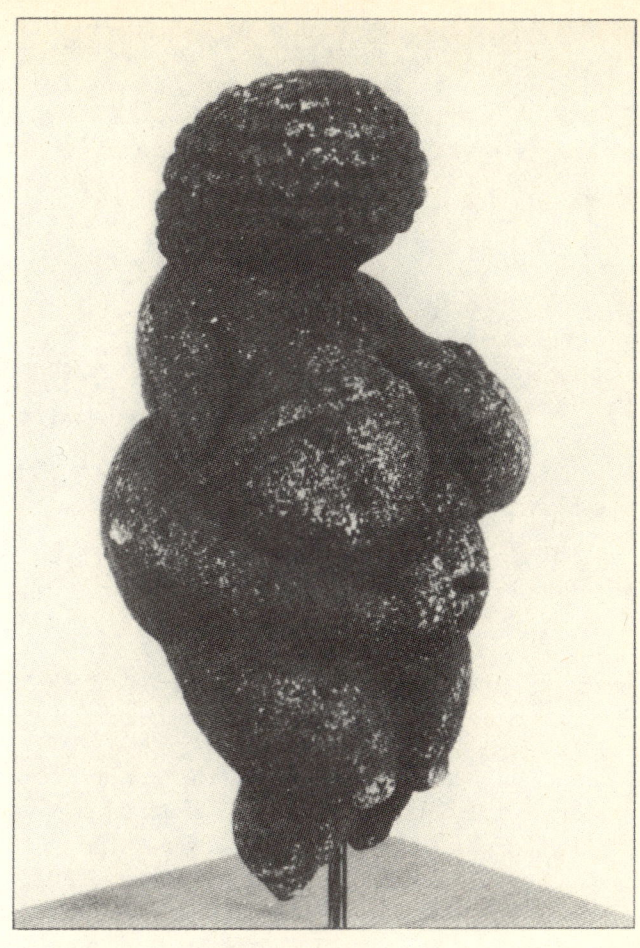

*Abbildung 23* Die Venus von Willendorf
(Naturhistorisches Museum, Wien).

entrissen wurde, ist auf der ganzen Welt zu weit verbreitet, als
daß man sie leichten Herzens ignorieren könnte.«[9]
In seinem Buch *Memory of Fire: Genesis* erzählt Eduard

---

[9] Bridges 1948, S. 262, zitiert in Campbell 1974, S. 314.

*Abbildung 24* Fels von Aurignac: in Stein geritzte Vulva aus La Ferrassie, Dordogne (Musée de Eyzies).

Galeano die Geschichte derselben Legende so, wie Anthropologen unserer Zeit sie aufgezeichnet haben:

»In alten Zeiten saßen die Frauen im Bug des Kanus und die Männer im Heck. Es war die Frau, die auf die Jagd und zum Fischen ging. Die Frauen verließen die Dörfer und kehrten zurück, wenn sie konnten oder wollten. Die Männer bauten die Hütten, bereiteten die Mahlzeiten, hüteten die Feuerstellen, die gegen die Kälte brannten, kümmerten sich um die Kinder und gerbten Häute zur Bekleidung. So verlief das Leben für die Selk'nam- und die Yagan-Indianer auf Feuerland bis zu jenem Tag, an dem die Männer alle Frauen töteten und die Masken aufsetzten, die diese gefertigt hatten, um ihnen Schrecken einzujagen. Nur neugeborene Mädchen wurden verschont. Als sie heranwuchsen, hämmerten ihnen die Mörder ein, daß es ihre Bestimmung sei, den Männern zu dienen. Und sie glaubten es. Auch ihre Töchter glaubten es, und ebenso die Töchter dieser Töchter.«[10]

Aber das ist Mythos und Legende. Was sich wirklich abgespielt hat, wissen wir nicht.

In den westlichen Religionen ist Gott männlich, und die Herrschaft liegt bei den Männern; doch wurde die Geburt von jeher als greifbarer Beweis für göttliche Macht betrachtet und galt deshalb als göttlichem Gesetz unterworfen. Sowohl im jüdischen als auch im frühchristlichen Glauben war die durchaus menschliche Angelegenheit körperlicher Flüssigkeiten und sexueller Praktiken, die das Ausströmen oder Zurückhalten dieser Flüssigkeiten steuerten, eine Angelegenheit von schwerwiegendem religiösem Interesse. So lassen sich auch die Quellen, die das Verständnis der westlichen Medizin in bezug auf die weiblichen Sexualflüssigkeiten prägten, in den jüdischen und christlichen Lehrschriften aufspüren.

Im Babylonischen Talmud, der etwa um 500 n. Chr. kompiliert wurde, gibt es einen ganzen Traktat, der dem Thema der menstruellen und anderer weiblicher Flüssigkeiten gewidmet ist.[11] Er trägt den Titel *Nidda* (Die Menstruierende) und beschäftigt sich mit der Unreinheit der menstruierenden Frau, wie sie im Alten Testament der Bibel dargelegt wird:

»Wenn ein Weib ihres Leibes Blutfluß hat, die soll sieben Tage unrein geachtet werden; wer sie anrührt, der wird unrein sein bis auf den Abend.« (Leviticus 15.19)
»Du sollst nicht zum Weibe gehen, solange sie ihre Krankheit hat, in ihrer Unreinigkeit ihre Blöße aufzudecken.« (Leviticus 18.19)

---

[10] Galeano 1985, S. 36.

[11] In der ersten Hälfte des ersten Jahrtausends n. Chr. wurde eine umfangreiche Sammlung jüdischer Gesetzesschriften zusammengetragen, die die legendenhaften Gesetze der Propheten erläuterten, interpretierten und ergänzten. Die hebräischen Propheten des Alten Testaments haben vermutlich in der Zeit zwischen dem neunten und dem sechsten Jahrhundert v. Chr. gelebt.

»Wenn ein Mann beim Weibe schläft, zur Zeit ihrer Krankheit und entblößt ihre Scham und deckt ihren Brunnen auf
und sie entblößt den Brunnen ihres Bluts, die sollen beide
aus ihrem Volk ausgerottet werden.« (Leviticus 20.18)

Die *Mischna,* der erste jüdische Rechtskodex, den Rabbi
Jehuda Hanasi um 200 n. Chr. in Palästina aufgezeichnet hat,
stellt ganz genaue Vorschriften für die rituelle Reinigung der
menstruierenden Frau auf (*Nidda,* 14a).
In den ungeheuer detaillierten Schriften der *Nidda* wird auch
auf einen »gelblichen« und einen »roten« Ausfluß der Frau
Bezug genommen. Mit dem roten ist offensichtlich Menstrua-
tionsblut gemeint. Der gelbliche, ein Ausfluß, der »keine
Unreinheit bei der Frau verursacht«, wird als dem Samen
ähnlich beschrieben (*Nidda,* 78a). Wir haben guten Grund zu
der Annahme, daß es sich hierbei um das weibliche Prostatasekret (vermischt mit anderen Sexualflüssigkeiten des weiblichen Ejakulats) handelt.
Im jüdischen Glauben waren auch die männlichen Flüssigkeiten den Religionsgesetzen unterworfen. So schließt im Alten
Testament der Abschnitt, der »Von leiblicher Unreinigkeit«
handelt, auch die männliche Samenflüssigkeit mit ein. Den
biblischen Gesetzen zufolge hatte die Samenflüssigkeit des
Mannes eine verunreinigende Wirkung sowohl auf den jeweiligen Mann als auch auf jede Frau und jeden Gegenstand, der
damit in Berührung kam oder den der Mann berührte:

»Wenn einem Mann im Schlaf der Same entgeht, der soll
sein ganzes Fleisch mit Wasser baden und unrein sein bis
auf den Abend. Und alles Kleid und alles Fell, das mit
solchem Samen bedeckt ist, soll er waschen mit Wasser und
unrein sein bis auf den Abend. Ein Weib, bei welchem ein
solcher liegt, die soll sich mit Wasser baden und unrein sein
bis auf den Abend.« (Leviticus 15.16 bis 18)

Da das grundsätzliche Bestreben in den Lehren der Rabbiner

darin bestand, jegliche Verschwendung von Fortpflanzungs-
flüssigkeiten zu verhindern, gab es Gesetze zur Regelung der
Häufigkeit des Geschlechtsverkehrs und bestimmter sexueller Praktiken, die als sündhafte Verschwendung der Flüssigkeiten galten. Die Rabbiner setzten eine »Liebesordnung«
fest, der zufolge ein Bauer einmal in der Woche mit seiner
Frau Geschlechtsverkehr haben durfte, ein Händler einmal
im Monat, ein Seemann zweimal im Jahr und ein Mann der
Schrift nur einmal in zwei Jahren.[12]
Im *Midrasch rabba* wird die Sintflut als Strafe für die Sünde
des männlichen Coitus interruptus bezeichnet – eine tabuisierte Praktik, die anderswo beschrieben wird als der Akt, bei
dem Männer »ihren Samen über Bäume und Steine ausschüt-
teten«. Diese Praktik wurde als derart schändlicher Miß-
brauch der natürlichen Ordnung betrachtet, daß der Herr
sein Volk damit bestrafte, daß er die natürliche Ordnung von
Wasser und Erde umkehrte und die Wasser steigen ließ:
»...das ist der Tag, da aufbrachen alle Brunnen der großen
Tiefe und taten sich auf die Fenster des Himmels und kam ein
Regen auf Erden« (Genesis 7.11,12).
In den *Nedarim* (II, vi, 20a) befindet sich ein Hinweis auf den
unnatürlichen Akt eines Ehepaares, der euphemistisch damit
beschrieben wird, daß sie »ihren Tisch umwerfen«; damit ist
der Geschlechtsakt gemeint, bei dem sich die Frau oben
befindet. Dieser verbotene, unnatürliche Akt läßt sich in der
hebräischen Mythologie bis zur Geschichte der Lilith (oder
Lilas) zurückverfolgen.
In seinem Buch über tabuisierte Themen, das 1875 in London von einem Privatmann gedruckt wurde und aus dem wir
bereits zitiert haben, schreibt John Davenport, viele Rabbis
würden behaupten, daß »am Anfang Gott zwei Frauen
schuf, von denen die eine Lilas hieß und die andere Eva; die
erste wurde gleichzeitig mit Adam und wie er aus dem Staub
der Erde geschaffen, während die andere aus einer seiner

---

[12] Davenport 1875.

Rippen geformt wurde«. Davenport gibt an, daß er aus »dem berühmten Buxtorf« zitiert, der die Geschichte der ersten Frau Adams schrieb und darüber, wie sie sich, nachdem sie ihn zugrunde gerichtet hatte, von ihm trennte und sich vornahm, ihren gemeinsamen Sohn zu töten, sobald er geboren sei.

Robert Graves und Raphael Patai erwähnen außerdem die Tatsache, daß in den hebräischen *Midraschim* Lilith, Evas Vorgängerin, im Schöpfungsmythos der Genesis enthalten ist[13]:

»Adam und Lilith fanden keinen Frieden miteinander; wenn er bei ihr liegen wollte, nahm sie Anstoß an der liegenden Stellung, die er von ihr forderte. ›Warum muß ich unter dir liegen?‹ fragte sie. ›Auch ich bin aus Staub geschaffen, und so bin ich dir ebenbürtig.‹ Und weil Adam sie mit Gewalt zum Gehorsam zwingen wollte, sprach sie in ihrer Empörung den wahrhaften Namen Gottes aus, erhob sich in die Lüfte und verließ ihn.«[14]

Graves und Patai geben dazu folgende Erklärung:

»Es ist charakteristisch für Zivilisationen, in denen Frauen als Besitztum behandelt werden, daß sie beim Geschlechtsakt die untere Stellung einnehmen müssen, gegen die sich Lilith sträubte. Daß griechische Zauberinnen, die die Hekate verehrten, die obere Position bevorzugten, wissen wir von Apuleius; sie taucht auch in frühen sumerischen Darstellungen des Geschlechtsakts auf, nicht allerdings in hethitischen. Malinowski schreibt, daß melanesische Mädchen über ›die Missionarsstellung‹, wie sie sie nennen,

---

[13] Bereits früher haben diese Autoren darauf hingewiesen, daß Lilith zwar in dieser rabbinischen Literatur vorkommt, aus der Heiligen Schrift jedoch völlig getilgt wurde. Die *Midraschim* (Plural von *Midrasch*) wurden zwischen 100 und etwa 1100 geschrieben und kompiliert.

[14] Graves/Patai 1964, S. 65.

spotten, die von ihnen verlangt, einfach passiv auf dem Rücken zu liegen.«[15]

Der Ursprung der »Unreinigkeits«-Tabus ist in dem grundsätzlich religiös begründeten Bemühen der Rabbiner zu suchen, den Zeugungsvorgang hoch zu bewerten und zu schützen. Dasselbe Anliegen liegt auch der christlichen Lehre zugrunde. Trotzdem enthalten die Lehren des Neuen Testaments keinen derart systematischen Kodex zur Steuerung sexueller Praktiken, wie er im Alten Testament zu finden ist. Im Lauf der Jahrhunderte ist die katholische Kirche dazu übergegangen, sich mehr auf verbale seelsorgerische Fürsorge zu verlassen als auf die schriftlich niedergelegten Katechismen der frühen Christen oder die ausführlichen Beichtvorschriften des Mittelalters, die von manchen Priestern bis weit ins siebzehnte Jahrhundert hinein verwendet wurden. Aber sie hat ihr kanonisches Recht und gibt von Zeit zu Zeit päpstliche Enzykliken heraus, die zwar nicht als unfehlbar gelten, in denen die Kirche aber eindeutig Stellung zu wichtigen Fragen bezieht, darunter auch solchen, die die Ehe und eheliche Akte betreffen.

Nach kanonischem Recht ist für die katholische Kirche der eigentliche Zweck der Ehe die Fortpflanzung. In der *Encyclica Humanae Vitae* wies Papst Paul VI. sein Volk erneut darauf hin, daß jede unmittelbare Unterbrechung des Fortpflanzungsprozesses, wenn er einmal begonnen hat, von der Kirche verurteilt wird: »Außerdem ist auch jede Handlung davon ausgeschlossen, die sich entweder in Voraussicht oder während des Vollzugs des ehelichen Aktes oder darauffolgend beim Ablauf seiner natürlichen Auswirkungen die Verhinderung der Fortpflanzung zum Ziel oder Mittel zum Ziel setzt.«[16]

Bereits seit dem Mittelalter gehört zu den von der Kirche

---

[15] Graves/Patai 1964, S. 68f.
[16] Böckle/Holenstein 1968, S. 15.

ausgeschlossenen ehelichen Akten der *amplexus reservatus,* eine Verhütungsmethode, bei der die Ejakulation von Flüssigkeiten vom Mann wie auch von der Frau absichtlich zurückgehalten wird. Von mittelalterlichen Glaubensbekennern verdammt, wurde diese Praktik vom Heiligen Offizium in einer Mitteilung vom 30. Juni 1952, die auf ausdrückliches Geheiß des Papstes Pius XII. in den *Acta Apostolicae Sedis*[17] publiziert wurde, erneut als unzulässig erklärt. Diese Mitteilung besagt:

»... stellt das Heilige Offizium mit tiefer Besorgnis fest, daß eine Reihe zeitgenössischer Schriftsteller auf rücksichtslose und schamlos detaillierte Weise Angelegenheiten des ehelichen Zusammenlebens zur Sprache gebracht haben, und daß einige dieser Schriftsteller den *amplexus reservatus* genannten Akt beschrieben, gepriesen und empfohlen haben. Infolgedessen ermahnt das Heilige Offizium in Erfüllung seiner wichtigen Pflicht, die Heiligkeit der Ehe und das Seelenheil zu beschützen, diese Schriftsteller nachdrücklich, von solcher Art zu schreiben und Dinge offen darzulegen, Abstand zu nehmen. Das Heilige Offizium fordert die Bischöfe nachdrücklich auf, in dieser Angelegenheit strenge Wachsamkeit walten zu lassen und geeignete Maßnahmen zu ergreifen. Der letzte Abschnitt des *Monitums* ist an die Priester gerichtet. Bei ihrer Arbeit als Seelsorger und Wegweisende für das Gewissen der Menschen sollten sie sich nie, weder spontan, noch wenn sie gefragt werden, erkühnen, sich so über den *amplexus reservatus* zu äußern, als würde er nicht vom Standpunkt des christlichen Gesetzes aus abgelehnt.«

---

[17] Die *AAS* sind das monatliche Organ des Heiligen Stuhls, das kraft kanonischen Rechts zur verbindlichen Publikation der katholischen Kirche erklärt worden ist, um ihre Mitglieder laufend über die offiziellen Schritte der Kirche zu unterrichten. Alle Dekrete und Entscheidungen des päpstlichen Appellationsgerichts (Sacra Romana Rota) in Rom, die in den *AAS* abgedruckt werden, gelten damit als öffentlich verkündet und treten drei Monate nach dem Datum ihrer Bekanntmachung in Kraft.

Die Bedeutung dieser Mitteilung für die Geschichte der weiblichen Sexualflüssigkeiten besteht darin, daß sie einen Nachweis für die jahrhundertelange Anerkennung der Tatsache liefert, daß bei Frauen eine Ejakulation von Flüssigkeiten stattfindet, die der des Mannes vergleichbar ist. Dieses Wissen geht sehr wahrscheinlich auf Galens Erkenntnisse über das weibliche Prostatasekret zurück (vgl. Seite 78). John T. Noonan zufolge glaubten die Theologen, daß »es eine Parallele zwischen männlicher Ejakulation und Lustgefühl und weiblicher Ejakulation und Lustgefühl gibt«.[18]

Steven Ozment, Professor für Geschichte in Harvard, erwähnt ebenfalls, daß »solche Verhütungsmethoden wie der *amplexus reservatus,* die willentliche Unterdrückung von Samenerguß auf seiten *beider* Geschlechter (trockener Orgasmus), und der *coitus interruptus,* die Ablenkung des männlichen Samens von der Gebärmutter, zu den von den Glaubensbekennern verdammten sexuellen Praktiken gehören«.[19]

Da die Kirche diese weiblichen Flüssigkeiten nach wie vor als »fruchtbare« Flüssigkeiten betrachtet, verbietet sie Frauen, *nicht* zu ejakulieren. Im Gegensatz dazu bestreitet die Wissenschaft – vielleicht weil sie durch das im neunzehnten Jahrhundert herrschende Ideal der weiblichen Geschlechtslosigkeit unverhältnismäßig beeinflußt wurde –, daß Frauen überhaupt ejakulieren *können* – eine ausgesprochen ironische Wendung der Dinge.

---

[18] Noonan 1965, S. 337.
[19] Ozment 1983, S. 216.

## 2. Die Sexualsekretionen

In den vergangenen Jahrhunderten wurde die Ejakulation weiblicher Flüssigkeiten bei sexueller Erregung von Männern und Frauen als selbstverständlicher Bestandteil des Geschlechtsverkehrs angesehen. Dieses Phänomen war in unserer und in anderen Kulturen ganz allgemein bekannt. Trotzdem bestreiten die meisten Ärzte des zwanzigsten Jahrhunderts die Existenz einer weiblichen Ejakulation. Natürlich leugnet niemand die Tatsache, daß sexuelle Stimulation dazu führt, daß die Vagina sehr schnell sehr feucht wird. Vielmehr dreht sich die medizinische Kontroverse um die Fragen: Gibt es eine weibliche Prostata? Treten weibliche Sexualflüssigkeiten durch die Urethra aus?

Betrachten wir zunächst die Hinweise auf die weitverbreitete Ansicht, daß es tatsächlich eine weibliche Ejakulation gibt. Die Sprache, im allgemeinen der dauerhafteste Bewahrer von Ideen – und dessen, was die Menschen an einem bestimmten Ort zu einer bestimmten Zeit von diesen Ideen hielten –, enthüllt eine Menge darüber, was man vor hundert Jahren oder noch früher über die weiblichen Sexualflüssigkeiten wußte. So wurde zum Beispiel im viktorianischen England für die Beschreibung des Höhepunktes sexueller Erregung das Verbum *to spend* (verschwenden) verwendet. Und dieses Wort bezog sich auf den sexuellen Höhepunkt von Frauen ebenso wie auf den von Männern, ähnlich wie wir heutzutage für beide Geschlechter den Ausdruck ›kommen‹ benutzen. Beide Begriffe beziehen sich natürlich auf das Verschwenden und das Kommen der Flüssigkeiten. Ein zeitgemäßerer Ausdruck ist ›einen Orgasmus haben‹, aber auch hier stellt man fest, daß das Wort ›Orgasmus‹ von dem griechischen Verbum *orgáo* abgeleitet ist, das ›schwellen, strotzen‹ bedeutet.

Lange Zeit wurden die kleinen Schamlippen der Vagina allgemein *nymphae* genannt – eine Bezeichnung, die, wie man glaubte, Realdo Colombo im sechzehnten Jahrhundert eingeführt hatte, die jedoch bereits im ersten Jahrhundert von Rufus verwendet wurde (vgl. Seite 36). Das griechische Wort *nymphai* bedeutet ›Quellnymphen‹ oder ›Wassergöttinnen‹. Da die kleinen Schamlippen oder Labia minora die Eichel der Frau und die Öffnung der Harnröhre umgeben, durch die das Prostatasekret austritt, ist die Wahl dieser Bezeichnung durchaus angemessen. Dickinson berichtet von dem antiken Brauch, daß in der griechischen Komödie männliche Schauspieler, die Frauenrollen verkörperten, »Säcke mit Flüssigkeit [trugen], um geschlechtliche Erregung anzudeuten«.[1] Die alten Griechen wußten sehr wohl, daß Frauen Flüssigkeiten absondern und daß diese besonders auf dem Höhepunkt der Erregung deutlich sichtbar sind.[2] Sie bezeichneten junge Bräute oft als »Nymphen« und spielten damit auf die mit den Bräuten assoziierten Flüssigkeiten an.

Im Japanischen, das sich als Sprache in jeder Beziehung erheblich vom Griechischen unterscheidet, stößt man in einem bekannten zweizeiligen Vers auf dieselbe Assoziation: »Die Braut ist nie trocken / doch keiner weiß, warum.« Die japanische Sprache dokumentiert in zahlreichen Ausdrücken ganz unbefangen, daß sie das Phänomen der weiblichen Ejakulation anerkennt. So ist zum Beispiel das japanische Wort für Koitus *nure,* was ›feucht werden‹ bedeutet. Von dem Grundwort *nure* sind zwei andere Begriffe abgeleitet: *nurego-*

---

[1] Dickinson 1949, S. 48.
[2] Siehe Anmerkung 186 der englischen Übersetzer von de Graaf 1972, Supplement 17, S. 200.

*to,* ein Ausdruck, der im japanischen Theater für sexuelle Beziehung oder Geschlechtsverkehr verwendet wird; wörtlich bedeutet er ›etwas, das einen feucht macht‹; und *nuregoke,* eine ›feuchte [lockere] Witwe‹. Es besteht kein Zweifel darüber, daß sich diese Wörter auf die Feuchtigkeit der weiblichen Genitalien beziehen. Dickinson berichtet außerdem, daß »es bei den berühmten Künstlern des beliebten japanischen Holzschnitts der Brauch war, ausströmende [weibliche Sekretionen] abzubilden«.[3]

Ein paar Monate nach meiner Hochzeit lebte ich eine Zeitlang in einem Fellachendorf im Nildelta, wo ich zusammen mit meinem Mann arbeitete. Als einziges weibliches Mitglied des Teams, das den Wiederaufbau eines Dorfes betrieb, hatte ich die Möglichkeit, am Leben der Frauen dieser Gemeinschaft teilzunehmen, von dem die Männer ausgeschlossen waren. Dabei entdeckte ich mit Hilfe meiner neuerworbenen, wenn auch sehr rudimentären Kenntnisse der arabischen Umgangssprache bei diesen Frauen, die »hinter dem Schleier« lebten, eine erstaunliche Nüchternheit und Offenheit in sexuellen Dingen – eine Eigenschaft, die für mich ebenso überraschend war wie vielleicht umgekehrt für sie meine Verlegenheit. Viele Einzelheiten, die in meinen Gesprächen mit diesen Frauen zur Sprache kamen, treffen, wie ich später in einer Zusammenfassung eines Buches von Paul Vieille über Frauen in der moslemischen Welt bestätigt fand, offenbar ganz generell auf die Frauen in diesem Kulturbereich zu: »Die Frau wird nicht als Person mit einer eigenen Sexualität angesehen. Ihre inneren Organe betrachtet man wie die eines Mannes; sie gilt als jemand, der ejakuliert, nicht aber als jemand, der, wie die jungen Männer, ein autonomes Geschlechtsleben hat.«[4]

Viele von uns, die das *Kamasutra* gelesen haben, rechnen mit einem hohen Maß an sexueller Offenheit in der indischen Kultur. Aber wer Indien bereist, macht sehr bald die Erfah-

---

[3] Dickinson 1949, S. 48; siehe auch Krauss 1907.
[4] Vieille 1978, S. 463.

rung, daß es sich, sobald es um Frauen geht, um ein Land handelt, in dem man in sexuellen Dingen betont zurückhaltend ist. In einem Buch allerdings über die Unterschiede zwischen den hinduistischen und den buddhistischen Tantras wird das Thema der weiblichen Ejakulation ganz offen und selbstverständlich erörtert:»Normalerweise ist die Lust, die eine Frau verspürt, sehr viel größer als die des Mannes; ihre Ejakulation erfolgt viel später. Die Ejakulation bei der Frau... erfolgt langsam, die beim Mann schnell.«[5]
In vierzig Jahre alten Psychologiezeitschriften vergraben finden sich Hinweise auf das Vorkommen von weiblicher Ejakulation in Kulturen, die so weit auseinanderliegen wie die der Mohave-Indianer im Westen Amerikas und die der Trukesen, die auf einer kleinen Gruppe von Koralleninseln im Südpazifik leben. George Devereux, ein Vertreter der Ethnopsychologie, berichtet in einem Artikel, daß die Mohave der Auffassung sind, daß Frauen ejakulieren. Auf der Grundlage des Beweismaterials, das er zusammengetragen hat, gelangt er zu dem Schluß, daß die Mohave-Frauen nicht nur beim Koitus, sondern auch bei Fellatio oder analem Verkehr eine Flüssigkeit ausstoßen. Außerdem merkt er an, daß die Mohave glauben, die nach dem Koitus in der Vagina beobachtbare Feuchtigkeit sei das Ergebnis einer Ejakulation der Frau. »Infolgedessen untersucht manch eifersüchtiger Ehemann die Geschlechtsteile seiner Frau nach Spuren übermäßiger Feuchtigkeit, die beweisen würden, daß sie in seiner Abwesenheit Ehebruch begangen hat.«[6]
Ähnlich glauben auch die Trukesen, daß Frauen bei sexueller Betätigung Flüssigkeiten absondern. In einer ihrer Untersuchungen über das Sexualverhalten der Trukesen berichten die Anthropologen T. Gladwin und S. B. Sarason:»Der Koitus wurde von mehreren unserer Informanten als ein Wettbewerb zwischen Mann und Frau bezeichnet, bei dem es darum

---

[5] Chen 1969, S. 13 und 201f.
[6] Devereux 1947, S. 539.

geht, daß der Mann seinen Orgasmus zurückhält, bis die Frau den ihren erreicht hat. Der weibliche Orgasmus wird üblicherweise durch Urinieren signalisiert, obwohl auch ohne dies eine Frau seinen Beginn entsprechend anzeigt.«[7] Diese Information wurde auch von anderen Forschern auf diesem Gebiet weitergegeben. Devereux bestätigt, daß die Trukesen und andere Mikronesier glauben, daß die sexuelle Reaktion einer Frau durch »Urinieren vor und während des Höhepunkts« charakterisiert wird und daß dieser Vorgang im Bewußtsein der Trukesen offenbar mit Ejakulation gleichgesetzt wird. In seinem Artikel zitiert Devereux auch den deutschen Anthropologen Otto Finsch, der die Eingeborenen der Insel Ponapé im Südpazifik erforscht hat: »[Solche Praktiken] werden mit der Hauptfrau, mit welcher der Mann ein Kind zu zeugen wünscht, so weit getrieben, bis dieselbe zu urinieren anfängt, und hierauf erst zum Koitus geschritten.«[8]

Angesichts dessen, was wir inzwischen über die weibliche Prostata und ihre Funktion wissen, kann es kaum einen Zweifel geben, daß die weibliche Flüssigkeit, die die Mohave, die Trukesen und die Ponapesen für Urin hielten, in Wirklichkeit Sekret aus der weiblichen Prostata war. Sogar in unserer Kultur sind diese beiden Flüssigkeiten meistens miteinander verwechselt worden.

Andere Hinweise auf die weibliche Ejakulation finden sich in Büchern von Autoren, die die Glaubwürdigkeit dieses Phänomens bestreiten. So schreibt Steven Marcus in seinem Buch *The Other Victorians: A Study of Sexuality and Pornography in Mid-Nineteenth Century England:* »Gewisse Ähnlichkeiten zwischen *My Secret Life* (1888)[9] und pornographischen Schriften sind es wert, daß man darüber nachdenkt. Da ist zunächst

---

[7] Gladwin/Sarason 1953, S. 109.
[8] Finsch 1880, S. 317.
[9] Mehrbändiges »erotisches Lebensbekenntnis« eines anonymen Engländers, der sich Walter nennt und mit (für die Jahrhundertwende) schockierender Offenheit über seine sexuellen Abenteuer berichtet. Wurde 1967 unter dem Titel *Mein geheimes Leben* erstmals ins Deutsche übersetzt.

die überall auftauchende Projektion der männlichen Sexual-
phantasien auf die weibliche Reaktion«, zu denen auch »die
sie meist begleitende Phantasie, daß Frauen während des
Orgasmus ejakulieren«[10], gehört. Und Wayland Young
schreibt – obwohl er selbst nicht glaubt, daß Frauen ejakulieren – in *Eros Denied: Sex in Western Society,* »daß man in der
Vergangenheit glaubte, daß Frauen im Augenblick des Orgasmus, ähnlich Männern, die ejakulieren, tatsächlich eine
fruchtbare Flüssigkeit ausstoßen. Die alten erotischen Bücher sind voll von Beschreibungen der Vermischung dieser
lebenswichtigen Flüssigkeiten«.[11]

Obwohl sicherlich eine ganze Menge Erkenntnisse durch Beobachtung, Schlußfolgerungen und Experimente gewonnen
werden, macht sich die Wissenschaft keine Illusionen darüber, daß auch auf lange Sicht ungleich mehr Dinge »in der
finsteren Nacht der Natur verborgen und unbefragt«[12] bleiben. Was die weibliche Prostata betrifft, so ist diese in der
Vergangenheit gründlich erforscht worden; aber die daraus
gewonnenen medizinischen Erkenntnisse sind teilweise in
Vergessenheit geraten. Doch das Material existiert, auch
wenn es verstreut ist. Ich habe mehrere Universitätsbibliothe-
ken, darunter die ungeheuren Bestände der Harvard University, durchforstet, und es ist mir gelungen, diese Quellen
ausfindig zu machen und dieses verlorengegangene Wissen in
einer 1976 abgeschlossenen Forschungsarbeit wieder ans
Licht zu bringen.[13]

Zuvorderst in der langen Reihe der Ärzte, deren Arbeiten

---

[10] Marcus 1966, S. 194.

[11] Young 1974, S. 296.

[12] Dies sind die Worte von Sir William Harvey (1578 bis 1657), der durch seine
Entdeckung des Blutkreislaufs berühmt wurde. Harvey, der Leibarzt von
Francis Bacon, interessierte sich sein Leben lang für die Fortpflanzung und
die Ursprünge des Lebens. Seine Untersuchungsmethoden bereiteten den
Boden für die moderne wissenschaftliche Forschung – und dies zu einer
Zeit, zu der, wenn man von Koryphäen wie Harvey selbst, Bacon, Galileo
und wenigen anderen absieht, die Methoden der »Wissenschaft« denen der
Magie noch sehr nahestanden.

[13] Sevely 1976.

das Vorhandensein einer weiblichen Prostata wissenschaftlich nachweisen, steht der niederländische Anatom Regnier
de Graaf. In seiner Abhandlung über die Fortpflanzungsorgane der Frau[14] legte de Graaf vor dreihundert Jahren präzise
Zeichnungen und Beschreibungen der drüsenartigen Struktur rings um die weibliche Urethra vor (Abbildung 25), identi-
fizierte diese Struktur als weibliche Prostata und beschrieb sie
als die Quelle der in hohem Maße erotischen weiblichen
Sexualflüssigkeiten:

»Die Urethra ist im Innern mit einer dünnen Membran
ausgekleidet. Im unteren Teil, in der Nähe der Öffnung der
Harnröhre, wird diese Membran von großen Ausführungsgängen oder Lakunen durchbrochen, durch die gelegentlich eine schleimige Substanz in beträchtlichen Mengen
ausströmt.

Zwischen dieser sehr dünnen Membran und den fleischigen
Fasern, die wir soeben beschrieben haben, befindet sich
entlang des gesamten Ganges der Urethra eine etwa einen
Finger breite, dicke, weißliche membranöse Substanz, die
den urethralen Kanal völlig umgibt. ... Diese Substanz
ließe sich durchaus zutreffend als die weibliche Prostata
oder als Corpus glandulosum, ›drüsenartiger Körper‹,
bezeichnen. Uns scheint, daß es sich dabei um das handelt,
wovon Galen spricht, wenn er im Buch 14 seines Werkes
unter Berufung auf Herophilos schreibt, daß Frauen ebenso wie Männer drüsenartige ›prostatae‹ haben.

Die Funktion der ›prostata‹ besteht darin, einen schleimig-
serösen Saft zu erzeugen, der die Frauen mit seiner Schärfe
und Salzigkeit wollüstiger und ihre Geschlechtsteile während des Koitus auf angenehme Weise gleitfähig macht. ...
Bevor wir fortfahren, sollten wir noch erwähnen, daß sich
entlang des Vagina-Kanals viele winzige Poren befinden.
Am größten und zahlreichsten sind sie am unteren Ende
der Vagina in der Nähe des Austritts der Harnwege. Hier

---

[14] de Graaf 1672, englische Übersetzung 1972.

sind sie oft so groß wie jene in den Harnwegen, die wir oben beschrieben und als Ausführungsgänge oder Lakunen bezeichnet haben. Aus allen vaginalen Ausführungsgängen, den großen wie den kleinen, fließt eine schleimig-seröse Substanz in ausreichender Menge, um die Geschlechtsteile feucht zu halten. Während des Geschlechtsakts quillt sie, damit der Vagina-Kanal gleitfähig wird, so reichlich, daß sie sogar aus dem Pudendum herausfließt. Dies ist die Substanz, die viele für den weiblichen Samen gehalten haben.

Auch muß hier angemerkt werden, daß der Ausfluß aus den weiblichen ›prostatae‹ ebensolche Lust verschafft wie der aus den männlichen ›prostatae‹.«

De Graaf merkt außerdem an, daß Frauen durch »flinke Finger« zu dieser Lust angeregt werden können, und daß »bei libidinösen Frauen« die Flüssigkeit »oft schon beim Anblick eines gutaussehenden Mannes ausströmt«.[15]

Ob nun die derzeitigen Forschungsergebnisse sämtliche Vorstellungen von de Graaf bestätigen oder nicht – jedenfalls tun wir gut daran, uns etwas genauer mit seinen Untersuchungen und Überlegungen zu beschäftigen, die darauf abzielten, eine Frage zu beantworten, die bis heute ungeklärt ist:

»Es wird zweifellos Kritiker geben, die, da sie die Flüssigkeit, die beim Abwehrkampf gegen Geschlechtskrankheiten oder bei lustvollen Phantasien mit solcher Stoßkraft ausfließt, für Samen halten, die Frage stellen, woher diese Flüssigkeit denn kommt und welchem Zweck sie dient. Wir glauben, daß sie primär aus den Lakunen an den Gangmündungen der Vagina und der Harnwege kommt und in zweiter Linie aus der großen Anzahl von Gängen, die in die Zervix münden. Ohne Zweifel tragen auch die Poren in der Vagina und der innere Teil des Uterus ihren Teil dazu bei. Weiter wird man die Frage stellen, woher diese Gänge oder

¹⁵ de Graaf 1972, S. 103f., 106f., 141.

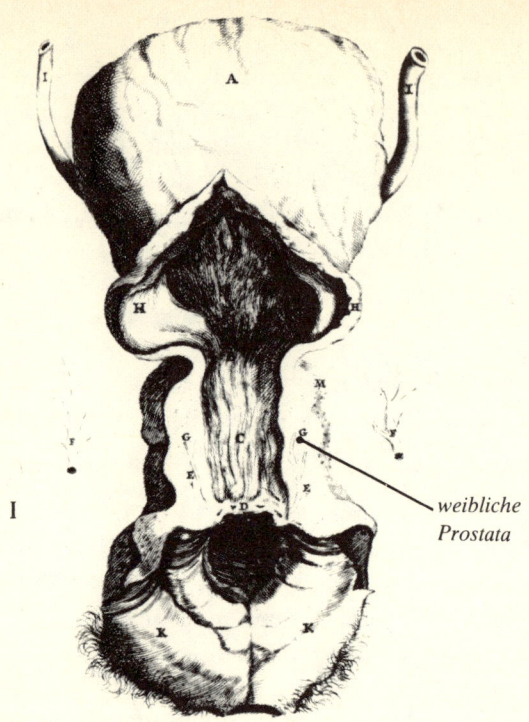

I

weibliche
Prostata

I zeigt eine Urethra oder einen Harngang, der im vorderen Teil der Länge nach geöffnet ist

A  *Harnblase*
B  *Blasenhals, geöffnet*
C  *Harnröhre, der Länge nach geöffnet*
D  *Öffnung der Harnröhre und Ausgänge der darin befindlichen Lakunen (Schleimhautbuchten)*
E  *Lakunen, die die »prostatae« durchqueren*
F  *aus den »prostatae« entnommene, mit Luft aufgeblasene Drüsengänge*
G  *Innere Substanz der »prostatae« oder des Drüsenkörpers*
H  *Teile der Blase, die nach dem Öffnen auseinandergezogen wurden*
I  *Harngänge*
K  *Schamlippen des Pudendums*
L  *Öffnung der Vagina*
M  *Fleischige Fasern des Schließmuskels*

100

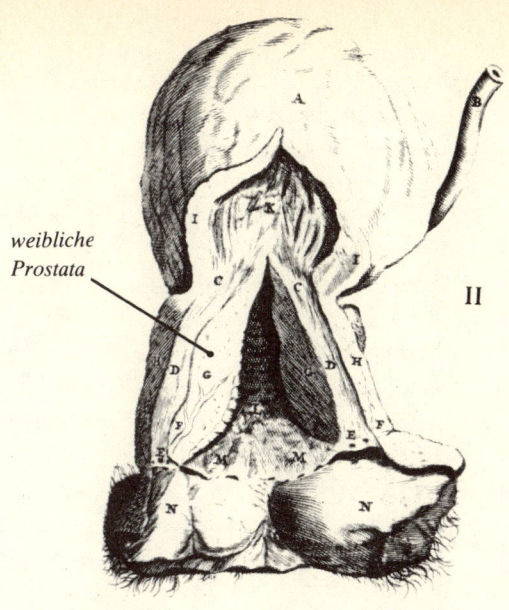

*weibliche Prostata*

II

II  zeigt den Bereich zwischen der Harnröhre und der Vagina

A  *Harnblase*
B  *Harngänge*
C  *Blasenhals, geöffnet*
D  *Urethra, in der Mitte geteilt*
E  *Blinde Öffnungen der Lakunen (Buchten) oder Gänge, die die »pro-statae« durchqueren*
F  *Die »prostatae« durchquerende Lakunen (Buchten)*
G  *Länge und Dicke der »prostatae« oder Drüsenkörper zwischen Harn-röhre und Vagina*
H  *Länge und Dicke der »prostatae« über der Urethra*
I  *Teile der Blase, auseinandergezogen*
K  *Innere Oberfläche der Harnblase*
L  *Runzlige Substanz der Vagina*
M  *Öffnung der Vagina*
N  *Schamlippen des Pudendums*

*Abbildung 25* Zeichnungen der Drüsenstruktur rings um die weibliche Ure-thra (um ein Drittel verkleinerte Reproduktionen der maßstabgetreuen Ori-ginalzeichnungen von de Graaf).

Lakunen diese Flüssigkeit beziehen. Die zuerst erwähnten Gänge, nämlich jene, die rings um die Öffnung des Halses der Vagina und um die Austrittsstelle der Harnröhre sichtbar sind, erhalten ihre Flüssigkeit aus der weiblichen ›prostata‹ oder vielmehr aus dem dicken, membranösen Körper, der die Harnröhre umgibt. Die als zweite erwähnten Gänge sammeln ihre Flüssigkeit aus dem Nerven- und dem membranösen Gewebe des Gebärmutterhalses. Die restliche Flüssigkeit, die durch die Poren des Uterus und der Vagina austritt, stammt aus der membranösen und vielleicht auch aus der drüsenartigen Substanz dieser Teile....
Die Flüssigkeit, über die wir gesprochen haben, kommt nicht aus den ›Testikeln‹ oder den Tuben. Denn die ›Testikel‹ enthalten nicht einmal ein Viertel der Flüssigkeit, die normalerweise sozusagen in einem Schwall (wie Fachleute in dieser Angelegenheit mir berichtet haben) aus den Pudenda kommt.[16]

In seinem fundierten Artikel über die weibliche Prostata verfolgt der Gynäkologe J. W. Huffman die Geschichte der anatomischen Darstellung dieser Drüsen zurück bis auf den Anatomen Herophilos im dritten Jahrhundert vor Christus.[17] Außerdem erwähnt er Galens Hinweis auf die weibliche Prostata und äußert dazu seine eigene Überzeugung, nämlich daß Galen damit möglicherweise eine andere Struktur gemeint haben könnte als die Drüse, die die Urethra umgibt. Eine sorgfältige Überprüfung von Galens eigenen Worten läßt einen zu der Überzeugung gelangen, daß er sich wahrscheinlich über den anatomischen Ursprung der Flüssigkeit im unklaren war und sich definitiv irrte, als er sie als »Samen« bezeichnete,

---

[16] de Graaf 1972, S. 141. Frühe Anatomen haben den Begriff ›Testikel‹ im allgemeinen entweder für die männlichen oder die weiblichen Sexualdrüsen benützt. Obwohl de Graaf diesen unspezifischen Begriff hier in bezug auf die Frau verwendet, hat er selbst in dieser Abhandlung an späterer Stelle darauf hingewiesen, daß man die ›Testikel‹ bei der Frau als ›Ovarien‹ bezeichnen sollte.
[17] Huffman 1948.

daß seine Beschreibung der Flüssigkeit aber präzise war. Für fast alle frühen Anatomen war es selbstverständlich, daß Galen von der weiblichen Prostata sprach; aber sie widersprachen seiner Auffassung, daß es bei der Frau eine Entsprechung zur männlichen Prostata gibt. Nur Picolomini (1526 bis 1605) gab ihm in diesem Punkt recht. Huffman schreibt de Graaf das Verdienst zu, als erster eine wissenschaftlich genaue Beschreibung der Drüsen und Ausführungsgänge, die die weibliche Urethra umgeben, geliefert zu haben.

Von den folgenden achtzehn anatomischen Untersuchungen, die Huffman zitiert, bestätigen vierzehn das Vorhandensein einer weiblichen Prostata, während nur vier es leugnen: Astrue (1737) beschrieb ebenfalls eine weibliche Prostata und kleine Lakunen (Schleimhautbuchten); Winslow (1775) stellte kleinere Lakunen und einen größeren Ausführungsgang fest; Boyer (1797) beschrieb die Mündungen von Sekretdrüsen im Meatus und in der Innenauskleidung der Urethra; Cruweilheir (1844) bestritt, daß eine weibliche Prostata existiert, erklärte aber, daß zahlreiche Lakunen in die Auskleidung der Urethra münden; Virchow (1853) betrachtete diese Drüsen als Entsprechungen zur männlichen Prostata; Robin und Cadiat (1874) fanden keine Drüsen und bezweifelten das Vorhandensein irgendeiner Entsprechung zur Prostata; Skene (1880) stellte nur zwei Gänge unmittelbar innerhalb der Öffnung der Harnröhre fest (die bereits zwei Jahrhunderte früher von de Graaf identifiziert worden waren, aber trotzdem Skenesche Gänge heißen); Tourneaux (1889) wies erneut darauf hin, daß es sich bei diesen Drüsen um Homologe zur männlichen Prostata handelt; Oberdieck (1884) und später Aschoff (1894) identifizierten tiefliegende prostataähnliche Lakunen entlang der Urethra; Felix (1912) teilte die Auffassung, daß die drüsenartige Struktur, die die Urethra umgibt, ein Homolog zur Prostata ist; Pallin (1901) hatte, wie Galen, genaue Vorstellungen von einem bestimmten Teil der männlichen Prostata, zu dem die weiblichen Drüsen homolog sind; Wyatt (1911) kam zu dem Schluß, daß die weiblichen

Drüsen in der Tat Prostata-Entsprechungen sind; Johnson (1922) fertigte eigene Modelle aus Wachs an, um zu demonstrieren, daß die Gänge rings um die weibliche Urethra fraglos Homologe zu den Ausführungsgängen der Prostata beim Mann sind (vgl. Abbildung 26); Hunner (1907) beschrieb die Mündungen zahlreicher schleimabsondernder Drüsen entlang der unteren Harnröhrenwand und merkte dazu an, daß die Drüsen in Richtung auf das äußere Ende der Urethra hin tendenziell an Größe und Komplexität zunehmen; er zitierte Schuller (1883), der genau in der Mitte zwischen den beiden von Skene beschriebenen Drüsen eine dritte, kleinere Drüse bzw. einen Tubulus entdeckt hatte.

Im Anschluß an diesen Überblick fährt Huffman fort:

»In den vergangenen Jahren ist das Interesse an diesem Problem aufs neue erwacht, und es besteht eine gewisse Uneinigkeit hinsichtlich des Vorhandenseins anderer urethraler Drüsen als der Skeneschen Drüsen sowie ihrer Größe und ihrer Bedeutung. Deter, Caldwell und Folsom (1946) haben den Nachweis erbracht, daß es an der hinteren Urethra röhrenförmige Drüsen gibt, die bei Erkrankungen der Harnröhre klinisch von Bedeutung sind. MacKinsie und Beck (1936) berichteten im Anschluß an ihre Untersuchung der anatomischen Längsschnitte zahlreicher Harnröhren von Kindern und Erwachsenen, daß bei dem Drittel der Harnröhre, das unmittelbar an die Blase anschließt, keine eigentlichen urethralen Drüsen vorhanden sind. Sie stellten zwar fest, daß die paraurethralen [neben der Harnröhre liegenden] Drüsen die Urethra umgeben können, sich jedoch nur durch die Öffnungen am Boden der Urethra entleeren. MacKinsie und Beck zufolge befinden sich die eigentlichen periurethralen[18] [um die Harnröh-

---

[18] ›Periurethral‹ und ›paraurethral‹ werden häufig synonym verwendet; falls man differenziert, werden die Skeneschen Hauptausführungsgänge als paraurethrale, die höhergelegenen Gänge als periurethrale bezeichnet.

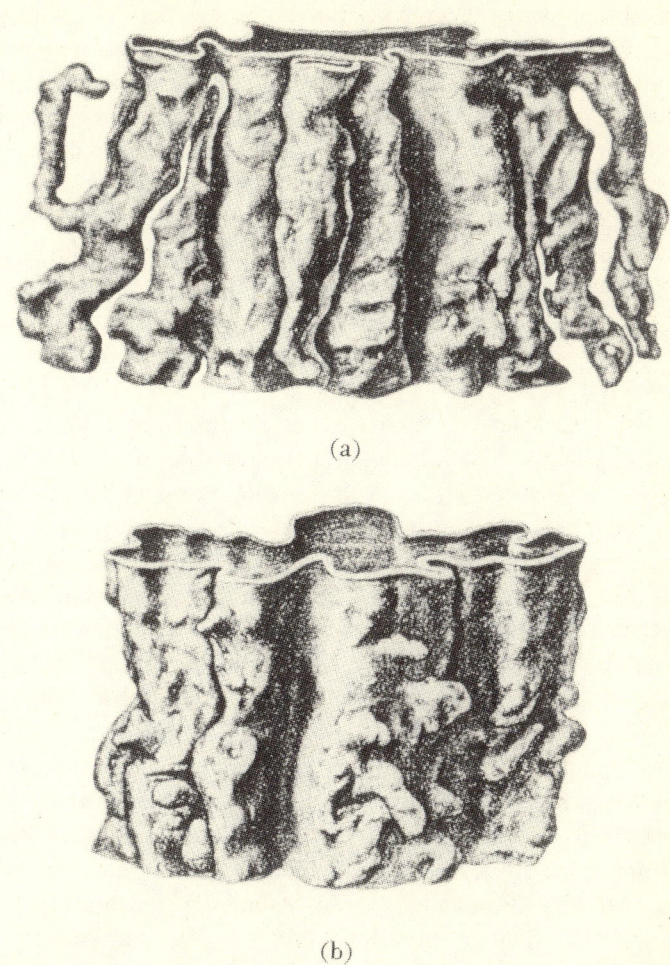

(a)

(b)

*Abbildung 26* Prostata-Homolog bei der Frau; Zeichnungen nach Wachsmodellen von zwei Abschnitten der Urethra eines weiblichen Fötus: (a) distaler (körperferner) Teil; (b) proximaler (körpernaher) Teil (F. P. Johnson, *Journal of Urology* 8, 1922, S. 13 – 24).

re herum liegenden] tubularen Epithelstrukturen in den
vorderen zwei Dritteln der Urethra im Anschluß an die
traubenförmig zusammengesetzten Skeneschen Drüsen.
Diese sind ihrer Ansicht nach von den Skeneschen Gängen
zu unterscheiden; sie sind nicht immer vorhanden und im
mittleren Drittel der Urethra weniger häufig. Cabot und
Shoemaker (1936), die eine Anzahl anatomischer Längsschnitte von weiblichen Harnröhren untersucht hatten, kamen zu dem Ergebnis, daß es in den proximalen [körperna-
hen] zwei Dritteln der weiblichen Urethra keine wichtigen
Drüsenstrukturen gibt; und daß die Drüsen der weiblichen
Urethra – mit Ausnahme der Skeneschen Drüsen – keine
wichtige Rolle bei Infektionen der weiblichen Harnwege
spielen.«[19]

Huffmans Untersuchung trägt Entscheidendes zu unserem
Wissen über die urethralen Drüsen und Ausführungsgänge
bei der erwachsenen Frau bei, und seine anatomischen
Wachsmodelle liefern Beweismaterial für die Theorien all
jener Wissenschaftler, die wie de Graaf im Lauf der Jahrhunderte davon überzeugt waren, daß die weibliche Prostata
nicht nur Teil der normalen weiblichen Anatomie ist, sondern
zweifellos auch ein Homolog zur männlichen Prostata (vgl.
Abbildungen 27–30). Es gibt Ärzte, die befürchteten, die
Bezeichnung »weibliche Prostata« könnte dazu führen, daß
das Krankheitsbild des chronischen Prostataleidens allzu be-
geistert übernommen wird und Mediziner dazu verleiten
könnte, eine chirurgische Entfernung der Drüsen vorzunehmen. Abschließend meinte Huffman, dies sei der einzige
Grund, aus dem er einsehen könne, daß es zumindest im
Bereich der klinischen Medizin vielleicht besser wäre, diesen
Begriff nicht zu verwenden. Einige der von Huffman zitierten
Mediziner waren jedoch ganz anderer Ansicht. So stellen zum
Beispiel Deter, Caldwell und Folsom fest:

---

[19] Huffman 1948, S. 87.

»Die Bezeichnung ›weibliche Prostata‹ könnte anstelle von ›weibliche periurethrale Drüsen‹ verwendet werden, um die Homologie dieser Drüsen bei Mann und Frau zu betonen, ähnlich wie die Bezeichnung ›Utriculus masculinus‹ verwendet wird, um darauf hinzuweisen, daß dieser Teil dem Uterus bei der Frau entspricht.[20]

Ebenso verwende ich den Begriff ›weibliche Ejakulation‹, um die Tatsache zu betonen, daß die sexuelle Funktion dieser homologen Drüsenstrukturen bei Männern und Frauen ähnlich ist. Nachdem die weitgehende Symmetrie zwischen den Geschlechtsorganen der beiden Geschlechter ein zentrales Thema dieses Buches darstellt, erscheinen mir beide Begriffe – weibliche Prostata und weibliche Ejakulation – angebracht. Da die meisten Mediziner ein klinisches Interesse an der weiblichen Prostata haben, lag das Hauptaugenmerk bisher auf Erkrankungen der weiblichen Harnröhre und deren Behandlung. Infolgedessen haben sich Ärzte im großen und ganzen sehr viel weniger deutlich über die weibliche Ejakulation geäußert. In der wissenschaftlichen Literatur allerdings lassen sich jede Menge Hinweise auf dieses Phänomen finden.

Im Jahr 1926 veröffentlichte der international bekannte niederländische Gynäkologe Theodor H. van de Velde ein Buch über das Sexualleben von Männern und Frauen. In dieser Publikation, die in medizinischen Kreisen uneingeschränkte Zustimmung fand, stellte van de Velde die Frage:

»Aber [kann] von einer weiblichen ›Ejakulation‹ ... die Rede sein? Da liegt die Sache schwieriger, besonders auch wieder, weil es in dieser Hinsicht individuelle Unterschiede gibt. Im Sinne der Ausschleuderung von Samen wie beim Manne kommt auch dieses Wort nicht in Betracht; das ist klar. In der Regel gebraucht man es nur an Stelle von

---

[20] Deter/Caldwell/Folsom 1946, S. 653.

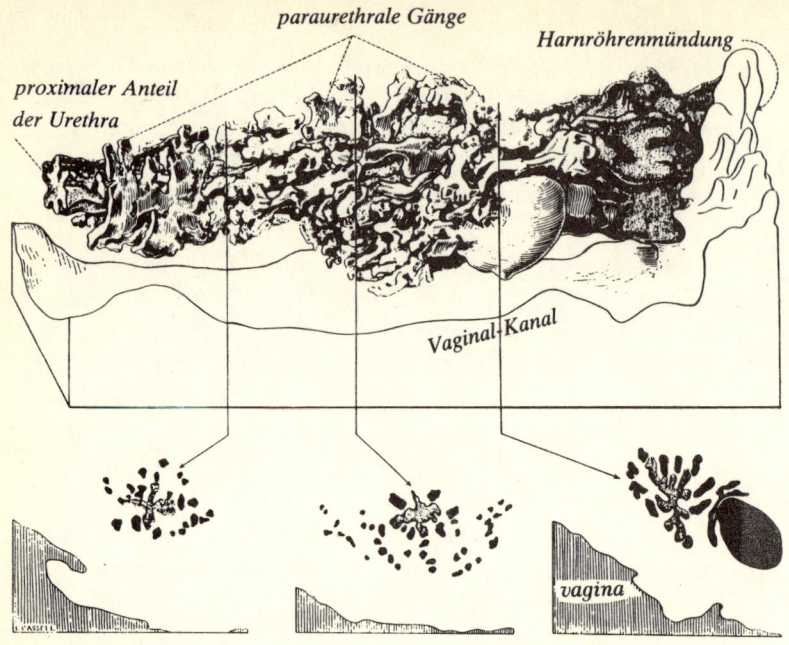

*Abbildung 27* Urethra der erwachsenen Frau (Schema I): Zeichnungen nach einem Wachsmodell, das die paraurethralen Gänge und Drüsen zeigt (vgl. Abbildung 21; Huffman 1948).

›Orgasmus‹, ohne sich darüber klar zu sein, ob etwas ejakuliert wird, und *was* ejakuliert wird. ...Schließlich ist es wenigstens ebenso sicher, daß eine solche wirkliche ›Ejakulation‹ bei vielen Frauen mit normalen Geschlechtsfunktionen *nicht* stattfindet, als daß ihr Vorkommen bei anderen feststeht.«[21]

Und 1929 schrieb der Arzt G. V. Hamilton:

»Das Wort ›Orgasmus‹ wird verwendet, um das spasmodische, äußerst lustvolle Gefühl zu bezeichnen, mit dem der

---

[21]Velde 1967, S. 160f.

108

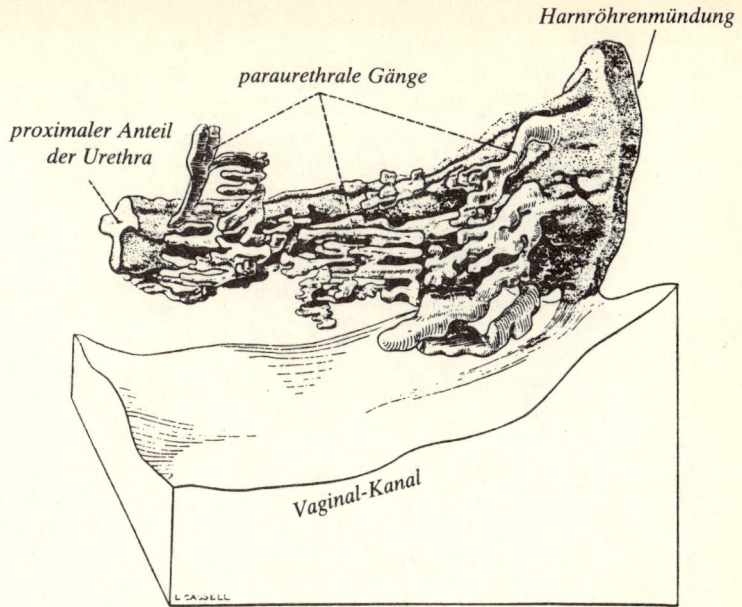

Harnröhrenmündung

paraurethrale Gänge

proximaler Anteil
der Urethra

Vaginal-Kanal

*Abbildung 28* Urethra der erwachsenen Frau mit paraurethralen Gängen (Schema II): Zeichnung nach einem Wachsmodell; das Gewebe wurde durch Obduktion einer achtunddreißigjährigen Frau gewonnen, die nicht geboren hatte (Huffman 1948).

Geschlechtsakt sowohl für Männer als auch für Frauen endet. Männer verwenden häufig den Begriff ›explodieren‹ als Bezeichnung für diesen Teil des Geschlechtsakts, der bei ihnen vom Ausstoß des Samens begleitet wird. Frauen stoßen in diesem Augenblick natürlich keinen Samen aus, aber abgesehen davon ist ihr Orgasmus oder ihr ›Explodieren‹ dem der Männer im wesentlichen ähnlich.«[22]

Der renommierte Psychologe Havelock Ellis berichtete 1937 von einigen Gynäkologen, die beobachtet hatten, daß Patientinnen bei Beckenuntersuchungen gelegentlich eine Flüssig-

[22] Hamilton 1929, S. 25.

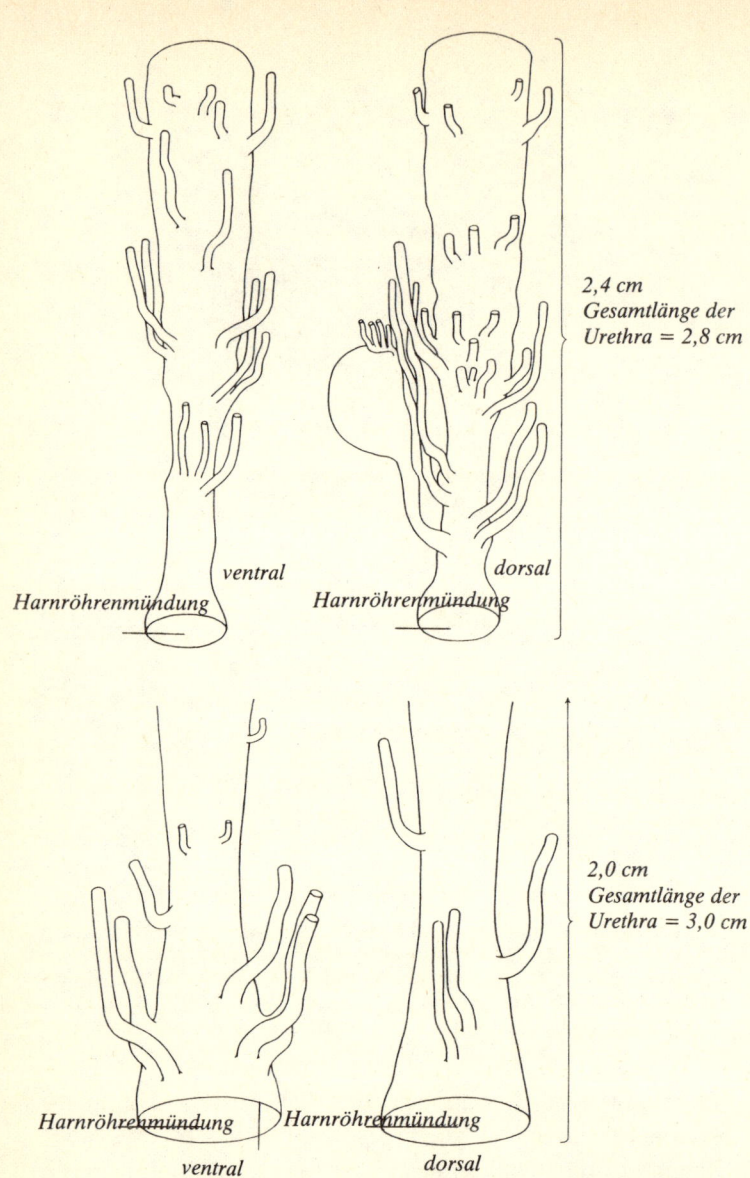

2,4 cm
Gesamtlänge der
Urethra = 2,8 cm

ventral

Harnröhrenmündung

dorsal

Harnröhrenmündung

2,0 cm
Gesamtlänge der
Urethra = 3,0 cm

Harnröhrenmündung

Harnröhrenmündung

ventral

dorsal

*Abbildung 29* Ansichten der paraurethralen Gänge, die deren Verteilung zeigen (Huffman 1948).

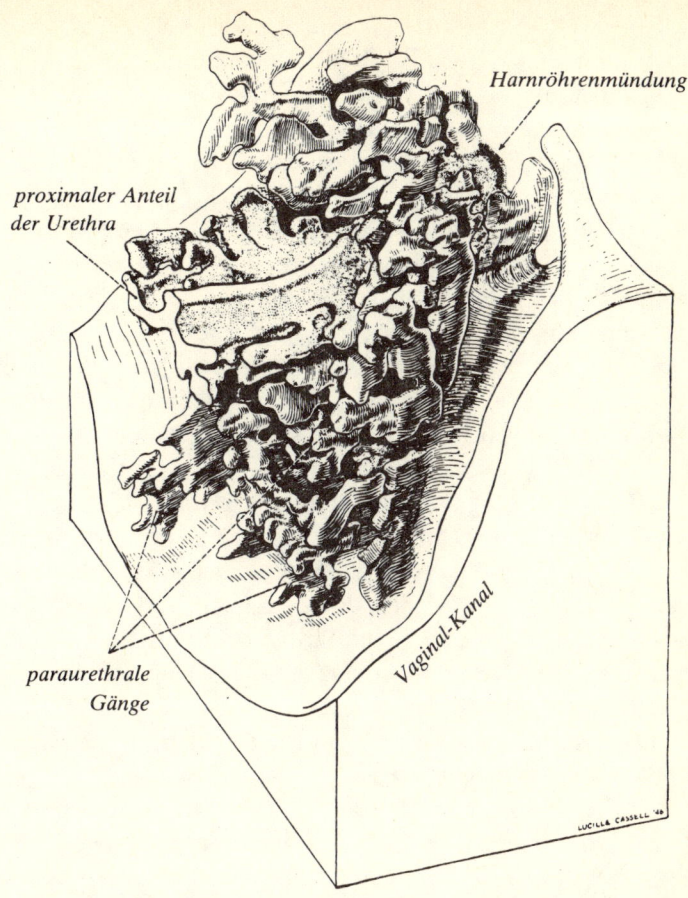

*Harnröhrenmündung*

*proximaler Anteil der Urethra*

*paraurethrale Gänge*

*Vaginal-Kanal*

*Abbildung 30* Ventro-laterale Ansicht von rechts der paraurethralen Gänge und Drüsen (Schema III): Zeichnung nach einem Wachsmodell; das Gewebe wurde durch Obduktion einer zweiunddreißigjährigen Jungfrau gewonnen (Huffman 1948).

keit absondern, die »manchmal in einem weitreichenden Strahl ausgestoßen wird.«[23]
Einen der wertvollsten Beiträge zur Erforschung der mensch-

---

[23] Ellis 1936, S. 146.

lichen Sexualität und der Anatomie der Geschlechtsorgane verdanken wir dem Gynäkologen Robert Latou Dickinson. Eine Fallstudie aus seinem Krankenarchiv liefert eine detaillierte Beschreibung weiblicher Ejakulation. Die entsprechende Patientin war zweiundzwanzig Jahre alt, glücklich verheiratet und Mutter eines eineinhalbjährigen Sohnes. Dickinson beschreibt ihr Äußeres wie folgt: einen Meter sechzig groß, dunkelbraune Augen, helle Haut, klassisch griechische Gesichtszüge, sehr weibliche Erscheinung. Die junge Frau begann mit neun Jahren zu masturbieren, indem sie Wasser aus dem Wasserhahn auf ihre Geschlechtsteile laufen ließ. Diese Praktik ging dann über in klitorale Manipulation bis hin zum Orgasmus. Sie selbst bezeichnete diese Orgasmen als »Blasenorgasmen«, weil sie als Kind angenommen hatte, daß es sich bei der Flüssigkeit, die dabei ausgestoßen wurde, um Urin handelte. »Die meiste Zeit geschah das Masturbieren spontan«, schreibt Dickinson. »Aber wenn die Familie außer Haus war, traf die Patientin durchaus auch Vorbereitungen dafür, zu denen ein Handtuch gehörte, damit die Ejakulation nicht ins Bett ging. Nach mehreren Orgasmen brachte ein weiterer eine Art Ejakulation hervor, bei der die Flüssigkeitsmenge zwischen ›sehr wenig‹ und ›ziemlich viel‹ schwankte.«[24] Die beschriebene Abfolge entspricht den Berichten anderer Frauen und ihrer Partner, die mit ihnen gemeinsam diese Erfahrung gemacht haben. Charakteristischerweise erlebt die ejakulierende Frau einen oder zwei Orgasmen – oder ein gesteigertes Gefühl, das dem Orgasmus sehr nahekommt, – vor jenem Orgasmus, der von einem Ausstoß von Flüssigkeit begleitet wird.

Trotz Hinweisen wie diesen auf die weibliche Ejakulation war das, was man über die weibliche Prostata als Quelle von Sexualflüssigkeiten und aus de Graafs früher Schilderung

---

[24] Aus den persönlichen Aufzeichnungen von Robert Latou Dickinson, M. D., Francis A. Countway Library of Medicine, Harvard University. Zitiert mit freundlicher Genehmigung des Autors.

über die erotische Natur der weiblichen Harnröhre wußte, über einen längeren Zeitraum hinweg verschüttet. Erst 1950 berichtete der Arzt Dr. Ernest Grafenberg über die Tatsache, daß er den Ausstoß weiblicher Sexualflüssigkeiten aus der Urethra selbst beobachten konnte:

»Einige Erforscher des weiblichen Sexualverhaltens glauben, daß die meisten Frauen keinen vaginalen Orgasmus erleben können, weil sich in der Wand der Vagina keine Nerven befinden. Entgegen dieser Behauptung Kinseys stellt Hardenberg fest, daß lediglich in der vorderen Innenwand der Vagina, unmittelbar an der Basis der Klitoris, Nerven nachgewiesen worden seien. Dies kann ich aufgrund meiner eigenen Erfahrung bei zahlreichen Frauen bestätigen. An der vorderen Wand der Vagina konnte entlang des Verlaufs der Urethra stets eine erogene Zone nachgewiesen werden. ... Analog zur männlichen Urethra scheint auch die weibliche Urethra von erektilem Gewebe wie den Corpora cavernosa umgeben zu sein. Bei sexueller Stimulation beginnt sich die weibliche Urethra auszudehnen und kann leicht getastet werden. Am Ende eines Orgasmus schwillt sie ganz erheblich an. ... Gelegentlich wird so reichlich Flüssigkeit produziert, daß unter der Frau ein großes Handtuch ausgebreitet werden muß, damit die Bettwäsche nicht beschmutzt wird. Dieser konvulsive Ausstoß von Flüssigkeit findet stets auf dem Höhepunkt des Orgasmus und gleichzeitig mit ihm statt. Besteht die Möglichkeit, den Orgasmus solcher Frauen zu beobachten, kann man sehen, daß große Mengen einer klaren, transparenten Flüssigkeit nicht aus der Vulva, sondern aus der Urethra ausgestoßen werden. Anfangs dachte ich, daß der Harnblasenschließmuskel wegen der Intensität des Orgasmus nur mangelhaft funktionierte. In der sexualwissenschaftlichen Literatur wird von unfreiwilligem Urinausstoß berichtet. Bei den von uns beobachteten Fällen wurde die Flüssigkeit untersucht; sie hatte keine urinähnliche Beschaffenheit. . . . Diese kurze Darstellung wird, wie ich hoffe, zeigen, daß die vordere Wand der Vagina entlang der Urethra der Sitz einer eindeutig erogenen Zone ist und bei der Behandlung sexueller Störungen bei Frauen stärker berücksichtigt werden muß.«[25]

Obwohl jede Menge kulturelle und medizinische Nachweise für das Phänomen der weiblichen Ejakulation vorhanden sind, bestreiten die modernen Autoritäten auf diesem Gebiet, daß Frauen ejakulieren. So hatte zum Beispiel Alfred Kinsey sehr wohl Kenntnis von den in der medizinischen Fachliteratur vorhandenen Berichten über die weibliche Ejakulation und zitiert sogar van de Velde, Ellis und Grafenberg mit ihren diesbezüglichen Beobachtungen. Er wußte auch, daß das Vorhandensein dieses Phänomens ganz allgemein akzeptiert wird, denn er schreibt: »Der beim Orgasmus der Frau auftretende Ausstoß von Genitalsekretionen, bei dem es sich um die sogenannte weibliche Ejakulation handelt, ist allgemein bekannt, und alles redet davon.«[26] Aber dann fährt Kinsey fort: »Der Orgasmus der Frau entspricht dem männlichen in allen physiologischen Einzelheiten, mit der einzigen Ausnahme, daß er nicht von einer Ejakulation begleitet ist.«[27] William Masters und Virginia Johnson definieren in ihren Untersuchungen die sexuelle Reaktion des Mannes als Orgasmus und gleichzeitige Ejakulation; die weibliche Reaktion ist ihrer Ansicht nach auf den Orgasmus beschränkt. Wie Kinsey bestreiten sie das Vorhandensein einer weiblichen Ejakulation – und dies trotz der Tatsache, daß einige ihrer eigenen Versuchspersonen angeben, während des Orgasmus das Gefühl gehabt zu haben, daß Flüssigkeit ausgestoßen wird:

---

[25] Grafenberg 1950, S. 146ff.
[26] Kinsey et al. 1953 (englische Ausgabe), S. 634, Fußnote. In der deutschen Ausgabe (S. 485) fehlt diese Anmerkung.
[27] Kinsey et al. 1954, S. 487.

114

»Eine intensive, becken- und klitorisgerichtete Empfindung während des ersten Stadiums eines Orgasmus wurde von vielen Frauen im Zusammenhang mit einem Gefühl des Pressens oder Austreibens angegeben. Oft wird ein Gefühl des Aufnehmens, des Sich-Öffnens beschrieben, in der Hauptsache von Frauen, die geboren haben. Einige Frauen dieser Gruppe meinten auch, etwas auszuscheiden oder Ausfluß zu haben. Die bisherige Deutung dieser subjektiven Angaben durch Männer könnte die Ursache für die irrtümliche, aber weitverbreitete Vorstellung sein, eine ›weibliche Ejakulation‹ sei für den Orgasmus der Frau unerläßlich.[28]

Ebenso wie es in der Vergangenheit in der Sexualphysiologie bevorzugte Themen gegeben und man sich auf den einen oder anderen besonders interessanten Aspekt der weiblichen Anatomie konzentriert hat, haben sich auch die Vorstellungen über den Ursprung der weiblichen Sexualflüssigkeiten zu bestimmten Zeiten auf die eine oder andere Flüssigkeit konzentriert. Im Jahr 1675, drei Jahre nach der Veröffentlichung von de Graafs Abhandlung, in der dieser die weiblichen Sexualflüssigkeiten als Flüssigkeiten aus der Pars prostatica der weiblichen Urethra identifiziert hatte, entdeckte der dänische Mediziner Caspar Bartholin jene Drüsen, die bis heute seinen Namen tragen. Im Laufe der Zeit setzte sich die Auffassung durch, daß Bartholins Entdeckung dazu angetan war, de Graafs Vorstellungen über den Ursprung der weiblichen Sexualflüssigkeiten zu »korrigieren«. Als man aber später feststellte, daß diese Drüsen nicht entscheidend zu den weiblichen Sexualflüssigkeiten beisteuern, sondern lediglich ein paar Tropfen Flüssigkeit am Eingang der Vagina abgeben, wandte man sich bei der Suche nach dem Ursprung dieser Flüssigkeiten der Vagina zu; damit rückten zervikale Flüssigkeiten in den Mittelpunkt des Interesses, wie dies bereits

---

[28] Masters/Johnson 1967, S. 134f.

früher der Fall gewesen war. Viele Mediziner des zwanzigsten Jahrhunderts, darunter der äußerst kompetente Gynäkologe Dickinson, nahmen an, daß die bei Frauen feststellbaren Sexualsekretionen aus der Zervix (dem Gebärmutterhals) stammen. Aber nachdem William Masters in einer 1959 zu dieser Frage durchgeführten Untersuchung[29] feststellte, daß bei einer Versuchsperson, deren Uterus und Eierstöcke entfernt worden waren, wiederholt eine deutliche Absonderung von vaginaler Flüssigkeit beobachtet worden war, schied die Zervix als die vermeintliche Quelle des »vaginalen Gleitmittels« infolge sexueller Stimulation aus.

Masters' Theorie, die sich als nächste allgemein durchsetzte, besagte, daß die Flüssigkeiten auf dem Wege der Diffusion durch die Wände der Vagina hervorgebracht würden; diese Theorie erklärte zwar die Mechanismen der Erzeugung, nicht aber die Herkunft der Flüssigkeiten. Masters zufolge blieb der Ursprung ein Rätsel. Niemand dachte mehr daran, daß der »diskreditierte« de Graaf die weibliche Prostata ganz richtig als eine der Hauptquellen identifiziert hatte. In seinem scharfsichtigen Werk stellte de Graaf damals außerdem fest, daß »es überall entlang des Kanals der Vagina viele winzige Poren gibt«. Diese Poren, die er auf irgendeine Weise mit bloßem Auge wahrgenommen haben mußte, wurden erst kürzlich mit Hilfe eines leistungsfähigen Elektronenmikroskops sichtbar gemacht – ein Tribut an de Graafs wissenschaftlichen Scharfblick.[30]

Inzwischen ist es möglich, eine sehr viel umfassendere Theorie bezüglich der Quellen der weiblichen Sexualflüssigkeiten

---

[29] Masters 1959, S. 303.

[30] Es besteht eine winzige Möglichkeit, daß de Graaf Zugang zu den von Anthony Leuwenhoeck entwickelten, sehr frühen Versionen mikroskopischer Linsen gehabt haben könnte, da beide in Delft lebten. Immerhin hatte de Graaf die Aufmerksamkeit der Royal Society of London auf Leuwenhoecks Arbeit gelenkt, über die in den *Philosophical Transactions of the Royal Society*, 8, 1673, S. 6037f., berichtet wurde.
Neuere Untersuchungen: siehe Ludwig/Metzger 1976 sowie Burgos/de Vargas-Linares 1970.

zu präsentieren. In der Tat besteht das weibliche Ejakulat aus mehreren unterschiedlichen Flüssigkeiten aus verschiedenen Teilen des urogenitalen Systems. Zu diesen gehören: das sogenannte Transsudat auf der Innenauskleidung des oberen Anteils der Vagina; Gebärmutterhalsschleim (Zervikalsekret); Flüssigkeiten von der Gebärmutterschleimhaut; Flüssigkeit aus den Fallopischen Tuben (Eileiter); Sekrete aus Talg- und Schweißdrüsen in der Schamgegend; die Flüssigkeit aus den beiden Bartholinschen Drüsen; und – de Graafs Erkenntnissen zufolge, auf deren Grundlage ich meine Theorie entwickelt habe, der Hauptbestandteil – Flüssigkeit aus der Prostata, die durch die Öffnung der Harnröhre ausgestoßen wird.[31]

Die neue Theorie über die Prostata besagt, daß bei jedem Menschen, Mann wie Frau, Vorsteherdrüsen vorhanden sind. Die Funktion dieser Drüsen bei der Frau wird durch genetische Faktoren beeinflußt, die ihre Größe, die Anzahl der Ausführungsgänge und die Sensibilität des Gewebes bestimmen. Andere Faktoren, die bei der Erforschung der Funktionsweise dieser Drüsen mit berücksichtigt werden müssen, sind das Alter und möglicherweise dieselbe Art konditionierter Reflexe, die die Funktionsweise anderer Drüsen des menschlichen Körpers beeinflussen (vgl. auch Seite 70). So kann zum Beispiel die Tätigkeit der Prostata durch das Ausmaß an Stimulation, die durch »Pressen« der Drüse erfolgt, und durch die Häufigkeit der Beanspruchung verringert werden. Doch die mit Abstand signifikanteste Variable bei der Erzeugung von Flüssigkeit ist die psychologische.

Die folgende Zusammenfassung von de Graafs Beschreibung der weiblichen Prostata zeigt, daß er sich dieser Tatsache bereits bewußt war, lange bevor es die Psychologie als eigene Disziplin überhaupt gab. »Die Vernunft überzeugt uns, und die Erfahrung bestätigt es«, schreibt er (ohne anzugeben,

---

[31] Vergleiche Preti et al. 1979; Raffi et al. 1977; Cohen 1969; Mastes 1959; Doyle et al. 1960; Hafez et al. 1969.

wessen Erfahrung), »daß die Flüssigkeit, die beim Geschlechtsverkehr das männliche Glied und die Scham anfeuchtet...«, bei libidinösen Frauen oft schon beim bloßen Anblick eines gutaussehenden Mannes hervorschießt.« Eine Anspielung auf die weibliche Ejakulation läßt sich auch in einem Satz in Shakespeares *Ende gut, alles gut* (1. Akt, 3. Szene) entdecken, wo die von Sehnsucht ergriffene Helena, die von ihrer unerwiderten Liebe zu Bertram spricht, von »den Wassern meiner Liebe« redet. In unserem Jahrhundert ist in diesem Zusammenhang Fritz Mohr zu nennen, ein Psychologe aus den zwanziger Jahren. Im Anschluß an einen Hinweis auf die Experimente von Pawlow und R. R. Heyer, die die Bedeutung psychologischer Faktoren für die oralen Sekretionsvorgänge nachweisen, schreibt er, es erschiene »selbstverständlich, daß auch bei gesunden Mädchen und Frauen die Sekretionen der Geschlechtsorgane durch psychische Einflüsse zu steigern oder zu hemmen sind«.[32]

Der neuen Prostata-Theorie zufolge scheiden normalerweise alle Frauen Sexualflüssigkeiten aus der Prostata aus. Ejakulation und Orgasmus sind physiologisch voneinander getrennt, und es gibt keinerlei Beweise für irgendeine Korrelation zwischen den besonderen Merkmalen dieser beiden unterschiedlichen Phänomene. Männer und Frauen unterscheiden sich bezüglich der Ejakulationshäufigkeit und der Menge der hervorgebrachten Flüssigkeit.

Um die Quantität der bei sexueller Stimulation erzeugten weiblichen Flüssigkeiten festzustellen, haben wir eine eigene Untersuchung durchgeführt. Freiwillige Versuchspersonen, die sich unbeobachtet in ihren eigenen vier Wänden auf eine von ihnen bevorzugte Weise selbst stimulierten, fingen die Flüssigkeiten auf. Die Teilnehmerinnen erklärten sich bereit, drei Tage jeglichen Kontakt mit Sperma zu vermeiden, bevor sie die Flüssigkeiten unter Anwendung eines medizinisch anerkannten Verfahrens auffingen. Dabei bringt die Versuchs-

---

[32] Mohr 1925, S. 132.

person nach Entleerung der Blase und Waschen des Genitalbereichs ein Diaphragma über dem Gebärmutterhals an und führt Tampons in die Vagina ein. Proben der urethralen Flüssigkeit wurden in Plastikbehältern gesammelt, die bis zum Transport ins Labor eingefroren wurden. Die Tampons wurden nach dem Entfernen ebenfalls in Plastikbehälter gelegt und eingefroren, bis sie ins Labor gelangten. Um jegliche Beeinflussung der Ergebnisse auszuschalten und die Anonymität der Versuchspersonen zu wahren, wurden die Behälter zuvor mit Kennziffern versehen, deren Zuordnung zu den Versuchspersonen streng vertraulich gehandhabt wurde.

Als Ergebnis dieser Untersuchung konnten wir festhalten, daß die Menge der Prostataflüssigkeit, die bei sexueller Erregung von der weiblichen Urethra ausgeschieden wird, bis zu 126 Milliliter (etwa eine viertel Tasse) betragen kann. Im Vergleich zur Menge der Prostataflüssigkeit ist die Flüssigkeitsmenge, die von derselben Person im selben Zeitraum im Innern der Vagina hervorgebracht wird, unerheblich.

Wir haben die Prostataflüssigkeit auch auf Harnstoff hin untersucht. Es ist bekannt, daß der Anteil des Harnstoffs im Urin normalerweise bis zu 15 Gramm pro Liter Urin betragen kann, aber nur selten weniger als 5 Gramm pro Liter beträgt. Die Werte, die wir erhielten, ergaben, daß der Anteil an Harnstoff in der weiblichen Prostataflüssigkeit ungleich geringer ist – 1,3 bis 3,9 Gramm pro Liter. Die Tatsache, daß der Harnstoffanteil in dieser Flüssigkeit deutlich geringer ist als normalerweise im Urin, spricht dafür, daß es sich hierbei nicht um Urin handelt.

Die meisten Frauen halten jegliche Sexualflüssigkeit, die abgesondert wird, sofort für Vaginalflüssigkeit. Diese Assoziation ist aus einer Reihe von Gründen verständlich. In der Vergangenheit wurden die einzigen Flüssigkeiten, die je von Fachleuten erwähnt wurden, stets als »vaginale« Flüssigkeiten bezeichnet. Außerdem scheinen die Flüssigkeiten aus der Prostata, da sie durch die Öffnung der Harnröhre austreten, die sich unmittelbar neben dem Eingang zur Vagina befindet, aus der Vagina zu kommen. Bei einer anatomischen Fallstudie, die durchgeführt wurde, um die funktionelle Beziehung zwischen Harnröhre und Vagina zu beobachten, wurde ein Glaszylinder mit etwa vier Zentimetern Durchmesser in die Vagina eingeführt; auf diese Weise ließ sich eine penisähnliche Interaktion mit der Urethra simulieren. Die fotografischen Aufzeichnungen von der jeweiligen Lage der anatomischen Teile zeigen deutlich, daß die Harnröhrenmündung – durch die die Flüssigkeiten ausgestoßen werden – ins Innere der Vagina bis hinter den Schambogen geschoben wird. Dabei wird die Lowndes-Krone zur Vagina hinuntergezogen. Bei dieser Untersuchung hat sich gezeigt, daß die weibliche Eichel, obwohl sie scheinbar mehr oder minder an Ort und Stelle »fixiert« ist, durchaus eine gewisse Beweglichkeit besitzt, die es ihr ermöglicht, in die Vagina hinein und wieder heraus zu rutschen; diese Tatsache liefert möglicherweise eine Erklärung dafür, warum viele Frauen glauben, daß sie nicht ejakulieren.

Wenn eine Frau nur beim Koitus Flüssigkeit ausstößt, so geschieht dieses Ejakulieren versteckt im Innern der Vagina; und da sich die Ejakulation nicht beobachten läßt, wird die Flüssigkeit lediglich als intensivere Feuchtigkeit der Vagina wahrgenommen. Wird die sexuelle Reaktion aber nicht durch einen Koitus hervorgerufen und ist die Eichel der Frau unbehindert, so läßt sich die Ejakulation von Flüssigkeit normalerweise als eine Reihe von »Spritzern« oder »Strahlen« beobachten; so jedenfalls wurde sie in Berichten wie den vorher zitierten häufig beschrieben.

Ein anderer Faktor, der es einer Frau möglicherweise erschwert zu erkennen, wann sie eine Ejakulation erlebt, hat mit der Anzahl und der Anordnung der weiblichen Ausführungsgänge zu tun. Beim Mann läuft die Flüssigkeit aus der Prostata, unmittelbar bevor sie in die Harnröhre gelangt, durch nur zwei Gänge und steht daher unter relativ großem Druck. Bei der Frau wird die Flüssigkeit durch nicht weniger als *einunddreißig* über die gesamte Länge der Harnröhre verteilte Ausführungsgänge in diese geleitet, so daß sich der Flüssigkeitsdruck ungleich mehr verteilt.

Dazu kommt noch, wie Dr. Kermit E. Krantz in seiner fundierten anatomischen Studie über die anatomische Einheit von unterer Harnröhre und vorderem Vaginalgewölbe anmerkt, daß die weibliche Harnröhre bei bewußter Kontraktion des willkürlichen Schließmuskels in die Vagina hinein und nach oben steigt.[33] Dieser Vorgang, der von der Frau willentlich gesteuert werden kann, trägt zusätzlich dazu bei, daß die Ejakulation schwer zu beobachten ist.

Bei anderen Formen sexueller Aktivität – etwa Cunnilingus oder manuelle Stimulation der Genitalien –, bei denen die Eichel der Frau nicht wie beim Koitus ständig blockiert wird, läßt sich beobachten, daß der »Flüssigkeitsstrahl«, wie bereits erwähnt, aus der Harnröhrenmündung kommt. Männer haben gelegentlich berichtet, sie hätten »einen kreisförmigen Strahlenregen« beobachtet (wenn die Frau aufrecht stand) oder »zwei dünne, intermittierende Strahlen« (wenn die Frau auf dem Rücken lag). Diese Beobachtungen entsprechen der Art von Ejakulation, die bei starker Erregung erfolgt. Allerdings kann man feststellen, daß bereits im Anfangsstadium der Erregung, wenn die Geschlechtsteile feucht werden, Prostatasekret aus der Urethra tritt – was de Graaf irgendwie wußte. In diesem Stadium der Erregung »strömen« die urethralen Flüssigkeiten eher, als daß sie »schießen« – vermutlich, weil sie unter geringerem Druck stehen als in einem späteren Stadium der Erregung und aufgestauter orgiastischer Spannung.

Das relativ reichliche Prostatasekret läßt sich ohne weiteres von der sehr spärlichen Flüssigkeit aus den Bartholinschen Drüsen unterscheiden, die davor abgesondert wurde. Letztere ist zähflüssiger und relativ klebrig, während es sich beim Prostatasekret um eine klare, glyzerinähnliche Substanz handelt. Dickinson merkt an, daß das häufigste Anzeichen dafür,

---

[33] Krantz 1950, S. 31.

daß eine Frau sexuell erregt ist – wenn auch keinesfalls das *einzige,* wie man hinzufügen muß –, der Ausstoß von Sexualflüssigkeiten ist. Dickinson irrte sich, als er annahm, daß diese Flüssigkeit aus der Zervix oder den Bartholinschen Drüsen stammt. Trotzdem liefert er uns eine Beschreibung, die das weibliche Prostatasekret präzise charakterisiert: »Glasklar, zäh und dickflüssig, aber nicht klebrig.« Bei dieser Beobachtung stützte sich Dickinson auf nur zwei seiner Sinne. Der gründliche de Graaf hingegen, der sich bei der Beschreibung der Flüssigkeiten ebenfalls auf Gesichts- und Tastsinn verlassen mußte, scheut nicht davor zurück, auch Versuche »vor dem Tribunal des Geschmackssinns«, wie er es formulierte, anzustellen, wie aus dem bereits zitierten Satz hervorgeht: »Die Funktion der ›Prostata‹ besteht darin, einen schleimig-serösen Saft zu erzeugen, der die Frauen mit seiner Schärfe und Salzigkeit wollüstiger und ihre Geschlechtsteile während des Koitus auf angenehme Weise gleitfähig macht.«[34]

Der Geruch der weiblichen Sexualsekrete ist wegen ihrer möglichen Anziehungskraft auf den Mann für die Wissenschaft schon immer von großem Interesse gewesen. Frauen berichten, daß der Geruch dieser Flüssigkeiten an eine Zitrusfrucht erinnert; zum Vergleich wird oft der Duft frischer Orangen herangezogen. Van de Velde vergleicht den Geruch mit dem noch süßeren einer Ananas. In ihrer Untersuchung über vaginale Gerüche schreiben G. R. Huggins und G. Preti: »Sowohl zufällige Berichte wie auch im Kollegenkreis gesammelte, persönliche Erfahrungen legen die Vermutung nahe, daß bei sexueller Erregung eine Geruchsveränderung im weiblichen Genitalbereich stattfindet.«[35] Sie weisen jedoch darauf hin, daß »die beobachtete Zunahme des Genitalgeruchs bei Erregung mehrere mögliche Komponenten hat, ihre Bedeutung hinsichtlich endokriner oder verhaltensmäßiger

---

[34] de Graaf 1972, S. 104. Dieser Satz wurde bereits auf Seite 98 in ausführlicherem Kontext zitiert.
[35] Huggins/Preti 1981, S. 370, 372. Vergleiche auch Bonzall/Michael 1978.

Veränderungen bei Männern allerdings erst noch untersucht werden muß«.

Das Phänomen der männlichen Ejakulation ist stets fraglos akzeptiert worden. Wie wir gesehen haben, wurden den Männern im Verlauf der Geschichte durch religiöse Gesetze gewisse Restriktionen auferlegt, die die Ejakulationshäufigkeit einschränkten. Auch herrschten in früheren Zeiten Ansichten, die sich bremsend auswirkten – etwa daß Geschlechtsverkehr die Vitalität des Mannes übermäßig erschöpfe und seine Gesundheit unterminiere oder daß exzessives Masturbieren bis hin zur Ejakulation zu Geisteskrankheit führen könne.

Inzwischen haben wir erkannt, daß die Ejakulation bei beiden Geschlechtern gleichermaßen normal sein kann und daß der Versuch, bei *einem* Geschlecht das zu unterdrücken, was in der Natur der Sexualität verankert liegt, im Grunde bedeutet, *beide* Geschlechter zu verleugnen. Sich zu verlieben und sich körperlich zu lieben sind zwei der faszinierendsten Dinge im Leben der Menschen. Und ein zentraler Punkt dieser Faszination ist – und das ist immer so gewesen – das mit dem Kommen der weiblichen Flüssigkeiten verbundene Verlangen und die Lust.

Im Rahmen eines geschichtlichen Aufrisses zu diesem Thema referiert Michel Foucault Galens beinahe zweitausend Jahre alte Auffassung.[36] Das Verlangen und die Lust im Zusammenhang mit dem Kommen der Flüssigkeiten sind Galen zufolge die unmittelbaren Folgen der anatomischen Beschaffenheit und des physischen Vorgangs – ein Ansatz, den man laut Foucault als »Physiologisierung« von Verlangen und Lust bezeichnen könnte. »In diesem Mechanismus«, fährt Foucault fort, »sieht Galen mehrere Lustfaktoren. Da ist zunächst einmal die Ansammlung der Körpersäfte, die so beschaffen sind, daß sie hier – wo sich die Körpersäfte sammeln – lebhafte Empfindungen oder Gefühle auslösen.«[37] Galen

---

[36] Foucault 1984, S. 129f.
[37] Foucault 1984, S. 130.

selbst nannte als Charakteristikum dieser Flüssigkeit die Tatsache, daß ein »spezieller Bedarf für diese Art Saft [besteht], der die Teile auf natürliche Weise zum Tätigwerden stimuliert und ihre Tätigkeit lustvoll macht«.[38] Dieses Gefühl vergleicht Galen mit jener Art Empfindung, die sich oft plötzlich im Anschluß an die Akkumulation [und Erwärmung] von unter die Haut eindringenden Körperflüssigkeiten einstellt, »deren Bewegung ein prickelndes und lustvolles Verlangen auslöst«.[39] Im folgenden erläutert Foucault Galens Ansichten über die Lust:

> »Auf alle Fälle hat die Natur den Organen in diesem Bereich eine besondere Sensibilität verliehen, die sehr viel größer ist als die der Haut, obwohl sie dieselben Funktionen besitzen wie diese. Schließlich stellt der sehr viel dünnere Humor [Körpersaft], der aus den Drüsenstrukturen kommt, die Galen als *parastatas* bezeichnet, einen zusätzlichen substantiellen Lustfaktor dar. Indem sich dieser Humor über die am Geschlechtsakt beteiligten Teile ergießt, macht er sie elastischer und vergrößert das Lustgefühl, das sie [diese Teile] empfinden.[40]

Das Kommen der weiblichen Säfte ruft bis heute bei der Frau und ihrem Partner das größte Lustgefühl und die Intimität gemeinsamer Leidenschaft hervor. Und bis heute verspüren Liebende dasselbe menschliche Verlangen nach diesem Erlebnis, das »wunderbar und mit Worten nicht zu beschreiben«[41] ist.

---

[38] Galen 1968, S. 640 (Buch XIV, Kap. 9, Bd. II).
[39] Foucault 1984, S. 130.
[40] Foucault 1986, S. 108.
[41] Foucault 1986, S. 128 (englische Ausgabe).

KAPITEL 4

# Die Vagina

Vagina, ursprünglich ein lateinisches Wort, das ›Hülle‹ oder ›Scheide‹ bedeutet, ist seit Mitte des sechzehnten Jahrhunderts die allgemein übliche Bezeichnung für den Geschlechtskanal. Vor dieser Zeit haben die Anatomen noch keine deutliche Unterscheidung zwischen diesem Kanal und dem Uterus getroffen; im Zusammenhang mit Geschlechtsverkehr sprachen sie folglich davon, daß der Mann den Penis in den »Hals des Uterus« (d. h. in die Zervix) wie in eine Scheide steckt (Abbildung 31).

Fallopio erkannte 1561 als erster, daß bei dieser Vorstellung der Gebärmutterhals mit dem Kanal verwechselt wurde. Der

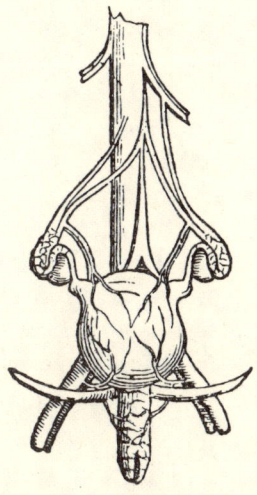

*Abbildung 31* Zeichnung des Uterus (Vesalius, *Tabulae Anatomicae Sex,* 1538).

Penis kann den Gebärmutterhals berühren oder auf ihn drük-
ken, nicht aber in ihn eindringen. Dadurch, daß Fallopio den
Kanal als »Vagina« bezeichnete und damit die Aufmerksamkeit auf die Unterscheidung zwischen diesem und dem Gebärmutterhals lenkte, stellte er klar, wo sich der Penis befindet,
wenn er in den Körper der Frau eingeführt wird. Die Bezeichnung ›Vagina‹ hat sich eingebürgert und bis in unsere Zeit
gehalten – gemeinsam mit der ihr zugrundeliegenden (männlichen) Vorstellung, daß die Vagina ein im Dienst des Penis
stehendes Gefäß ist.

Bis heute gilt das allgemeine Interesse vorwiegend der Fortpflanzungsfunktion der Vagina. Der medizinischen Lehrmeinung zufolge bestehen die Hauptfunktionen der Vagina darin, beim Geschlechtsverkehr den Penis aufzunehmen und das
Sperma weiterzuleiten, als sicherer Geburtskanal für das Ba-
by zu fungieren und als Abfluß für die Menstruationsflüssigkeit zu dienen.

Alfred Kinsey und seine Co-Autoren liefern in ihrem Buch
über *Das sexuelle Verhalten der Frau* Beweise für die erotische
Insensibilität der Vagina.[1] Gynäkologen haben bei 879 Frau-
en zwei Arten vaginaler Tests durchgeführt: Bei dem ersten,
bei dem es um die Untersuchung der Empfindlichkeit für
taktile Reize ging, wurde die Oberfläche an vier verschiedenen Stellen sanft mit einer Sonde gestrichelt – am vorderen
Vaginalgewölbe (dem »Dach« der Vagina), am hinteren (dem
»Boden«)[2] und auf beiden Seiten; bei dem zweiten Test, mit
dem die Druckempfindlichkeit festgestellt werden sollte,
wurde mit einem Gegenstand, der größer war als eine Sonde,
unterschiedlich starker Druck auf das vordere und das hintere
Vaginalgewölbe ausgeübt. Kinsey gab zu, daß eine Reaktion
auf derartige Stimuli nicht notwendigerweise ein Indikator

---

[1] Kinsey et al. 1954, S. 577, 580.

[2] Im allgemeinen spricht man von vorderem und unterem bzw. hinterem
Anteil des Vaginalgewölbes. Da jedoch die von der Autorin verwendeten
Begriffe *roof* und *floor* recht plastisch sind, wurden sie übernommen.

für die sexuelle Erregbarkeit einer Frau ist, meinte aber, das Ausbleiben einer Reaktion in einem bestimmten Bereich der Vagina liefere einen Hinweis darauf, daß dieser Bereich mit großer Wahrscheinlichkeit gar nicht an der sexuellen Reaktion beteiligt sein kann.

Die Versuche ergaben, daß weniger als fünfzehn Prozent der Frauen »überhaupt bewußt war, daß sie berührt worden waren«, wie Kinsey es formulierte. (Seine statistischen Tabellen allerdings lassen erkennen, daß die Vagina äußerst empfindlich auf Druck reagiert; neunundachtzig Prozent der Frauen reagierten auf Druck an der Decke der Vagina und dreiundneunzig Prozent auf Druck am Boden.) Um seine Ergebnisse zu untermauern, führt Kinsey andere Wissenschaftler an, deren (damals offenbar nur teilweise veröffentlichte) Untersuchungen das weitgehende Fehlen von Nerven in der Oberfläche der Vagina nachwiesen; zu diesen gehörte auch Kermit E. Krantz, der Kinsey Daten aus histologischen Untersuchungen zur Verfügung stellte.[3] In einem Artikel in einer medizinischen Fachzeitschrift berichtet Krantz, daß bei den meisten Frauen im überwiegenden Teil der Vagina, mit Ausnahme des Bereichs in der Nähe des Eingangs, die Schmerzempfindlichkeit ebenso relativ gering ist wie die Berührungsempfindlichkeit.[4]

Geht man jedoch zwei Jahrtausende zurück, so stellt man fest, daß die Bibel die Sinnlichkeit der Vagina durchaus anerkennt. Der im dritten Jahrhundert vor Christus kompilierte Text des Alten Testaments nimmt ausdrücklich auf die sexuelle Gier der Vagina Bezug. So heißt es in der Vulgata, die auch Regnier de Graaf zitierte: »Drei Dinge sind nicht zu sättigen... die Hölle, der Frauen verschlossene Mutter [die Vagina], die Erde...«[5]

---

[3] Außerdem wurden zitiert: Dr. F. J. Hector aus Bristol, England; Kuntz 1945; Undeutsch 1950.
[4] Krantz 1958
[5] Die Sprüche Salomos 30.15,16.

In anderen Kulturen spiegeln die Vorstellungen von der sexuellen Funktion der Vagina und die Begriffe, die zur Beschreibung dieses Körperteils verwendet werden, eine sehr viel positivere Einstellung wider. Die alten Japaner nannten die Vagina »das Tor zu den Juwelen«, weil japanische Frauen angeblich bis in die Mitte des neunzehnten Jahrhunderts eine Perle in der Vagina zu tragen pflegten und glaubten, sie müßten sterben, wenn sie herausgenommen würde. Dem Volksglauben zufolge befanden sich nicht ein, sondern drei Edelsteine in der Vagina, die sich beim Koitus bewegten.[6]

Bei den Trukesen ist das wichtigste Sexualsymbol die Vagina und nicht der Penis. Man glaubt, daß eine trukesische Frau zum Orgasmus kommen und sich selbst und ihrem Partner große Lust verschaffen kann, wenn ihre Vagina, wie man es dort formuliert, »voll mit Sachen« ist. Einer anthropologischen Untersuchung zufolge, die von der Regierung der Vereinigten Staaten finanziert wurde, bestehen diese »Sachen« aus »einer vorstehenden Klitoris, den großen Schamlippen und einem kleinen Vorsprung unterhalb der Klitoris, dessen anatomische Bestimmung unklar ist«.[7] Der kleine Vorsprung ist vermutlich der Teil, den wir als die Eichel der Frau bezeichnet haben.

Von vorne betrachtet liegen die Geschlechtsorgane der Frau innerhalb einer Raute, die vorne durch das Schambein (A) begrenzt wird, zu beiden Seiten von den Hüftknochen (B) und hinten vom Steißbein (C)[8], also dem unteren Ende der

---

[6] In der Umgangssprache englischsprechender Völker stößt man auf den Ausdruck *the family jewels* [der Familienschmuck], doch gemeint sind damit die Hoden; diese Bezeichnung läßt deutlich erkennen, welche Bedeutung der Fortpflanzungsfunktion dieser männlichen Organe beigemessen wird.

[7] Gladwin/Sarason 1953, S. 109. Die Truk-Inseln, früher unter japanischer Oberherrschaft, gingen nach dem Zweiten Weltkrieg in die treuhänderische Verwaltung der USA über. Das erwähnte Forschungsprojekt wurde von der U.S. Navy finanziert.

[8] Im Griechischen wurde das Steißbein als *kokkyx* (Kuckuck) bezeichnet, weil man fand, daß die Form dieses kleinen dreieckigen Knochens am unteren Ende der Wirbelsäule an einen Kuckucksschnabel erinnert.

130

Wirbelsäule. Diese Raute könnte man sehr wohl als »Tor zu den Juwelen« charakterisieren, da jenseits seiner Schwelle in mehreren Schichten die Teile liegen, die die Vagina zu einem Gebilde »voll von Sachen« machen.

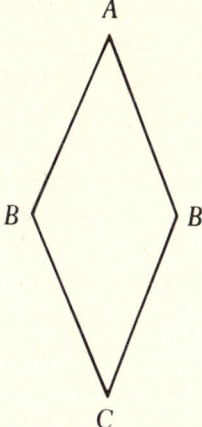

*Abbildung 32* Schematische Zeichnung des »Tores zu den Juwelen«.

Im Zustand der Leidenschaft ist die Vagina durchaus kein passiver Hohlraum, sondern vielmehr ein komplexes Gebilde aus aktivem Raum und tieferliegendem Sexualorgan. Und da es sich um ein einheitliches Gebilde handelt, wirkt sich das, was einen Teil tangiert, ebenso auf die anderen aus. Zu diesen wechselseitigen Reaktionen gehören fünf spezielle Aktivitäten, die die weibliche orgiastische Reaktion verstärken: das »Sich-Aufstellen« oder Erigieren des oberen Vaginalgewölbes, das »Nach-unten-Pressen« des oberen Vaginalgewölbes und das »Umarmen«[9], »Liebkosen« und »Küssen« des mittleren und unteren Anteils der Vagina.
Die meisten der von uns verwendeten Bezeichnungen für

---

[9] In der deutschen Übersetzung von Masters/Johnson 1967 wird dieses Sich-Verengen als »orgiastische Manschette« bezeichnet.

Körperteile wurden ursprünglich von griechischen Ärzten eingeführt. So ist ›Vulva‹ heute die umfassende Bezeichnung für die äußeren Geschlechtsorgane der Frau, die laut *Webster's New World Dictionary* (1956) aus »den Labia majora, den Labia minora, der Klitoris und dem Eingang zur Vagina« bestehen. ›Vulva‹ bedeutet ursprünglich ›Hülle‹ oder ›Verpackung‹, so daß man davon ausgehen kann, daß mit diesem Begriff zunächst auf die Haut, die die äußeren Genitalien »umhüllt«, Bezug genommen wurde.[10] Zur Benennung der Geschlechtsorgane der Frau wurden oft Metaphern in Anlehnung an die bekannteren Teile des menschlichen Körpers verwendet; so nannte man zum Beispiel die beiden Äste der Klitoris Crura (Schenkel).

Die weiblichen Genitalfalten bezeichneten die Anatomen metaphorisch als Lippen; die großen und wulstigen äußeren Falten nannten sie »die größeren Lippen« (Labia majora), die kleineren und schmaleren inneren Falten »die kleinen Lippen« (Labia minora). Faltet man die großen Schamlippen flügelähnlich auseinander, so kann man bei genauem Hinsehen die kleinen Schamlippen erkennen. Über den kleinen

---

[10] Der Altphilologe H. D. Jocelyn und der Biologe B. P. Setchell haben ihre englische Übersetzung von Regnier de Graafs 1672 erschienener Abhandlung über die Fortpflanzungsorgane der Frau mit vielen hilfreichen Erklärungen zur Verwendung anatomischer Begriffe in früherer Zeit versehen; darunter befindet sich die etymologische Anmerkung, daß sich der Begriff »*vulva* normalerweise auf Uterus, Vagina und Vorhof bezog, die als eine Einheit betrachtet wurden, und damit nur gelegentlich die Vagina und der Scheidenvorhof gemeint waren«. Außerdem merken die Übersetzer an, daß man sehr viel früher unter »einer *vulva* ausschließlich den Uterus eines Tieres verstand«, bis dann der Philosoph Aurelis Cornelius Celsus (53 v. Chr. bis 7 n. Chr.) »die Verwendung von *vulva* auf den menschlichen Uterus ausdehnte (2. 7. 10 und anderswo)«. Das Wort ›Vulva‹ wurde also unterschiedlich verwendet und sorgt bis heute für Verwirrung. So schreibt zum Beispiel de Graaf in seiner Abhandlung, daß dieser Teil deshalb Vulva »von *valvae* (Falttüren) oder, wie manche Leute glauben, von *velle* (wollen) genannt wird, weil er ein großes und unersättliches Verlangen nach dem Koitus hat«. Aber die Fachleute Jocelyn und Setchell belehren uns, daß diese etymologische Herleitung schlichtweg absurd ist und de Graaf besser darauf verzichtet hätte.
Ich selbst habe keine Erklärung dafür gefunden, wie es genau dazu gekommen ist, daß sich die Bedeutung des Wortes ›Vulva‹ vom menschlichen Uterus auf die äußeren Geschlechtsorgane verlagert hat.

Schamlippen sitzt, bedeckt von einer Halbfalte, die Lowndes-Krone. Wenn sowohl die großen als auch die kleinen Scham-lippen gespreizt werden, wird eine weitere Ebene, Vestibu-lum oder Scheidenvorhof genannt, sichtbar. Zieht man jetzt die Halbfalte zurück, so daß sie die Lowndes-Krone freigibt, kann man zweierlei feststellen.

1. Die Innenseiten der kleinen Schamlippen haben dieselbe hellrosa Farbe wie die Lowndes-Krone. (Diese Färbung variiert natürlich je nach der grundlegenden Pigmentie-rung der Haut.)
2. Die beiden kleinen Schamlippen laufen nicht wirklich zu-sammen, sondern stoßen unmittelbar aneinander und münden in die Krone. Ihre Ränder sind unmittelbar vor dem Übergang in die Krone leicht gewellt, so daß eine Reihe winziger bogenförmiger Linien sichtbar werden, wenn man sie anhebt (Abbildung 33).

Obwohl diese ganz vorne liegenden Bändchen in doppelter

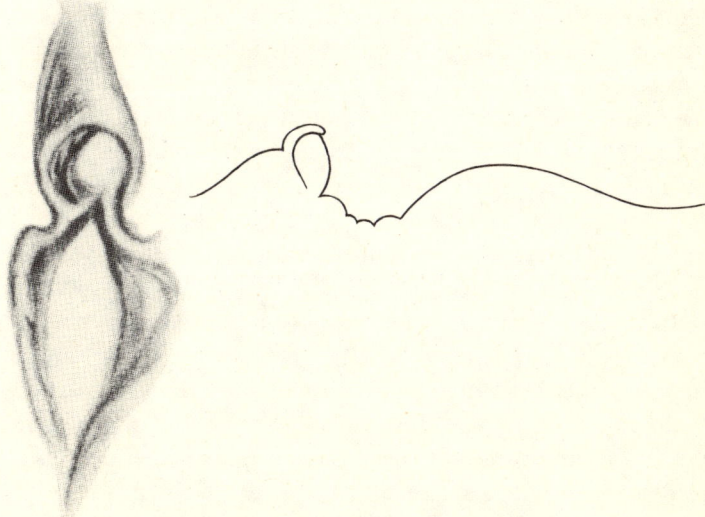

*Abbildung 33* Labia minora und Lowndes-Krone, Frontalansicht (nach Dik-kinson 1949) und lateral in schematischem Aufriß.

Ausführung vorhanden sind, bezeichnet man sie üblicherweise im Singular als Frenulum, was ursprünglich ›der Mundwinkel, in dem die Lippen zusammenlaufen‹ bedeutete. Bei den meisten Frauen reagiert dieser Verschmelzungspunkt von kleinen Schamlippen und Lowndes-Krone extrem empfindlich auf sexuelle Stimulation. Das Homolog beim Mann – diesmal wirklich ein einzelnes Frenulum – führt von der Vorhaut als sehr dünne, langgestreckte Falte weg (sie bleibt bei der Beschneidung intakt), die auf ihrer urethralen (ventralen) Seite mit den Drüsen verbunden ist. Ähnlich wie bei der Frau reagiert das Frenulum, da es sich in der Nähe der Lowndes-Krone befindet, extrem empfindlich auf sexuelle Stimulation.

In entspanntem Zustand liegen die großen Schamlippen eng aneinander und bilden zwei kissenartige Falten über den Genitalien. Im Gegensatz zu den großen enthalten die kleinen Schamlippen keine Fettzellen, sind jedoch auf andere Art »weich«; ihre Oberfläche fühlt sich besonders an den Innenseiten so zart an wie das Innere des Mundes.

Die Größe beider Strukturen variiert von Frau zu Frau erheblich und kann sich bei ein und derselben Frau von der Reifezeit bis ins mittlere Alter verändern. Im Durchschnitt ragen die kleinen Schamlippen im »Ruhezustand« nur knapp einen Zentimeter vor und sind nicht sehr viel mehr als drei Zentimeter lang und etwa drei Millimeter dick.

Im allgemeinen stehen die kleinen Schamlippen im Anschluß an die Eichel der Frau am weitesten vor; von dort aus verjüngen sie sich bis hin zu einem nicht mehr genau bestimmbaren Punkt an den großen Schamlippen in der Nähe des Vaginaeingangs. Nur selten ragen sie über die großen Schamlippen hinaus. In der Literatur gibt es Berichte über einige natürliche Fälle von extrem weit vorspringenden kleinen Schamlippen bei amerikanischen und europäischen Frauen; bei den Hottentotten wird die Längenausdehnung der kleinen Schamlippen gezielt manipuliert.[11] (Abbildung 34)

---

[11] Moreau 1810.

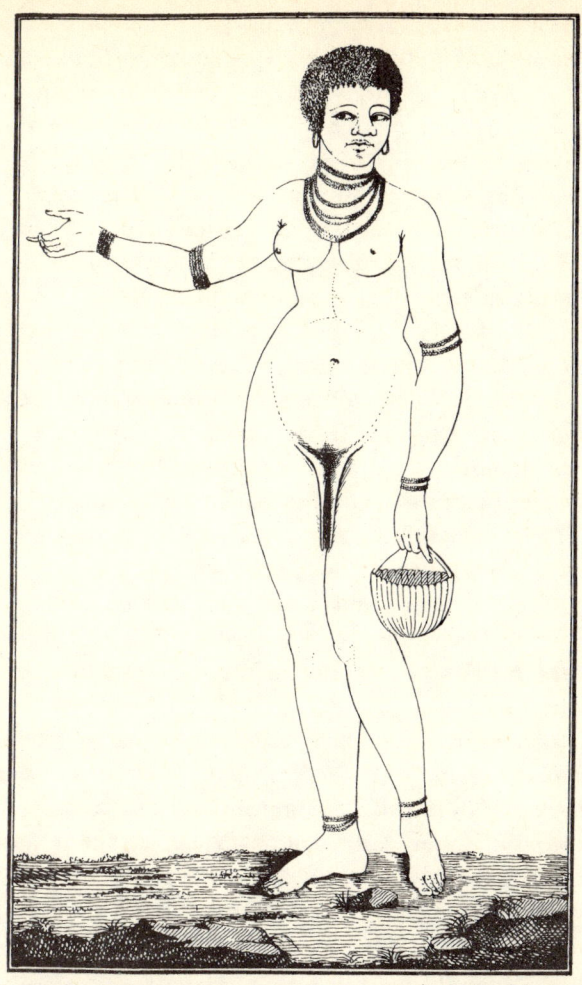

*Abbildung 34* Die Hottentotten-Venus, Saartjie Baarman (Zeichnung aus dem frühen neunzehnten Jahrhundert).

Auch die trukesischen Frauen haben eine Vorliebe für vorspringende kleine Schamlippen; dabei geht es ihnen allerdings weniger um die Vergrößerung an sich als um die Möglichkeit, die Schamlippen mit Schmuck zu behängen. Sie durchbohren die Labia (vermutlich die kleinen Schamlippen) und bringen baumelnde Schmuckstücke an, die beim würdevollen Gehen mit leicht gespreizten Beinen klimpern.

Bei den Trukesen gehören die sichtbaren äußeren Geschlechtsorgane der Frau mit zur Vagina; den Japanern sind die »genitalen Juwelen« im Inneren der Vagina am wichtigsten. In der westlichen Welt versteht man unter Vagina nur die inneren, hinter dem Eingang liegenden Organe.

Die Verwirrung der Anatomen vor Fallopio resultierte aus ihrer Unfähigkeit, zwischen Raum (dem Vagina-Kanal oder Lumen der Vagina) und Substanz (dem Gebärmutterhals) zu unterscheiden. Fallopio hingegen erkannte ganz richtig den Raum und seine korrekte Beziehung zur fraglichen Substanz. Aber die anderen Anatomen begnügten sich mit ihrer undifferenzierten Auffassung und machten nicht einmal den Versuch, den Vagina-Kanal zur eigentlichen Substanz der Vagina in Beziehung zu setzen. In den folgenden Abschnitten soll eine neue Sicht der Vagina sowohl als aktiver Raum als auch als amorphe Masse präsentiert werden. Aber zuerst wollen wir Form, Neigung und Größe dieses Raumes unter die Lupe nehmen.

Die Vagina, verschiedentlich als Röhre, Schlauch oder Kanal beschrieben, ist in Wirklichkeit in ihrer Gesamtheit sehr viel komplexer, als diese Bezeichnungen vermuten lassen. Von der Seite betrachtet wölbt sich das Vaginalgewölbe nach innen, steigt dann wieder an und verläuft schließlich in einem Bogen nach unten bis zur Spitze, wo es den Gebärmutterhals umgibt. Der Boden der Vagina beschreibt im Ruhezustand denselben Bogen, allerdings ohne eine vergleichbare Wölbung (Abbildung 35). Könnte man die Vagina von vorne mit Röntgenaugen betrachten, würde man erkennen, daß sie kegelförmig ist (Abbildung 36). Das untere Viertel (A) ist der schmale Teil an der Spitze des Kegels. Das Mittelstück ist am dicksten; es verjüngt sich nach oben hin gerade so weit, daß es den Gebärmutterhals umschließt.

Im Querschnitt wird die Vagina oft in Form eines H darge-

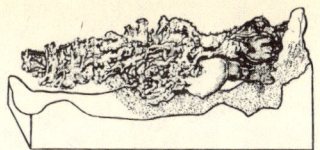

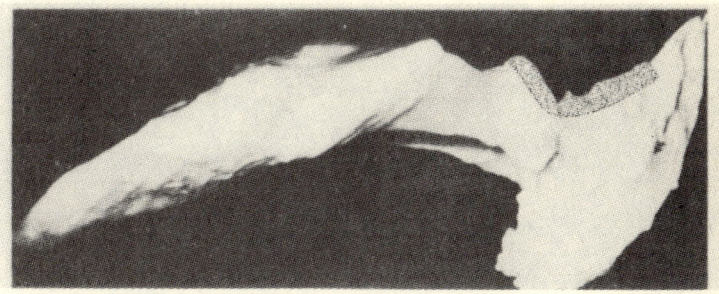

*Abbildung 35* Seitenansicht der Vagina (vgl. auch Abbildung 22); der gerasterte Bereich in der oberen Abbildung macht die Konturen der Ausstülpung im Vaginagewölbe deutlich.

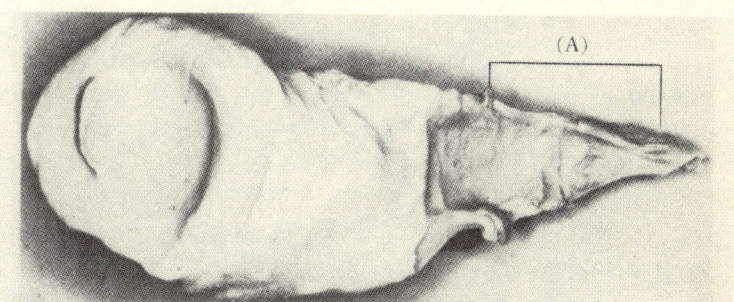

*Abbildung 36* Vorderansicht der Vagina, wobei (A) das untere Viertel bezeichnet.

stellt (Abbildung 37). Diese Form trifft jedoch nur für den mittleren Teil zu. Der mit mehr Muskeln versehene untere Anteil der Vagina ist keineswegs H-förmig, es sei denn, eine Frau steht unter Narkose oder alle ihre Muskeln befinden sich in einem vergleichbaren Zustand extremer Entspanntheit.

137

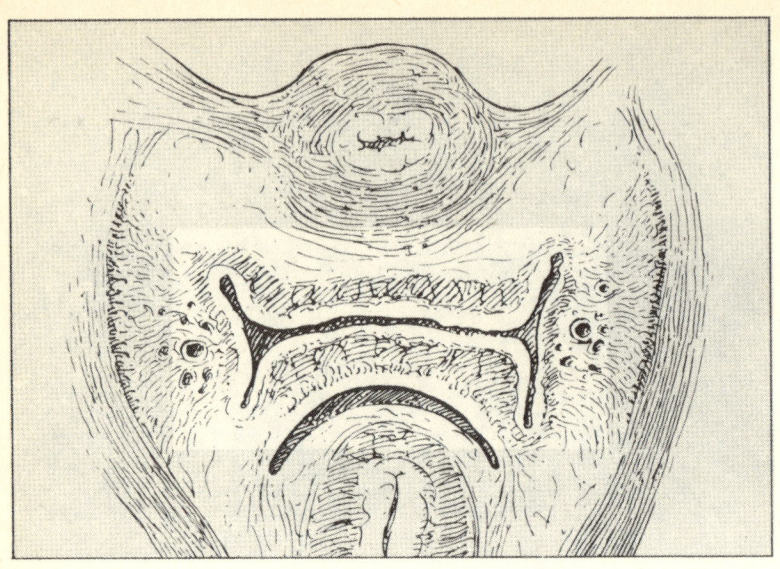

*Abbildung 37* Querschnitt durch den mittleren Teil der Vagina.

Ansonsten stehen die Muskeln, selbst wenn sich die Vagina scheinbar im »Ruhezustand« befindet, unter einer gewissen Spannung und sind stets reaktionsbereit. Diese muskuläre Spannung, die die Form des unteren Anteils der Vagina bestimmt, läßt die Öffnung leicht gerundet und nicht H-förmig erscheinen.

Der Vagina-Kanal ist im Rahmen gewisser Grenzen imstande, sich an die Form eines in ihn eingeführten Gegenstandes anzupassen. Die Vagina ist so beschaffen, daß sie auf jede Verdrängung unmittelbar reagiert; dazu kommt, daß sie wegen des Materials, aus dem sie besteht, zum »Umarmen« neigt. Diese doppelte Eigenschaft des Nachgebens einerseits und des Sich-Zusammenziehens andererseits ergibt sich aus der Tatsache, daß der Vagina-Kanal extrem dehnbar ist, gleichzeitig aber von einer Reihe sehr leistungsfähiger Muskeln beherrscht wird. Doch seine Form wird nicht allein durch Verdrängung bestimmt. Sobald der Vagina-Kanal stimuliert wird, bewirken das Anschwellen der verschiedenen Bestandteile der Vagina, die seine Substanz ausmachen, und die Muskeltätigkeit auf allen Ebenen, daß er sich aktiv verändert. Die Neigung des Ganges auf den verschiedenen Ebenen wurde sehr eingehend von dem Gynäkologen Robert Latou Dikkinson untersucht, dessen Buch *Human Sex Anatomy* einige interessante Beobachtungen enthält. Ausgehend von einer gedachten Gerade zwischen dem Schambeim an der Vorderseite und dem Steißbein am unteren Teil der Wirbelsäule, legt er die »Grundneigung« des gesamten Beckenbereichs der Frau fest (Abbildung 38). Auf diese Weise konnte er die Winkel des Vagina-Kanals in Relation zu dieser vertikalen Linie bestimmen. Wie sich herausstellte, wich der Winkel im Bereich des Vaginaeingangs erheblich von dem in der Mitte ab. Etwa zweieinhalb Zentimeter innerhalb des Eingangs findet eine Richtungsänderung statt, so daß sich die oberen

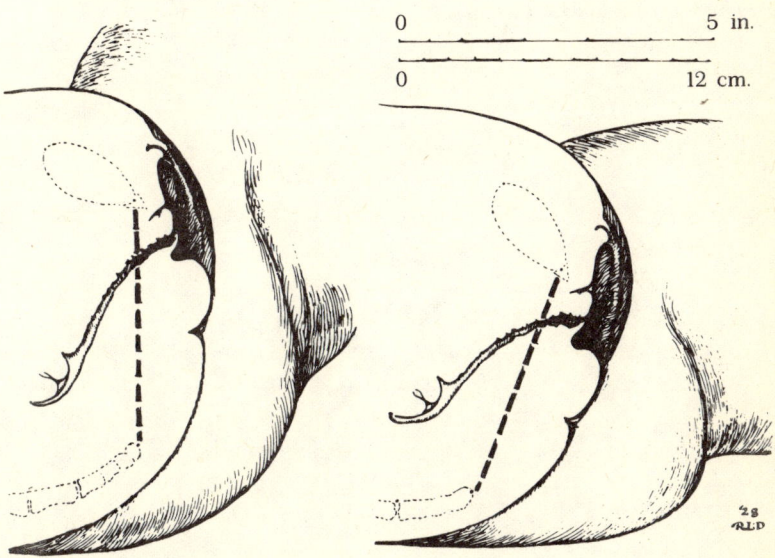

*Abbildung 38* Neigung des weiblichen Beckenbereichs.

drei Viertel in einer horizontaleren Lage befinden (Abbildung 39). Da die Vagina lebhaft auf Stimulation reagiert, verändert sich der Winkel des Kanals und paßt sich dem des erigierten Penis in der konventionellen Koitusstellung an (Abbildungen 40 und 41).

Bei der erwachsenen Frau beträgt die Länge des Vagina-Kanals im Durchschnitt etwa zehn Zentimeter. Da der Gebärmutterhals in ihn hineinragt, wird dadurch das Dach der Vagina um eineinhalb Zentimeter oder mehr verkürzt und der Boden entsprechend verlängert.

Wie Abbildung 36 zeigt, ist der Vagina-Kanal an den verschiedenen Stellen unterschiedlich weit. Bei Stimulation bleiben diese unterschiedlichen Weiten nicht konstant; je nach Ausmaß der sexuellen Stimulation und der Reaktion der Frau darauf zieht sich jeder Abschnitt zusammen oder weitet sich. Der einzig sichtbare Teil am Eingang zur Vagina ist die Eichel, die in der Ausweitung des trompetenförmigen Vorhofs liegt. Unmittelbar darunter befindet sich die leicht gerundete Einbuchtung des Vaginaleingangs.

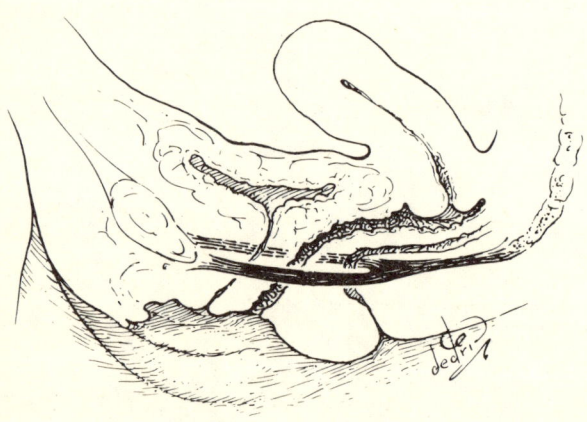

*Abbildung 39* Horizontale Lage der oberen Vagina.

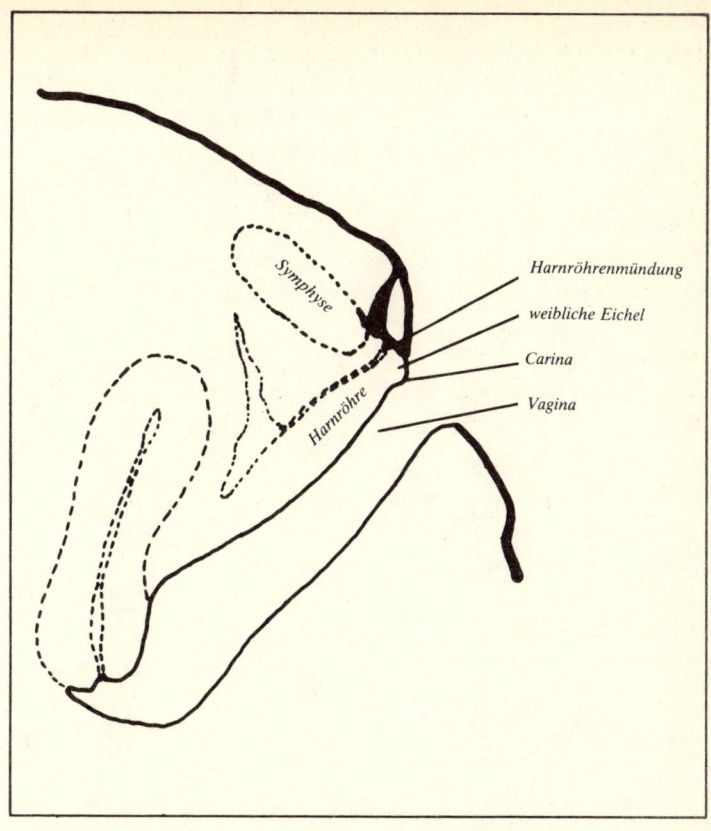

Abbildung *40* Winkel der Vagina in stimuliertem Zustand (nach Dickinson 1949).

Der Rand der weiblichen Eichel (Carina oder auch Harnröhrenwulst genannt) markiert den Anfang des Vaginalgewölbes. Unmittelbar hinter der Carina kann man die Wölbung tasten, die der neuen Theorie zufolge das weibliche Corpus spongiosum und die Prostata enthält. Wie wir gesehen haben, erstreckt sich diese Wölbung über zweieinhalb bis drei Zentimeter und stellt einen extrem sensiblen Bereich dar. Die Oberfläche dieses Bereichs besteht aus winzigen Wülsten und

141

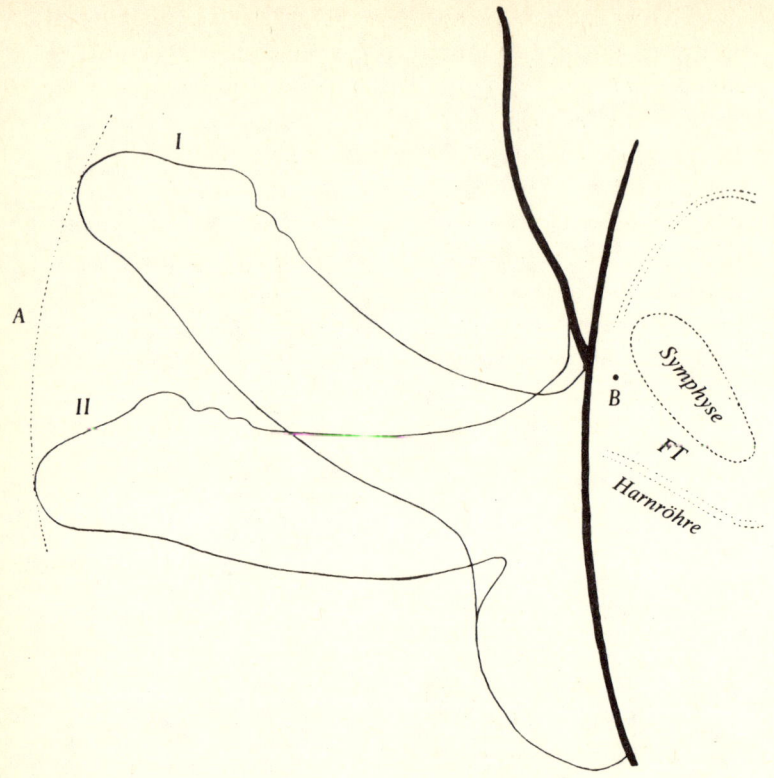

*Abbildung 41* Winkel des Penis in erregtem Zustand (I) und während des Koitus (II): Winkel I erhält man, indem man die Achse des anatomisch fixierten Teils (FT) der Harnröhre nach außen verlängert, wie sechzehn anatomische Sektionen ergaben; die Strecke A-B entspricht der Länge des Penis (um ein Drittel verkleinerte Reproduktion der maßstabgetreuen Originalzeichnung von Dickinson).

Furchen, Rugae genannt (das lateinische Wort für ›Runzeln‹), die in den furchenähnlichen Zonen zu beiden Seiten der Wölbung am ausgeprägtesten sind und sich bis zum Boden des unteren Anteils der Vagina erstrecken können, im mittleren und oberen Teil jedoch meist glatter werden. Sie bilden eine unebene Oberfläche, die beim Koitus im unteren Teil

142

der Vagina ein sehr angenehmes Gefühl des Zupackens und Drückens und eine deutlich erhöhte Reibung zwischen Penis und Vagina hervorrufen; alle diese Empfindungen sind für den Mann ebenso lustvoll wie für die Frau.

In den schmalen Bereichen zu beiden Seiten der Vagina befindet sich ein weitverzweigtes Netz von Arterien, die Blut aus dem Herzen in die Geschlechtsorgane transportieren, und ein ebenso dichtes Venengeflecht, das es zurückbringt.

Dazu kommen haltende Bänder, die die hängende Vagina und die Geschlechtsorgane in ihrer Position fixieren, außerdem die längs an der Vagina entlanglaufenden Muskeln, die sich mit den die Vagina umgebenden Muskeln verflechten. Diese beiden Bestandteile spielen eine wichtige Rolle für die

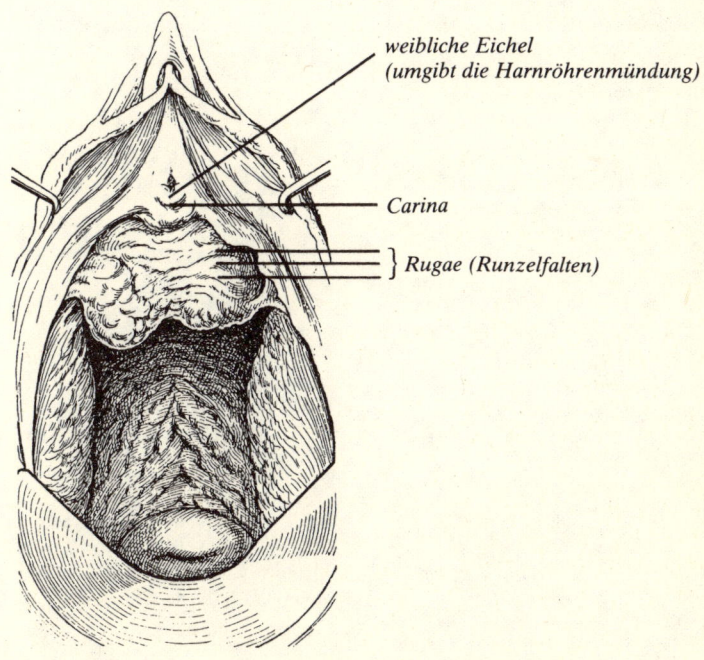

weibliche Eichel
(umgibt die Harnröhrenmündung)

Carina

} Rugae (Runzelfalten)

*Abbildung 42* Geöffnete Vagina mit exponierten Rugae (Runzelfalten).

sexuelle Reaktion der Frau und werden in einem späteren Abschnitt noch ausführlich behandelt.

Den äußeren Bereich zwischen den Schenkeln, der sich von der Vagina bis zum Anus erstreckt, nennt man Perineum oder Damm. Beim Mann reicht er vom Skrotum bis zum Anus. Der Begriff ›Perineum‹ kommt aus dem Griechischen und bedeutet ›um etwas herumschwimmen‹; vermutlich hat man ihn deshalb für diese Körperregion verwendet, weil sie meist schweißfeucht ist. In einigen medizinischen Schriften der alten Griechen wird das weibliche Perineum als »Ejakulationsmuskel« bezeichnet, was die Vermutung nahelegt, daß ihm damals eine sexuelle Funktion zugeschrieben wurde.

Wenn heutige Ärzte diesen Begriff verwenden, meinen sie damit häufig sämtliche Strukturen, die den Bereich unterhalb des Diaphragma pelvis (des Beckenbodens) ausfüllen. (Diese sind in Anhang B aufgeführt.) Eine davon ist der extrem erregbare Dammschwellkörper, der sich im Boden der Vagina befindet.

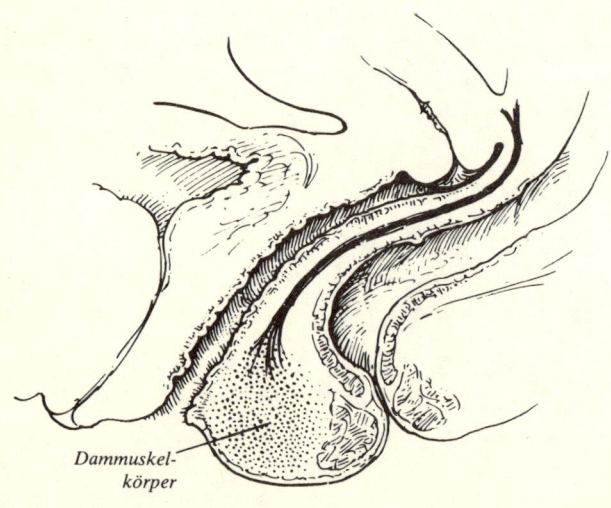

Dammuskel-
körper

*Abbildung 43* Weiblicher Dammuskelkörper.

144

Der Boden der Vagina und der Anus stehen in sehr enger Beziehung zueinander, auch wenn zwischen ihnen im unteren Teil der Vagina eine Muskelmasse liegt, die wir als Dammuskelkörper bezeichnen wollen (Abbildung 43). Dieser Dammmuskelkörper, eine kleine, pyramidenförmige Muskelmasse, ist fest in der Körperstruktur verankert. Seine Basis verläuft an der Oberfläche zwischen dem Eingang zur Vagina und der Öffnung des Anus und hat eine Ausdehnung von etwa zweieinhalb Zentimetern. Beim Mann ist der Dammuskelkörper etwa ein bis eineinhalb Zentimeter breit und bis zu zwei Zentimeter tief und befindet sich in der Nähe der Urethra zwischen Prostata und Harnröhrenschwellkörper (Abbildung 44). Die Breite des weiblichen Dammuskelkörpers variiert von Individuum zu Individuum ganz erheblich; er ist aber in jedem Fall breiter und dicker als beim Mann.

Leonardo da Vinci glaubte, das Vorhandensein von Schließmuskeln um Körperöffnungen ließe sich anhand der Fälte-

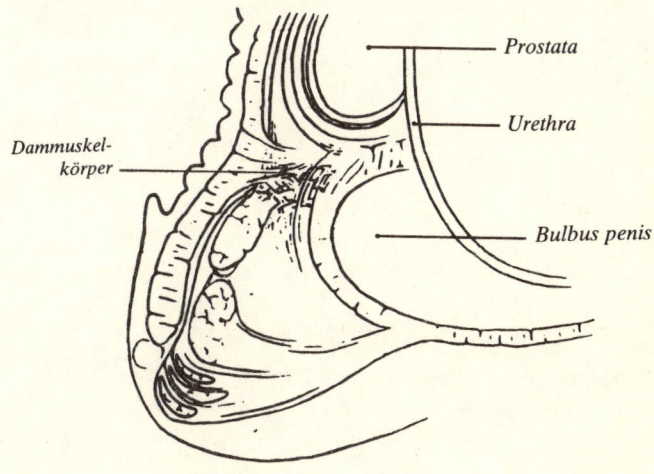

*Abbildung 44* Männlicher Dammuskelkörper.

145

lung und Runzelbildung der Haut erkennen, die auftreten, wenn die Muskeln an einem Ende breit und am anderen schmal, das heißt also, pyramidisch geformt sind. Er fertigte einige Skizzen an, die auf der – wie er selbst erkannte, hypothetischen – Annahme beruhten, daß solche Muskeln rund um den Anus kreisförmig angeordnet sind wie Blütenblätter (Abbildung 45). Erstaunlicherweise besteht bis heute unter Wissenschaftlern kein Konsensus über den genauen anatomischen Aufbau des Dammuskelkörpers. Einig sind sich die Ärzte allerdings darin, daß er einen Knotenpunkt von vielfältiger Muskelaktivität darstellt, und verwenden deshalb Ausdrücke wie »stark beanspruchter Verkehrsknotenpunkt« oder »zentraler Angelpunkt«, um seine Funktion in einem Komplex sich überkreuzender Muskeln[12] zu charakterisieren. Jegliche taktile Stimulation des Dammuskelkörpers oder die Ausübung von Druck ruft in einer entsprechenden erotischen Situation sexuelle Erregung hervor. Infolge der sexuellen Stimulation des Dammuskelkörpers bläht sich das hintere untere Vaginalgewölbe auf und intensiviert durch entsprechende Reaktion auf den Druck des Penis die erotischen Empfindungen für beide Partner.

Das andere Ende des hinteren Vaginalgewölbes ist mit dem Gebärmutterhals verbunden und bildet so einen bogenförmigen Bereich, der größer ist als der bereits beschriebene gegenüberliegende Bogen auf der Vorderseite des Gebärmutterhalses. Während des tiefen Eindringens beim Koitus nimmt dieser hintere Bogen den Penis auf.

Es kann passieren, daß dieser tiefliegende Bereich beim Koitus einreißt. Das kommt zwar höchst selten vor, und wenn, dann normalerweise nur deshalb, weil ein Paar zum erstenmal überhaupt oder zum erstenmal nach langer Zeit Geschlechtsverkehr hat. Daß diese Verletzung so ungewöhnlich ist, liegt daran, daß sich die Vagina im Normalfall an den Penis an-

---

[12] Diese Muskeln, die in Anhang B aufgeführt sind, werden im folgenden Abschnitt beschrieben.

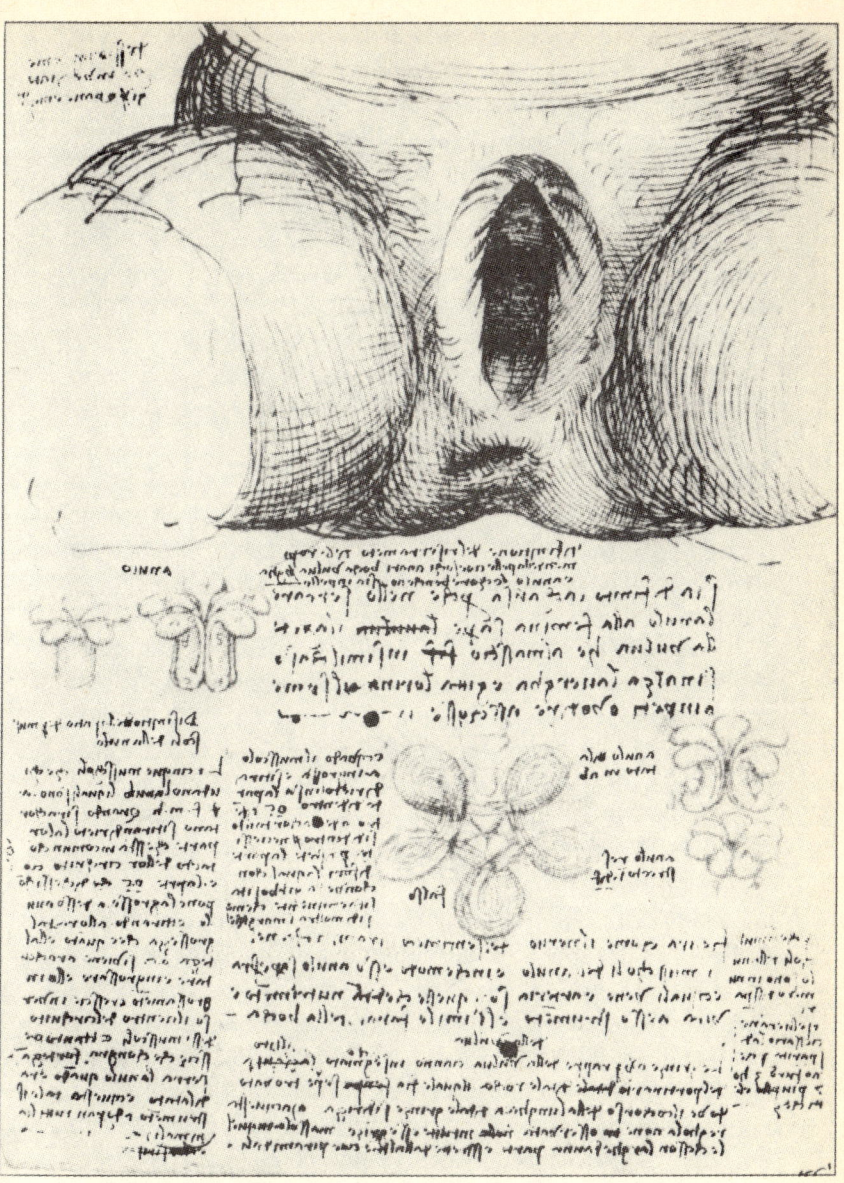

*Abbildung 45* Die weibliche Anatomie: Muskeln rings um den Anus (Leonardo da Vinci, *Quaderni d'Anatomia III,* 1511 – 1516).

paßt, und, falls sie das einmal nicht tut, die hochempfindlichen Nervenendigungen der männlichen Eichel einem erfahrenen Mann rechtzeitig ein Warnsignal übermitteln.

Einige Frauen berichten, daß bereits ein leichter Druck auf den bogenförmigen Raum beim Koitus Empfindungen hervorruft, die zu den intensivsten und angenehmsten gehören, die sie kennen. Die physiologischen Gründe dafür sind noch ungeklärt. Man kann nur vermuten, daß die sexuelle Stimulierung dieses Bereichs möglicherweise deshalb eine Ausbreitung wohltuender Gefühle verursacht, weil sich der Bogen in unmittelbarer Nähe der Sakralnerven befindet und, rein theoretisch, jede Stimulation dieses Bereichs eine Stimulation dieser Nerven veranlassen könnte.

Da Vincis Interesse an der die Körperöffnungen umgebenden Muskulatur erstreckte sich auch auf die Muskulatur des unteren Anteils Vagina, die er als »Torhüter des Schlosses« bezeichnete. Wie er selbst zugab, hatte er nur sehr vage Vorstellungen von der genauen Anatomie dieser Muskeln. Als Dickinson 1949, also vier Jahrhunderte später, genau diese Muskeln beschrieb, bestätigte er, daß es im menschlichen Körper keine anderen Muskeln gibt, über die nach wie vor derart nebulöse Vorstellungen herrschen und deren Form und Funktion so schwer zu durchschauen sind. Es ist äußerst schwierig, sich die komplexe Form dieser Muskeln vorzustellen, doch immerhin weiß man heute etwas besser über ihre Funktion Bescheid.

In den tieferen Schichten der Vagina gibt es drei unterschiedliche Muskelgruppen. In aufsteigender Reihenfolge sind dies die Muskeln der Dammregion, des Diaphragma urogenitale und des Diaphragma pelvis (siehe Anhang B). Diese Muskeln reagieren äußerst empfindlich auf sexuelle Stimulation; wenn sie vom Nervensystem zum Arbeiten animiert werden, bewirken sie eine verstärkte Blutzufuhr in die Sexualorgane und ein allgemeines Anschwellen des Genitalbereichs. Jede dieser Muskelgruppen spielt eine Rolle bei der weiblichen Erektion, beim Aufbau der Erregung und bei den Vorgängen des Umar-

148

mens, Streichelns und Küssens, die zum Orgasmus führen. Die ersten beiden Gruppen – die im Bereich der Dammregion und des Diaphragma urogenitale – gelten als Bestandteile des Perineums. In dieser »Torhüter«-Ebene befinden sich außer den Muskeln, die die Vagina seitlich halten, und denen, die die Urethra und den Anus zusammenziehen, auch Muskeln, die die Schenkel der Klitoris bedecken, und einer, der die Vorhofschwellkörper bedeckt.

Bei meiner Beschreibung der Vorhofschwellkörper habe ich die Tatsache erwähnt, daß sie, sobald sie stimuliert werden, anschwellen. Wird der sie bedeckende Musculus bulbospongiosus gereizt, so zieht er sich zusammen und verengt die Vagina. Dieses ist möglich, weil er zum einen die Vorhofschwellkörper bedeckt, gleichzeitig aber auch den Eingang der Vagina umgibt. Sobald der Bulbospongiosus in Aktion tritt, schiebt er die angeschwollenen, gerundeten Vorhofzwiebeln nach oben und innen. In dieser Stellung sind sie zu beiden Seiten der weiblichen Eichel hinter der Carina zu sehen. Die linke Vorhofzwiebel steht normalerweise etwas weiter vor als die rechte. Dickinson, der diese Beobachtung ebenfalls gemacht hatte, erklärte sie damit, daß »ein einseitiges Hervorstehen nicht ungewöhnlich ist, da die linke Vorhofzwiebel normalerweise von der Anlage her größer ist als die andere«.[13] Es gibt jedoch keinen Hinweis darauf, daß die linke Seite sexuell erregbarer wäre als die rechte.

In angeschwollenem Zustand verkleinert das Volumen der beiden Vorhofschwellkörper den Eingang der Vagina. Die daraus resultierende Zunahme der genitalen Reibung in diesem Bereich trägt zusammen mit der Verengung des Vaginaeingangs zur »Umarmungs«-Tätigkeit der Vagina bei. Diese intensiviert bei beiden Partnern das Gefühl genitaler Nähe. Wenn sich die Vorhofzwiebeln in ihrem angeschwollenen, nach hinten verlagerten Zustand befinden, sind sie selbst hoch empfindlich für sanfte taktile Stimulation und reagieren

---

[13] Dickinson 1949, S. 49.

beim Koitus auch äußerst sensibel auf Druck, der vom Penis ausgeübt wird.

Gleichzeitig mit der Verlagerung der Vorhofzwiebeln nach hinten bewegt sich das Dach der Vagina, das das Corpus spongiosum und die Prostata enthält, nach vorne, wo es beim Koitus eine »Streichel«-Funktion ausüben kann. Bei bestimmten Stellungen wird das vaginale Streicheln vom Mann als eine leichte Wellenbewegung vom Dach der Vagina auf den Penis empfunden, die wegen ihrer Massagewirkung auf die Eichel sehr deutlich wahrzunehmen ist. Die wechselseitigen Aktivitäten – die Stöße des Penis und das Streicheln der Vagina – rufen bei der Frau eine heftige Reaktion und ein zunehmendes Ausströmen von Sexualflüssigkeiten hervor.

Bei beiden Geschlechtern werden die beim Koitus durch gegenseitiges Streicheln beziehungsweise Massieren hervorgerufenen Empfindungen zusammen mit anderen Impulsen aus dem gesamten urogenitalen Bereich über den Nervus pudendus und das Nervengeflecht im Kreuzbeinbereich an das Rückenmark und von dort aus weiter ins Gehirn übermittelt, um einen Orgasmus auszulösen.

In einem bestimmten Stadium der Stimulation kontrahieren die Muskeln, die die Schenkel der Klitoris bedecken, und ziehen dadurch, daß die sich verkürzen, die Lowndes-Krone noch näher an die Vagina heran. Diese Muskeln sind ebensowenig zu sehen wie die Schenkel der Klitoris; aber dieses Zurückziehen der Krone stellt einen sichtbaren Beweis für ihre Tätigkeit dar.

Mit zunehmender Erregung der Frau zieht sich der untere Anteil der Vagina während der »Übernahme« durch den Orgasmus unwillkürlich zusammen. Allerdings sind Frauen, wenn sie sich darauf konzentrieren, außerdem in der Lage, ein rhythmisches »Pressen« der Muskeln in der unteren Vagina zu veranlassen und dadurch den Eingang zu verengen. Diese willkürliche Muskeltätigkeit beim Koitus kann der Frau das äußerst erotische Gefühl vermitteln, den Penis zu »küssen«; dabei werden auch die kleinen Schamlippen zusammengezogen. Der Mann empfindet dieses »Küssen« als einen prickelnden, pumpenden Druck rings um den Penis.

Zu der dritten Muskelgruppe – der des Beckenbodens – gehört einer der Hauptakteure beim Geschlechtsakt. Er hat den großartigen Namen Musculus pubococcygeus, den ich in Zukunft mit »MPC« abkürzen werde. Dieser Muskel verläuft rings um den mittleren Teil der Vagina und setzt etwa zweieinhalb Zentimeter innerhalb des Eingangs ein. Er beginnt am Schambein in der Form von zwei Strängen, die auf beiden Seiten etwa einen bis eineinhalb Zentimeter von der Mitte entfernt sind. Diese Stränge bilden einen ovalen Ring, der Urethra, Vagina, Dammuskelkörper und Rektum sehr eng umschließt (Abbildung 46).

Beide Muskelstränge laufen am Steißbein, dem unteren Ende der Wirbelsäule, zusammen; dort verbinden sich ihre »Bäuche« miteinander und bilden eine horizontale Platte, die Vagina, Uterus und Rektum hält.

Wenn der MPC auf sexuelle Stimulierung reagiert, zieht er von hinten in Richtung Vagina; damit bewirkt er, daß die

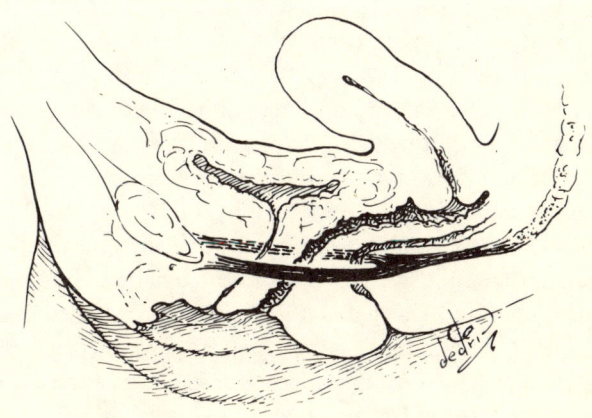

*Abbildung 46* Der Musculus pubococcygeus oder »MPC« (Abbildung identisch mit Abbildung 39).

151

Vagina nach vorne schwingt. Und eben diese heftige Wellenbewegung veranlaßt die Vagina dazu, »sich auszustrecken«.
Das ist praktisch eine andere Art der weiblichen Erektion.
Indem die Vagina so ihren Lagewinkel verändert, wird sie
noch aufnahmebereiter für den erigierten Penis. Wie frühere
Abbildungen zeigen, verlaufen die erigierte Vagina und der
erigierte Penis im allgemeinen etwa im selben Winkel.
Gleichzeitig »preßt« der MPC die Vagina seitlich zusammen,
was zum einen wegen des Druckempfindens, zum anderen
wegen der allgemein erhöhten Reibung das Lustgefühl sowohl für den Mann als auch für die Frau zusätzlich verstärkt.
Der MPC tritt zusammen mit den Muskeln der Bauchwand in
Aktion. Kontrahiert oder entspannt man die Bauchmuskeln,
so bewegt sich auch der MPC entsprechend. Auf diese Weise
wird er automatisch aktiv, wenn eine Frau ein bestimmtes
Stadium der sexuellen Erregung erreicht hat und »nach unten
zu pressen« beginnt.

Für einige Frauen ist dieses Nach-unten-Pressen entscheidend für das Erreichen des Orgasmus. Dickinson führt den
Fall einer siebenunddreißigjährigen verheirateten Frau an,
Mutter von zwei Kindern, die allein dadurch einen Orgasmus
herbeiführen konnte. Sie spannte die Muskeln des Brust-
korbs an, ebenso die Bauchmuskeln, und preßte zweimal in
der Sekunde mit dazwischenliegenden Pausen nach unten,
manchmal insgesamt bis zu dreiundachtzigmal. Bei diesem
Pressen handelte es sich im Grunde um denselben Vorgang,
den wir oben beschrieben haben und der das reziproke Aktiv-
werden des MPC veranlaßt. Dickinson zufolge bewirkt diese
Muskeltätigkeit, daß sich das Dach der Vagina vor und zurück
bewegt (Abbildung 47); dadurch kommt die Streichelbewegung zustande. Im Gegensatz zu der Preßbewegung, die die
Frau willentlich steuern kann, erfolgt die Streichelbewegung,
ohne daß eine bewußte Anstrengung sie herbeiführt. Sie ergibt sich aus der physischen Verlagerung des gewölbten Bereichs im Dach der Vagina nach hinten, einer Verlagerung der
Stellung, die Dickinson in seiner Illustration als eine Vor-

wärtsbewegung des vorderen Vaginalgewölbes darstellt. Wie Dickinson erläutert, gehört auch das Nach-unten-Pressen des Uterus zu dieser Art sexueller Reaktion bei der Frau. Wenn eine Frau nach unten preßt, wird durch diesen Vorgang Druck auf den Uterus ausgeübt, der wiederum bewirkt, daß sich der Gebärmutterhals etwa zweieinhalb Zentimeter in die Vagina hinein bewegt und so beim Koitus eine rhythmische Vor- und Zurückbewegung erfolgt.

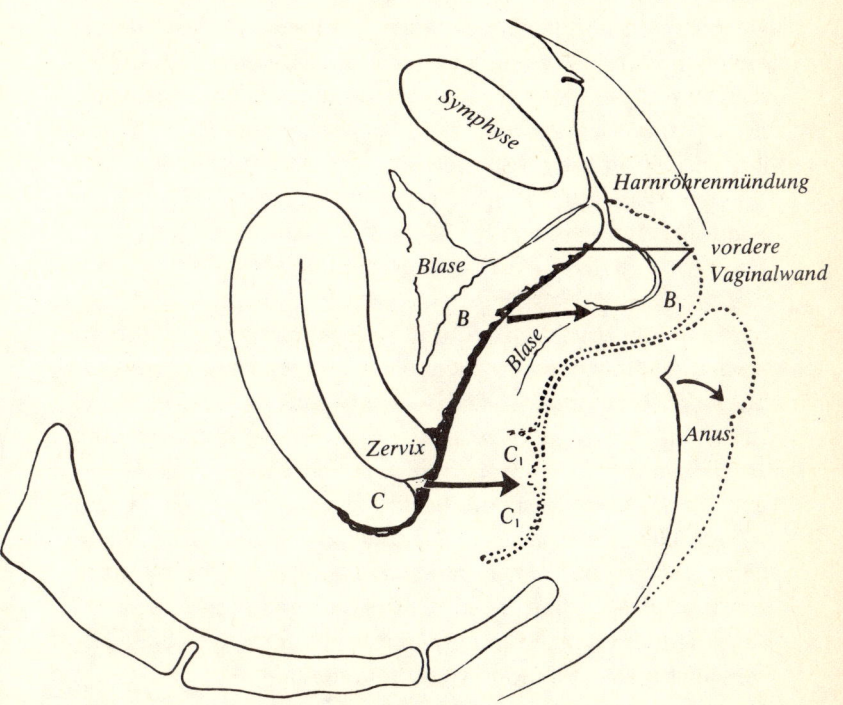

*Abbildung 47* Bereich der vaginalen Verschiebung, wenn der Orgasmus durch heftige rhythmische Anstrengung mit Senkung des Uterus herbeigeführt wird; die vordere Vaginalwand bewegt sich zweieinhalb Zentimeter nach vorne (gepunktete Linie; Dickinson 1949).

Das Nach-unten-Pressen des Uterus bei sexueller Erregung wird auch von Kinsey erwähnt, der feststellt: »Starke rhythmische Kontraktionen der Bauchmuskeln drängen manchmal den Uterus und die mit ihm verbundenen Wände der Vagina näher an den Vaginaeingang heran, wenn dies nicht durch den eingeführten Penis verhindert wird.«[14] Das bedeutet jedoch nicht, daß das Nach-unten-Pressen nicht erfolgt, wenn sich der Penis in der Vagina befindet. Tatsächlich erleichtert das Vorhandensein des Penis diesen Vorgang, da er einen Widerstand leistet, gegen den sich pressen läßt. Doch weder der Uterus noch der Penis ist dafür entscheidend. Frauen, bei denen der Uterus operativ entfernt wurde, berichten, daß sie trotzdem diese Reaktion des Nach-unten-Pressens erleben; ob mit oder ohne Uterus – diese Reaktion kann durch sexuelle Stimulation hervorgerufen werden, die kein Vorhandensein des Penis in der Vagina erfordert.

Kinsey rechnet weder den Uterus zu den an der sexuellen Reaktion beteiligten Organen, noch stellt seiner Ansicht nach die Zervix einen Ausgangspunkt für sexuelle Stimulation dar. Er merkt ausdrücklich an, daß »alle klinischen und experimentellen Angaben beweisen, daß die Oberfläche der Cervix der empfindungsärmste Teil des weiblichen Genitalapparates ist«.[15] Allerdings ist zu beachten, daß Kinsey durchaus eine Vergrößerung des Uterus infolge von sexueller Stimulation festgestellt hat. Diese Beobachtung wird von Masters und Johnson bestätigt; sie erläutern, daß Kinsey seine ursprünglichen Daten aus Beckenuntersuchungen bei einer Prostituierten gewonnen hat, die er während einer vollen Arbeitsperiode (fünfeinhalb Stunden) und sechs Stunden danach in regelmäßigen Abständen vorgenommen hat.[16]

Die operative Entfernung des Uterus (Hysterektomie) hat in den Vereinigten Staaten derart epidemische Ausmaße ange-

---

[14] Kinsey et al. 1954, S. 484.
[15] Kinsey et al. 1954, S. 439.
[16] Masters/Johnson 1967, S. 117ff.

nommen, daß sich Mediziner wie Nichtmediziner inzwischen ernsthafte Sorgen machen. Was die Bedeutung des Uterus für die Sexualität der Frau betrifft, so gehen die Meinungen weit auseinander. Wie bereits erwähnt, stellen viele Frauen, die sich einer Hysterektomie unterzogen haben, anscheinend keinerlei Veränderung ihrer sexuellen Reaktion oder ihrer Orgasmusfähigkeit fest. Andere hingegen konstatieren durchaus eine Veränderung. Es gibt Ärzte, die ihren Patientinnen versichern, die Entfernung des Uterus würde ihre sexuelle Reaktion in keiner Weise beeinträchtigen und ihre männlichen Partner würden den Unterschied nicht einmal bemerken. Andere wiederum weigern sich, eine Hysterektomie vorzunehmen, wenn sie nicht unbedingt erforderlich ist; und wenn sie sie vornehmen, fühlen sie sich verpflichtet, ihre Patientinnen darauf aufmerksam zu machen, daß der chirurgische Eingriff eine gewisse Veränderung der sexuellen Reaktionen zur Folge haben kann.

Der Begriff ›Uterus‹ bezog sich ursprünglich ausschließlich auf den Leib in seinem wassergefüllten, schwangeren Zustand. Wörtlich bedeutet Uterus ›lederner Wassersack‹. Vermutlich wurde diese Bezeichnung für die Gebärmutter bereits im ersten Jahrhundert vor Christus eingeführt – zu einer Zeit, als Säcke oder Schläuche aus Tierhäuten alltägliche Gebrauchsgegenstände waren. Inzwischen freilich wird der Begriff ›Uterus‹ ohne Rücksicht darauf verwendet, ob das Organ neues Leben enthält oder nicht. Die wichtigste Funktion des Organs ist die der Fortpflanzung. Wie wir gesehen haben, kann der Gebärmutterhals beim Koitus eine beachtliche Aufwärtsbewegung ausführen. Der Stoß des Penis kann den Gebärmutterhals um drei bis fünf Zentimeter nach oben verschieben und dazu führen, daß der Uterus »herumgeschubst« wird.

In der Antike glaubte man sogar, daß der Uterus in der Lage sei, im Körper einer Frau mit und auch ohne Hilfe des männlichen Penis zu wandern. Diese Vorstellung eines »wandernden Uterus« geht auf Platon zurück und wurde im vierten Jahrhundert vor Christus von Hippokrates, dem »Vater der Medizin«, beschrieben; Hippokrates glaubte, daß der Uterus, sobald er trocken wird, im Körper der Frau umherwandert und nach Flüssigkeit sucht. Bis ins siebzehnte Jahrhundert war man allgemein der Ansicht, daß der Uterus in den Hals einer Frau hinaufwandern könne und daß eine derartige Verschiebung die Ursache für hysterische Anfälle sei, zu deren Symptomen unter anderem Müdigkeit, ein schwacher Puls und Schwindelgefühle gehörten. Fast zweitausend Jahre lang herrschte die Auffassung, daß die Ursache für Hysterie bei Frauen ein »wandernder Uterus« sei. Im Jahr 1616 dann schaffte ein simples, aber überzeugendes Argument diesen Unsinn aus der Welt. Der Arzt Charles Lepois (1563 bis 1633) nämlich behauptete, da Männer an genau denselben Symptomen litten wie Frauen, könne unmöglich der Uterus die Ursache dafür sein; vielmehr könne man bei beiden Geschlechtern die Ursache für solche Anfälle eher mit dem Gehirn und dem Nervensystem in Verbindung bringen.

Was den »wandernden Uterus« betrifft, so äußerten sich dazu damals ausschließlich Männer; was Frauen dazu zu sagen gehabt hätten, interessierte niemanden. Mit der heutzutage aktuellen Frage des vaginalen Lustempfindens, die die Frauen ebenfalls ganz entscheidend betrifft, ist es dasselbe: Bis vor kurzem hat kein Mensch auf ihre Stimmen gehört. Die medizinische Lehrmeinung widersetzt sich der Auffassung, daß die Vagina auch nur über die geringste sexuell bedeutsame Sensibilität verfügt; und die meisten heutigen Ärzte unterschätzen nach wie vor den erotischen Charakter der Vagina.

Obwohl auf der Grundlage medizinischer Forschungsarbeiten scheinbar definitive Aussagen über die Unempfindlichkeit der Vagina gemacht wurden, können Frauen diesen medizinischen Standpunkt nicht uneingeschränkt teilen – eine Tatsache, die die Sexualpartner dieser Frauen bestätigen können.

In ihrem Buch *Das andere Geschlecht* schrieb Simone de

Beauvoir über die »Vaginallust« und brachte damit eine Tatsache zur Sprache, die die meisten Frauen als solche erfahren haben.[17] Einige andere Frauen haben ebenfalls versucht, auf diese positive Tatsache aufmerksam zu machen, aber ohne Erfolg. Obwohl in den vergangenen Jahrzehnten das kulturelle Interesse an der sexuellen Reaktion der Frau zugenommen hat, interessieren sich Mediziner ebenso wie Laien in erster Linie für die Klitoris, die sie für das wichtigste weibliche Sexualorgan halten, nicht aber für die Vagina.

Es läßt sich nicht leugnen, daß die Erkenntnisse, die man im Verlauf der Zeit über die Klitoris gewonnen hat, Männern und Frauen zu einem besseren Verständnis der sexuellen Reaktion der Frau verholfen haben. Über die Klitoris Bescheid zu wissen ist wichtig, aber dasselbe gilt auch für die Vagina. Einen dieser Teile losgelöst vom anderen zu betrachten oder ihm mehr Bedeutung für die sexuelle Reaktion der Frau beizumessen hieße, die Komplexität dieser Reaktion aus den Augen zu verlieren. Die hier vorgestellte Theorie besagt, daß Klitoris, Urethra und Vagina in sexueller Hinsicht als eine Einheit fungieren.

Wissenschaftliches Arbeiten bringt es notwendigerweise mit sich, daß man einzelne Elemente isoliert, um zu untersuchen, wie sich diese Bestandteile zu einem Ganzen zusammenfügen. Bei der Sexualität bedeutet das, daß man sich nicht ausschließlich auf die Geschlechtsorgane konzentrieren darf, sondern daß es genauso wichtig ist, sich klarzumachen, daß am Orgasmus Gehirn und Bewußtsein ebenso beteiligt sind. Doch gelegentlich ist der Körper zu spontanen Gefühlsäußerungen imstande, die sich nur schwer in Worte fassen lassen. In *Fragmente einer Sprache der Liebe* schreibt Roland Barthes: »Was ich durch meine Sprache verberge, erzählt mein Körper.«[18] Der springende Punkt bei Barthes' Beobachtung ist der, daß die konventionelle Sprache, derer wir uns mei-

---

[17] Beauvoir 1980, S. 353.
[18] Barthes 1984.

stens bedienen, dazu tendiert, Dinge zu verschleiern, die die sinnliche Sprache von Menschen, die sich lieben, eher enthüllt. Und sie enthüllt sie mit Hilfe eines Zeichenvokabulars – Bewegungen, Lauten, Blicken –, das subtil, aber allgemein verständlich ist. Ohne diese Zeichen wüßten die meisten Männer und Frauen nicht, wie sie das, was sie empfinden, ausdrücken sollten. Die konventionelle Sprache verfügt über ein extrem beschränktes sexuelles Vokabular; sie konzentriert sich bewußt auf die Fortpflanzungsfunktion, die sie von der sexuellen Funktion abtrennt. Aus diesem Grund beziehen sich die meisten sprachlichen Äußerungen, die im Zusammenhang mit der Vagina stehen, auf die Tatsache, daß sie derjenige Körperteil ist, durch die Frauen menstruieren, schwanger werden und gebären.

Auch in der sinnlichen Sprache von Liebenden wird die sexuelle Funktion im allgemeinen deutlich von der Fortpflanzungsfunktion getrennt. Mit Ausnahme der relativ kurzen Zeit, in der sie Kinder in die Welt setzen, betont ihre Sprache die *sexuelle* Funktion; und in diesem Kontext kommt die Vagina als Sexualorgan durchaus nicht zu kurz.

Kinseys Forschungsarbeit fand großen Anklang bei Ehepaaren, denn hier war zum erstenmal ein Wissenschaftler bereit, die sexuellen Aspekte der Fortpflanzung zu betonen. Außerdem versuchte Kinsey als einer der ersten, Männer und Frauen davon zu überzeugen, daß die beiden Geschlechter hinsichtlich der *sexuellen* Funktion identisch sind. In seinem 700-Seiten-Report über *Das sexuelle Verhalten der Frau* kommt er zu dem Schluß: »Trotz der weitverbreiteten und immer wieder mit Nachdruck betonten Ansicht, daß sich die männliche und weibliche Sexualität voneinander unterscheiden, finden wir dennoch keine anatomische oder physiologische Grundlage für solche Unterschiede.«[19]

Im Mittelpunkt der modernen Forschung, die den von Kinsey eingeschlagenen Weg weitergeht, steht die sexuelle Funktion.

---

[19] Kinsey et al. 1954, S. 491.

Auch darin, daß die Wissenschaftler von heute gewisse Annahmen über die Anatomie der weiblichen Geschlechtsorgane und die männlichen und weiblichen Homologe als »Tatsachen« akzeptieren, ohne sie zu hinterfragen, folgen sie Kinsey und einer langen Tradition. Was genau sagt nun Kinsey zu der Hypothese, daß es ein männliches Homolog zur Vagina gibt? Als gründlicher und für seine präzise Arbeitsweise bekannter Wissenschaftler[20] bringt Kinsey diese Theorie durchaus zur Sprache. Aber seine Meinung zu diesem Thema äußert er eher beiläufig: »Der männliche Körper weist keine Struktur auf, die in ihrer Struktur der Vagina entspricht.«

Oberflächlich betrachtet scheint diese Aussage im Widerspruch zu Kinseys Grundprämisse zu stehen, nämlich daß es hinsichtlich der sexuellen Funktion keinerlei Unterschiede zwischen den Geschlechtern gibt. Geht man von der Annahme aus, daß Kinsey sich nicht selbst widerspricht, läßt sich diese Aussage auch anders interpretieren. Es könnte sein, daß Kinsey seine Schlußfolgerung auf eine positive Übereinstimmung negativer Erkenntnisse stützt, das heißt: Die weibliche Vagina ist kein Zentrum der geschlechtlichen Erregung; beim Mann gibt es keine anatomische Grundlage für eine »vaginale« geschlechtliche Erregung; folglich sind, hinsichtlich der sexuellen Funktion, Männer und Frauen nach wie vor gleich. Mit anderen Worten: Was die Frau nicht hat, hat auch der Mann nicht. Andererseits könnte es sein, daß Kinsey – was für ihn untypisch wäre – hier rückfällig geworden ist und sich auf die *Fortpflanzungs*funktion bezieht. Betrachtet man die Vagina aus dieser Perspektive, nämlich als relativ unsensiblen Hohlraum, der nichts enthält außer einer Oberflächenauskleidung, dann ist die Hypothese von einem männlichen Homolog natürlich unwahrscheinlich und gar nicht erst in Betracht zu ziehen.

---

[20] Kinsey et al. 1954, S. 435. Der Biologe Kinsey brachte in die Forschung auf dem Gebiet der menschlichen Sexualität jene Genauigkeit und Präzision ein, die er sich bei seiner Arbeit am Radcliffe Zoology Laboratory bei gewissenhaften anatomischen Messungen von Gallwespen angeeignet hatte.

Die Abklärung der männlichen und weiblichen Homologe –
an sich schon ein interessantes Thema – ist von grundsätzli-
cher Bedeutung, weil sie die Möglichkeit eröffnet, die sexuelle Funktion klarzustellen. So gesehen lohnt es sich, die These,
daß beim Mann eine Entsprechung zur Vagina vorhanden ist,
weiterzuverfolgen. Aus der neuen Perspektive, die die Vagina als eine Einheit versteht, die sich aus mehreren sexuell
reagierenden Teilen zusammensetzt, ist diese Theorie gar
nicht so unwahrscheinlich. Die Teile, die – gemeinsam mit
den Muskeln der Vagina – ganz grundlegend zur sexuellen
Reaktion beitragen, sind: die Eichel und ihre Carina, das
Corpus spongiosum und die Vorhofschwellkörper, und
Lowndes-Krone, Schaft und Schenkel der Klitoris. Abbildung 48 zeigt eine dreidimensionale schematische Darstellung der Bestandteile der Vagina. Diese neue Betrachtungsweise der Vagina unterscheidet sich so sehr von der alten, daß

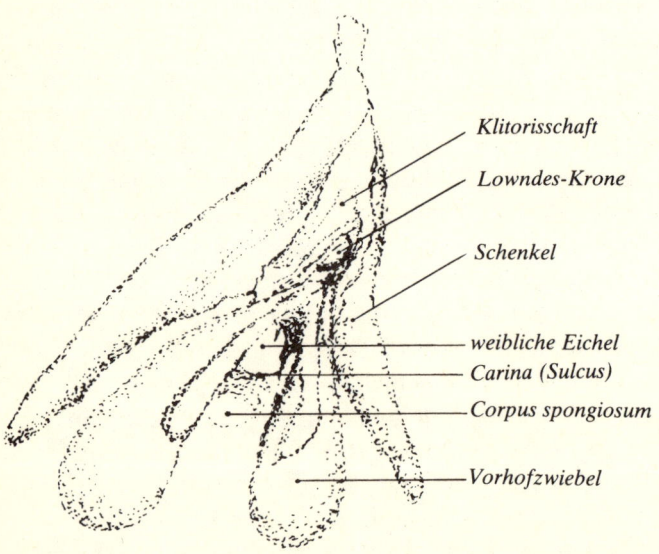

Klitorisschaft

Lowndes-Krone

Schenkel

weibliche Eichel
Carina (Sulcus)
Corpus spongiosum

Vorhofzwiebel

*Abbildung 48* Dreidimensionales Schema der Bestandteile der Vagina.

es eigentlich angebracht wäre, die gesamte Einheit neu zu benennen. Ich ziehe es jedoch vor, den Begriff › Vagina‹ beizubehalten, dafür aber das, worauf er sich bezieht, abzuändern, Vagina also neu zu definieren.

Um sich vorstellen zu können, wie die Vagina aus dieser neuen Sicht aussieht, sollte man sich zunächst die oberflächliche Anordnung von Lowndes-Krone und kleinen Schamlippen vor Augen halten. Sie sehen aus wie ein umgekehrtes Y oder das griechische Lambda. Diese Lambda-Form hat im Inneren eine Parallele, nämlich die Schenkel der Klitoris und die Vorhofschwellkörper als Verlängerungen der Lowndes-Krone und Eichel. Die Struktur der Vagina läßt sich mit der eines Baumes vergleichen; nur die Lowndes-Krone und die Eichel sind sichtbar, während die restlichen neun Zehntel ihrer Bestandteile unter der Oberfläche verborgen liegen. Eine weitere Analogie, die sich aufdrängt – die des Eisbergs –, ist aus zwei Gründen unzutreffend: wegen der deutlichen Konnotation von Kälte und der Tatsache, daß die Vagina fest mit dem sie umgebenden Knochengerüst verbunden ist, während ein Eisberg driftet.

Die Lambda-Formen liegen in drei Schichten übereinander: äußere Schicht – die kleinen Schamlippen; mittlere Schicht – die Vorhofzwiebeln; und die innere Schicht – die Schenkel.

Wie Abbildung 49 zeigt, ist jede der in der Vagina vorhandenen Strukturen auch im Penis vorhanden: Eichel und Sulcus (Carina), Corpus spongiosum und Bulbus (Zwiebel), und Krone, Schaft und Schenkel der Klitoris. Zudem sind sämtliche funktionalen Systeme des menschlichen Körpers, die mit dem Genitalbereich verbunden sind – Nervensystem, Blutgefäße und Muskeln –, bei beiden Geschlechtern ähnlich. Da die anatomischen Grundlagen für Erregung und Orgasmus, die bewirken, daß die Vagina als eine Einheit fungiert, auch beim Mann vorhanden sind, ist es nicht einzusehen, warum man die Vagina von der Theorie der homologen Geschlechtsorgane ausnehmen sollte. Die herkömmliche Theorie der anatomischen Entsprechungen besagt ja sogar, daß beim

Mann eine Struktur vorhanden ist, die der Vagina entspricht, daß dieser fragliche Teil aber nur in rudimentärer Form existiert. Dieser embryonale Organrest, auch Vagina masculina oder Utriculus prostaticus genannt[21], befindet sich zwischen den beiden männlichen Samenblasengängen. Dabei handelt es sich um einen kleinen, röhrenartigen Sack, der von der Rückwand der Urethra in die Prostata hineinragt. Ich hingegen behaupte, daß das männliche Gegenstück zur Vagina in Wirklichkeit der Penis ist.

---

[21] Diese sackartige Ausstülpung wird von einigen Wissenschaftlern, die behaupten, daß es sich dabei um ein anatomisches Relikt des Uterus handelt, gelegentlich auch als *Utriculus masculinus* bezeichnet. Deter, Caldwell und Folsom (1946, S. 653) erläutern, daß »die Bezeichnung *Utriculus masculinus* verwendet wird, um zu demonstrieren, daß dieser Teil dem Uterus bei der Frau entspricht«.

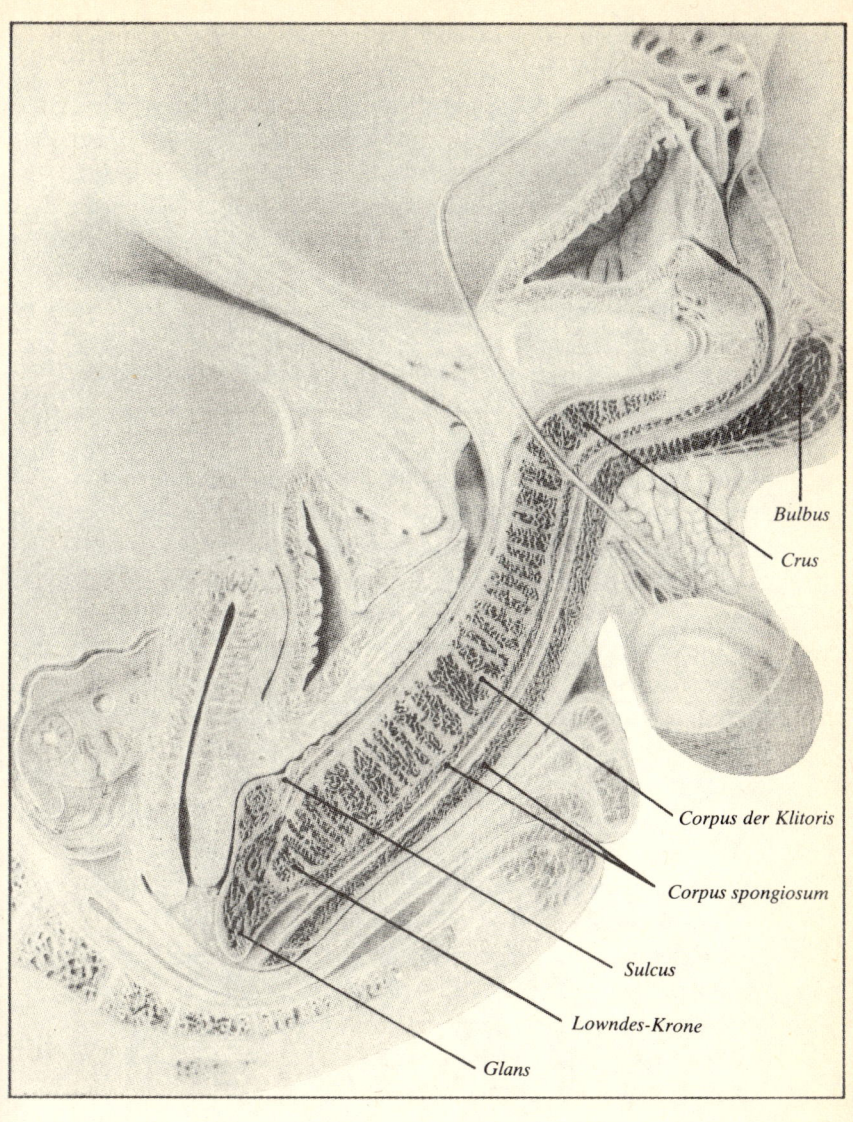

Bulbus

Crus

Corpus der Klitoris

Corpus spongiosum

Sulcus

Lowndes-Krone

Glans

*Abbildung 49* Männliche und weibliche Geschlechtsorgane in Koitusstellung (nach Dickinson 1949).

Dabei fällt einem sofort Galen ein, der in der Vagina einen »umgestülpten Penis« gesehen hat. Sollte Galen, »der Wunderwirker«, letzten Endes doch recht behalten? Auch wenn die Vagina nicht wirklich ein »umgestülpter Penis« ist – so einfach ist das auch wieder nicht –, so war meiner Ansicht nach Galens Erkenntnis, daß Vagina und Penis einander entsprechen, trotzdem nicht unrichtig, sondern lediglich unvollständig.

Zu Beginn der wissenschaftlichen Untersuchungen der Geschlechtsorgane wurde zuerst die männliche Anatomie bestimmt und benannt; erst danach wurde die weibliche Anatomie in Relation zu dem, was man über den Mann wußte, bestimmt. Da alle Bestandteile des Penis unmittelbar beieinander in einer einheitlichen Struktur liegen, konnten die Anatomen nicht umhin, den Penis als eine Einheit anzusehen. Vor diesem Hintergrund erfolgte dann die Bestimmung der einzelnen Teile – stets im Bewußtsein ihrer grundlegenden Interrelation und ihrer sexuellen Funktion. Bei der weiblichen Anatomie gibt es weder eine derart augenfällige, alles in sich vereinende Struktur, noch sind die Sexualorgane so dicht beieinander angeordnet wie im Penis. So konnten die Anatomen die Vagina nicht ohne weiteres als eine Einheit miteinander in Beziehung stehender Teile wahrnehmen. Infolgedessen beschränkten sie sich darauf, die weiblichen Teile unabhängig und isoliert voneinander zu bestimmen, und machten es dadurch schwierig wenn nicht gar unmöglich, das koordinierte Funktionieren dieser Teile noch zu erkennen.

Betrachtet man die Vagina erst einmal als eine Einheit sexueller Teile, wie dies beim Penis von jeher der Fall war, so wird deutlich, daß die eigentlichen Entsprechungen weder Penis und Klitoris noch Utriculus prostaticus und Vagina sind; die echten Entsprechungen sind Penis und Vagina.

KAPITEL 5

# Die Physiologie der Leidenschaft

Augen sehen, Ohren hören. Jeder unserer Körperteile erfüllt eine ganz bestimmte Aufgabe. Doch es gibt Augenblicke, in denen Männer und Frauen über ihre Sinne hinauswachsen – ihre eigenen und die ihres Partners. Mit Hilfe der Sinne gehen wir im Zustand der Leidenschaft über die Sinne hinaus und gelangen an einen Punkt, an dem wir, in Abwandlung eines Ausspruchs von Martin Buber, Lust mit den Augen schmekken können. Aber gilt dies gleichermaßen und in gleichem Umfang für beide Geschlechter? »Fühlst du, was ich fühle?« fragt der Mann die Frau und umgekehrt die Frau den Mann.

Wendet sich ein Paar mit dieser Frage an Fachleute, so wird es feststellen, daß die derzeit herrschende Theorie besagt, die Bereitschaft zum Geschlechtsverkehr beispielsweise würde bei Mann und Frau durch unterschiedliche Anzeichen signalisiert. Das männliche Signal ist der steife Penis, das weibliche das Austreten des vaginalen »Gleitmittels«. Diese Ansicht ist deshalb so problematisch, weil das Kriterium für die weibliche »Bereitschaft« aus dem abgeleitet wird, was man aus männlicher Sicht für »Bereitschaft« hält. Es gibt Frauen, die durchaus zum Geschlechtsverkehr bereit sind, ohne daß Genitalsekret austritt. Andere ziehen es sogar vor, wenn dieses Austreten erst durch sanftes Streicheln der Vagina mit dem Penis hervorgerufen wird. Ist die Reibung zwischen Vagina und Penis zu groß, hat der Mann mehrere Möglichkeiten, die Vagina zu befeuchten; zum Beispiel kann er sie küssen.
Der eigentliche Irrtum besteht darin, die männliche Erektion mit dem Auftreten von Genitalsekretion bei der Frau als Indikator für dasselbe Stadium genitaler Erregung gleichzu-

setzen. Wenn sich der Penis des Mannes aufrichtet, befindet er sich in einem präorgastischen Zustand, ist aber anatomisch gesehen für den Orgasmus »geladen«. Der vergleichbare Zustand der Orgasmusbereitschaft bei der Frau ist der neuen Theorie zufolge die gleichzeitige Reaktion von Klitoris, Urethra und Vagina und der damit zusammenhängenden Strukturen, die ich im folgenden (entsprechend der daran beteiligten Teile) als KUV-Reaktion bezeichnen werde.

Betrachtet man die weiblichen Geschlechtsorgane in unstimuliertem »Ruhezustand«, so kann man die genaue Lage von Lowndes-Krone und Eichel erkennen. Auch wenn diese äußerst erogenen weiblichen Teile nicht mehr als zwei Zentimeter auseinander liegen[1], so sind sie doch deutlich voneinander getrennt. Im »Ruhezustand« sind die Geschlechtsorgane der erwachsenen Frau komplexe Einzelgebilde; im Zustand der Leidenschaft schließen sie sich zu einer noch komplexeren Einheit zusammen. Bei Erregung setzt eine verstärkte Blutzufuhr in diese Teile ein und bewirkt, daß sie anschwellen und sich ausdehnen. Ich bin der Ansicht, daß sich die KUV-Teile bei diesem Vorgang zu einer funktionalen Einheit verbinden. Es ist bereits darauf hingewiesen worden, daß sich die Spitze der Klitoris nach einem gewissen Maß an Stimulation zurückzieht. Doch anstatt sich zu »vergraben«, wie einige Experten glauben, wäre es denkbar, daß sie sich im Verlauf eben dieses Umwandlungsprozesses näher an die anderen Teile der KUV-Einheit heranschiebt.

Wie wir gesehen haben, steckt die Lowndes-Krone beim erwachsenen Mann unter der Eichel des Penis, so daß sich diese äußerst empfindlichen Teile so nahe wie möglich beieinander befinden. Berührt oder drückt man auf die Eichel, vor allem auf ihre Furche (den Sulcus), so stimuliert man gleichzeitig die Lowndes-Krone.

Sobald die KUV-Reaktion ausgelöst worden ist, spürt die

---

[1] Zwei Zentimeter von der Lowndes-Krone bis zur Spitze (das heißt dem am nächsten liegenden Punkt) der Harnröhrenmündung in der Eichel der Frau.

Frau, daß ihre Sensibilität deutlich zunimmt. In diesem Stadium werden die KUV-Strukturen zu einem einheitlichen Sinnesorgan, mit dem die Frau Berührungs- und Druckempfindungen wahrnimmt – sowohl aktiv (das heißt, sie spürt, was sie mit diesem Organ berührt, und drückt dagegen) als auch rezeptiv (sie spürt die Berührung und jeden auf dieses Organ erfolgenden Druck). Wie die erigierte Peniseinheit, so ist auch dieses weibliche Organ, dessen Bestandteile sich zu einer Einheit zusammengeschlossen haben, zum Orgasmus bereit.

Die neue Theorie zeigt die unterschiedliche Strukturierung der männlichen und der weiblichen Geschlechtsorgane auf und liefert damit mögliche Erklärungen für einen der vieldiskutierten Unterschiede zwischen den Geschlechtern: die zeitliche Terminierung der sexuellen Reaktion. Wissenschaftliche Beobachtungen haben ergeben, daß die Frau ebenso schnell reagieren *kann* wie der Mann. In der Praxis jedoch beobachten viele Männer und Frauen nach wie vor, daß die Frau im Normalfall langsamer ist. So kommt es, daß der Mann beim Koitus versucht, seine Reaktionen zu verlangsamen, während die Frau – im Bewußtsein der Tatsache, daß der Mann bereits kurz nach Beginn des Koitus zum Orgasmus kommen könnte – ganz genau weiß, daß sie, wenn sie den ihren zu lange hinauszögert, womöglich im Zustand sexueller Spannung verbleibt. Die herkömmliche Erklärung für die schnellere sexuelle Reaktion des Mannes beruft sich auf die Unterschiede in der physiologischen Ausstattung von Mann und Frau. Kinsey faßt diesen Unterschied in der Aussage zusammen, daß mehr Männer als Frauen von ihrer Psyche her so beschaffen sind, daß sie die Geschlechtsorgane als *die* primär mit der sexuellen Reaktion verknüpften Strukturen betrachten, und daß Männer in einer sexuellen Beziehung ihren Genitalien weitaus größere Bedeutung beimessen als Frauen. Dahinter steht die Annahme, daß eine Frau eher dazu neigt, die Bedeutung der Geschlechtsorgane herunterzuspielen, und daß sie das psychische Bedürfnis hat zu glauben, daß sie für den Mann als Gesamtperson attraktiv ist. Die Feststellung der KUV-Reaktion bei der Frau liefert ein weitaus plausibleres Argument für die langsamere sexuelle Reaktion der Frau; und sie steht mehr als andere Theorien im Einklang mit früheren wissenschaftlichen Beobachtungen der natürlichen Geschwindigkeit der weiblichen sexuellen Reaktion. Erektion und KUV-Reaktion erfolgen vor dem Einsetzen der orgastischen Kontraktionen.

Die Theorie der Lowndes-Krone hat gezeigt, daß die weibliche Krone deutlich sichtbar ist und sich unmittelbar berühren läßt, während sich die männliche Krone im Penis befindet und stets zugedeckt ist. Die Kenntnis dieser Tatsache liefert einen möglichen Grund dafür, warum Frauen normalerweise länger brauchen, um zum Orgasmus zu kommen, als Männer. Van de Velde ruft uns eine wohlbekannte medizinische Tatsache ins Gedächtnis, wenn er den Anthropologen Hans Fehlinger zitiert, der *Das Geschlechtsleben der Naturvölker* untersucht hat: »Der Zweck der Beschneidung ist wahrscheinlich die Verlängerung des Geschlechtsakts, da die der Bedeckung benommene Eichel weniger empfindlich ist als die bedeckte.«[2] Aus ebendiesem Grund vertreten Anthropologen die Ansicht, daß in zahlreichen Kulturen auf der ganzen Welt die Männer beschnitten sind. Van de Velde geht selbstverständlich davon aus, daß eine solche Verlängerung des Geschlechtsakts für die meisten Frauen äußerst vorteilhaft ist, meint aber, es ließe sich schwer entscheiden, »ob dem Manne mit der Verminderung der Empfindlichkeit der Glans ein Teil des Geschlechtsgenusses verlorengeht oder ob die in dieser Weise verursachte Verlängerung des Aktes ihm ein Plus an Genuß bedeutet«[3]. In diesem Zusammenhang zitiert van de Velde einen interessanten anthropologischen Bericht, der bestätigt, daß bei beschnittenen Männern die exponiertere Eichel an Sensibilität einbüßt:

---

[2] Fehlinger 1921, zitiert in Velde 1975, S. 163.
[3] Velde 1975, S. 164.

»Die schwarzen Jungen, die auf den Stationen und Pflanzungen zusammenkommen, besprechen häufig diese Dinge unter sich und wissen, daß die Beschnittenen unter ihnen viel weniger Sensibilität in der Glans besitzen als die nicht so behandelten. Die Beschnittenen geben ganz offen zu, daß sie bis zur Ejakulation länger brauchen als die Unbeschnittenen.«[4]

Angesichts dieser Feststellung darf man vernünftigerweise erwarten, daß die weibliche Krone, da sie exponiert ist, längere Zeit stimuliert werden muß als die bedeckte männliche Krone, um zu einer vergleichbaren sexuellen Reaktion zu gelangen.

Andere Wissenschaftler, die die Nervenendigungen in diesem Bereich der Geschlechtsorgane miteinander verglichen haben, kommen zu dem Ergebnis, daß die Spitze der weiblichen Klitoris wegen der hohen Dichte an Endigungen sensibler Nerven ungleich empfindlicher ist als die männliche Eichel; allerdings kann länger anhaltende Stimulation an genau demselben Punkt der männlichen Eichel oder der weiblichen Klitorisspitze ein Gefühl der Taubheit hervorrufen.

Alles in allem liefern diese Erkenntnisse eine Grundlage für die These, daß im Anschluß an das Stadium der KUV-Reaktion beziehungsweise Erektion Frauen und Männer dieselbe Abfolge sexueller Empfindungen erleben:

1. Kontraktionen
2. Orgasmus
3. Ejakulation
4. Entspannung

Vermutlich kennen die meisten meiner Leser die Forschungsergebnisse anderer Wissenschaftler zum Thema Kontraktionen. Die dabei auftretenden lustvollen Empfindungen wer-

---

[4] Friederici 1912, zitiert in Velde 1975, S. 163.

den in zahlreichen Artikeln beschrieben: das Sich-Zusammenziehen und das Lockerlassen sowohl der Muskeln, die wir kontrollieren können, als auch jener, deren wir uns möglicherweise überhaupt nicht bewußt sind.

Vielleicht ist dies der geeignete Zeitpunkt, um ein anderes Thema zu erörtern: den mehrfachen Orgasmus. Es herrscht die weitverbreitete Ansicht, daß Frauen eine sehr viel größere Fähigkeit zum mehrfachen Orgasmus besitzen als Männer. Einige Fachleute gehen sogar so weit, zu sagen, Frauen seien sexuell »unersättlich«. Andere behaupten, es handle sich beim sogenannten mehrfachen Orgasmus in Wirklichkeit um eine Reihe von Empfindungen, die man zu Recht als erotisch, nicht aber als orgiastisch bezeichnen kann. Ob alle diese Berichte über mehrfache Orgasmen glaubwürdig sind oder nicht (ich selbst neige dazu, die Tatsache zu respektieren, daß Menschen im allgemeinen recht gut wissen, was sie empfinden) – in jedem Fall ist diese Frage für die Theorie der sexuellen Symmetrie von Bedeutung, weil sie den Schluß nahelegt, daß ein Geschlecht mehr »sexy« sei als das andere. Gestützt wird mein Argument durch die erwiesene Tatsache, daß Männer ebenso wie Frauen mehrfache Orgasmen haben können und auch haben. Die Männer, bei denen dies der Fall ist, sind in der Regel ziemlich jung. Bei Frauen spielt das Alter keine so bedeutende Rolle.[5] Die eigentliche Frage dreht sich nicht um Erregbarkeit, Orgasmus oder Ejakulation, sondern vielmehr um die erneute Reizempfänglichkeit oder Wiedererregbarkeit.

Bei Männern kommt es ziemlich schnell zur Erektion, die sich

---

[5] Man hat uns eingeredet, daß Männer ihren sexuellen Höhepunkt mit etwa achtzehn Jahren erreichen und dann allmählich nachzulassen beginnen, während Frauen ihren Höhepunkt angeblich zwischen fünfundzwanzig und dreißig erreichen und sich ihr sexuelles Potential bis ins ziemlich hohe Alter erhalten – ein Phänomen, das Mark Twain als »Gottes grausigen Scherz« bezeichnet hat. Ungeachtet dessen ist es eine allgemein bekannte Tatsache, daß viele Frauen ältere Männer sexuell attraktiv finden, was darauf schließen läßt, daß Männer auch mit zunehmendem Alter aktive Liebhaber bleiben können – und mit Sicherheit geschickter werden.

dann nach Orgasmus und Ejakulation ebenso schnell wieder legt, wobei der Penis fast umgehend – bei jüngeren Männern innerhalb weniger Minuten – in seine »Ruhestellung« zurückkehrt. Die KUV-Reaktion bei Frauen erfolgt unter Umständen nicht ganz so schnell, und allem Anschein nach dauert es länger, bis das angeschwollene Gewebe des KUV-Organs wieder abschwillt und die diversen Teile in ihren normalen gabelförmigen »Ruhezustand« zurückkehren. Es ist durchaus möglich, daß sich das weibliche Organ in dieser länger anhaltenden Phase erneut erregen läßt und daß es zu weiteren Orgasmen kommt. Den Männern, bei denen ein ähnlich verzögertes Abschwellen des Penis erfolgt, ist die erneute Erregbarkeit bis hin zur vollen Erektion (und zum Orgasmus) mit Sicherheit auch nicht unbekannt.

Die Untersuchungsergebnisse von Mehrfachorgasmen bei Männern zeigen, daß der Vorrat an männlicher Sexualflüssigkeit schnell zur Neige geht, so daß bei späteren Orgasmen normalerweise keine Ejakulation erfolgt, sondern lediglich die Empfindung eines Orgasmus. Möglicherweise trifft dies auch auf die Frauen zu, die von mehrfachen Orgasmen berichten.

Es kann durchaus sein, daß Frauen, die einen Orgasmus haben, vorübergehend »stehenbleiben« oder daß die Stimulation beendet ist, bevor es zu einer Ejakulation kommt. Umgekehrt ist es möglich, daß sich eine Frau, die sich ihrer ejakulativen Reaktion bewußt ist und wiederholt ejakuliert hat, ohne zum Orgasmus zu kommen, durchaus zufrieden, nicht aber vollauf befriedigt fühlt. Es kann sogar passieren, daß übermäßige Stimulation der mit dem Vorgang des Ejakulierens verbundenen Teile den Orgasmus zwar nicht verhindert, es der Frau aber doch erschwert, ihn zu erreichen. Diese Mechanismen sind zwar noch nicht völlig erforscht, aber es ist gut möglich, daß sie hormonell gesteuert werden.

Meine ursprüngliche Arbeit über die weibliche Ejakulation hat den Nachweis erbracht, daß Männer und Frauen eine Prostata besitzen und daher imstande sind, infolge von sexueller Stimulation Flüssigkeiten zu ejakulieren; damit habe ich das letzte Hindernis aus dem Weg geräumt, das der Anerkennung einer Symmetrie in bezug auf Form und sexuelle Funktion der Geschlechtsorgane von Mann und Frau im Wege stand. Wie ich bereits erklärt habe, wird durch die Tatsache, daß sich beim Koitus die Eichel der Frau und die Harnröhrenmündung im Innern der Vagina befinden, ein ejakulationsähnliches Ausspritzen von Flüssigkeit aus der Harnröhrenmündung durch den Penis blockiert; deshalb kann auch das Phänomen der Ejakulation bei Frauen nur anhand der größeren Feuchtigkeit festgestellt werden.

Das Abschwellen – das Abfließen von Blut und Flüssigkeiten aus den Geschlechtsorganen – erfolgt beim Mann normalerweise ungleich schneller.

Die Befriedigung, die auf die vier soeben beschriebenen Phasen folgt, bezieht sich in erster Linie auf den psychischen Zustand und impliziert, daß vorerst jegliche Begierde verschwunden ist.[6]

Die landläufige Meinung geht dahin, daß die sexuelle Befriedigung beim Mann, nicht aber unbedingt bei der Frau physiologisch begründet ist. Meiner Ansicht nach sagt einem der gesunde Menschenverstand, daß sowohl Männer als auch Frauen, wenn sie eine bestimmte Folge sexueller Empfindungen haben, die zu vollkommener Befriedigung führen, diesen Zustand erleben.

Es gibt ein chinesisches Sprichwort von einem Fischer, der mit zwei Kähnen losrudert; mit jedem Bein steht er in einem. Wenn ich hier über die Physiologie der Leidenschaft schreibe, muß ich unwillkürlich an das unvermeidliche Schicksal dieses Fischers denken und erkenne die Notwendigkeit, etwas über die Einheit von Geist und Körper, von Gehirn und Sexualorganen zu sagen, die ein Wesensmerkmal des Orgasmus ist.

---

[6] Der englische Begriff für diesen Zustand der Befriedigung ist *satiety,* abgeleitet von dem lateinischen Wort *satietas,* das mit dem anglosächsischen *saed* (traurig) verwandt ist. (Galen merkte an, daß »jedes Tier nach dem Koitus traurig ist, ausgenommen das Weibchen beim Menschen und der Hahn«.)

Das Gehirn verfügt über verschiedene Kontrollzentren, fungiert aber als eine Einheit. Ähnlich wie das Gehirn fungieren auch die Geschlechtsorgane – die, für sich betrachtet, einzelne Körperteile sind – im Zustand der Leidenschaft miteinander und mit dem Gehirn als ein Organ. Das Sinnesorgan, das wir als KUV-Organ bezeichnet haben, arbeitet in Übereinstimmung mit den Muskeln, den Blutgefäßen und den Nerven, über die sämtliche Informationen ins Gehirn gelangen. Die Gefühle, die wir im Zustand sexueller Leidenschaft über die Sinne erleben – alles, was wir sehen, schmecken, hören, riechen und vor allem fühlen –, werden über die Nerven via Rückenmark und über die hormonellen Signale via Blutstrom ins Gehirn geleitet und dort registriert. Diese Kontrollfunktionen sind uns größtenteils nicht bewußt. Wir wissen aber, daß wir unser sexuelles Verhalten und die Erfahrungen, die wir machen wollen, bis zu einem gewissen Grad steuern können.

Und wir wissen etwas über den Teil des Gehirns (die äußerste Schicht, Rinde genannt), der mit dieser Auswahl zu tun hat. Doch die Verbindung zwischen Geschlechtsorganen und Gehirn besteht keineswegs aus einer schlichten Einbahnstraße; man muß sie sich vielmehr als ein zweispuriges Hin- und Zurückfließen vorstellen, bei dem sich beide Seiten gegenseitig beeinflussen. Das ist auch der Grund, warum wir in sexueller Hinsicht dafür bezahlen müssen, wenn wir bei unseren sexuellen Erfahrungen den Intellekt überbetonen oder ihn zu einseitig auf den einen oder anderen Teil der Geschlechtsorgane richten. Mit dieser Angelegenheit verhält es sich ähnlich ironisch wie mit dem Wissen. Wenn man etwas so gut weiß oder kennt, daß es ein Teil von einem selbst geworden ist, braucht man nicht mehr daran zu denken; es wird zu einem Bestandteil der Persönlichkeit und der Art und Weise, wie man mit Erfahrungen umgeht.

Um sich vor Augen zu führen, was sich bei einem Orgasmus abspielt, kann man sich das Gehirn als Samen und Blüte einer Pflanze vorstellen und die Geschlechtsorgane als Wurzel.

Der Wissenschaftler Colin Blakemore, der sich mit der Funktionsweise des Gehirns beschäftigt hat, schreibt, daß Wahrnehmung nicht ohne Erwartung erfolgen kann.[7] Wenn dem Gehirn etwas nicht bekannt ist – wenn es dieses Etwas nicht »erwartet« –, muß erst ein Prozeß des Sich-vertraut-Machens stattfinden. Wir kabeln bestimmte Erwartungen ans Gehirn und verankern sie dort, indem wir Erfahrungen wiederholen; auf diese Weise wird im Endeffekt ein neuraler Verbindungs- oder Schaltweg »gebahnt«. Doch selbst dann kann das Bewußtsein Impulse aus den Nervenzellen hervorlocken oder blockieren. Die Sexualität jedes Menschen ist mit dem Bewußtsein seiner Geschlechtsorgane verknüpft. Einige Wissenschaftler haben sogar eine positive Korrelation zwischen der Orgasmusfähigkeit einer Frau und dem Ausmaß ihres Bewußtseins für ihre Vagina und ihre Brüste nachgewiesen; eine Frau, die in hohem Maß orgasmusfähig ist, ist sich mit großer Wahrscheinlichkeit ihrer Geschlechtsorgane deutlich bewußt. Daraus folgt, daß wissenschaftliche Erläuterungen, die Männern und Frauen zu mehr Wissen verhelfen, die Spontaneität und die Lust an sexuellen Erlebnissen nicht etwa vermindern, sondern sie im Gegenteil steigern.

Die Frage, die Liebende einander stellen – »Fühlst du, was ich fühle?« –, ist uralt. In einer etwas anderen Form wurde sie bereits in der griechischen Mythologie gestellt; damals ging es um eine Art Wettstreit.

Zeus und Hera gerieten in Streit über die ewige Frage, wer denn mehr Vergnügen an der Liebe habe, der Mann oder die Frau. Zeus behauptete, daß die Frau mehr Genuß bei der Liebe empfinde als der Mann, Hera war anderer Ansicht. Um ihre Meinungsverschiedenheit beizulegen, befragten sie Teiresias, der sowohl Mann als auch Frau gewesen war.[8] Seine

---

[7] Blakemore, 1977.

[8] Der Sage zufolge wurde Teiresias, der zwei sich paarende Schlangen beobachtete und das Weibchen tötete, zur Strafe in eine Frau verwandelt. Als er sieben Jahre später in derselben Situation das Schlangenmännchen tötete, wurde er wieder zum Mann.

Antwort lautete, daß die Frau neunmal soviel Vergnügen an der Liebe habe wie der Mann.

Heutzutage finden Teiresias und Zeus mit ihrer Ansicht zu diesem Thema Bestätigung bei jenen, die behaupten:

«Frauen sind sexuell unersättlich.«
»Es gibt unterschiedliche Arten des weiblichen Orgasmus.«
»Frauen haben mehr Kontraktionen als Männer, und ihre Orgasmen dauern länger.«

Doch noch steht die Sache unentschieden. Denn andere halten dem entgegen:

»Männer haben mehr Vergnügen am Sex.«
»Männer haben einen stärkeren Sexualtrieb, der dringender befriedigt werden muß.«
»Männer kommen weniger schwer zum Orgasmus als Frauen, und außerdem schneller.«

Auch Psychologen konzentrieren sich eher auf die Unterschiede zwischen den Geschlechtern als auf ihre Ähnlichkeiten.

Während der ganzen Zeit hat die medizinische Wissenschaft Tatsachen geliefert, die bestätigen, daß sich die sexuellen Reaktionen von Mann und Frau in allen Einzelheiten entsprechen. Die meisten dieser Tatsachen betreffen rein physische Reaktionen (des Herzens, des Blutkreislaufs, der Muskeln) – Dinge also, die Wissenschaftler messen können. Aber Liebespaare wollen mehr wissen als das. Sie träumen davon, dieselben Gefühle und Empfindungen zu erleben. Allerdings hat die Wissenschaft gerade erst angefangen, Erkenntnisse darüber zu sammeln, was sich in puncto Sexualität zwischen Gehirn und Geschlechtsorganen abspielt. In der Vergangenheit hat man den Leuten eingeredet, der Orgasmus der Frau sei etwas Subjektives – im Gegensatz zu dem heftigen, objektiven Orgasmus, den Männer erleben. Solche Behauptungen verwirren die Angelegenheit nur und lenken von den Tatsachen ab.

Der erste Irrtum besteht darin, Orgasmus mit Ejakulation gleichzusetzen; die Wissenschaft hat nachgewiesen, daß es sich dabei um zwei unterschiedliche Phänomene handelt. Christopher Bell weist darauf hin, daß »man festgestellt hat, daß bei funktionell bedingtem Ausbleiben einer Ejakulation der Orgasmus [bei Männern] erhalten bleibt«.[9] Alfred Kinsey berichtet, daß es kastrierte Männer gibt, die behaupten, sie hätten nach wie vor Orgasmen – und dies, obwohl infolge der Entfernung der Hoden die Prostata und die Samenbläschen degenerieren und die daraus stammende Flüssigkeit abnimmt.[10] John Money beschäftigt sich eingehend mit der Tatsache, daß ein Orgasmus unabhängig von anderen an der sexuellen Funktion beteiligten Faktoren stattfinden kann; dabei beruft er sich auf männliche Patienten mit Störungen des Fortpflanzungssystems oder ungewöhnlichen Anomalien, die einen »trockenen« Orgasmus haben – einen Höhepunkt intensiver erotischer Gefühle ohne Ausstoß von Flüssigkeit. Und umgekehrt, so erklärt Money, ist es möglich, daß ein Querschnittsgelähmter sieht, wie er ejakuliert, obwohl er dabei keinerlei körperliches Orgasmusgefühl hat. »Ein zusätzlicher interessanter Aspekt dabei ist«, fährt Money fort, »daß der Querschnittsgelähmte, obwohl er keinen durch die Ejakulation hervorgerufenen Reflex aufweist, in einem erotischen Traum trotzdem die subjektiven Gefühle des Höhepunktes erleben kann. Dieser Phantom-Orgasmus im Traum vollzieht sich ohne entsprechende Begleiterscheinungen im Bereich des Beckens und der Geschlechtsorgane.«[11]
Ein anderer Aspekt, der zusätzlich zur Verwirrung beiträgt, ist die Tatsache, daß nach wie vor sogar die Definition von Orgasmus umstritten ist. Viele Leute definieren Orgasmus

---

[9] Bell 1972, S. 668.
[10] Kinsey et al. 1954, S. 590 f.
[11] Money 1961.

wie Kinsey als »die explosionsartige Entladung neuromuskulärer Spannungen auf dem Höhepunkt der sexuellen Reaktion«[12]. Das Schlüsselwort ist dabei ›Höhepunkt‹. Andere Fachleute setzen Orgasmus konkreter mit dem Rückfluß von Blut aus dem Gewebe der Geschlechtsorgane gleich oder definieren ihn über die Muskeln, die die Kontraktionen oder Spasmen steuern, während wieder andere behaupten, daß ein Orgasmus mit oder ohne Muskelkontraktionen erfolgen kann.

Fast allen diesen Definitionen liegt zugrunde, daß der Orgasmus als Einzelereignis verstanden wird; das könnte einer der Gründe dafür sein, daß es so viele unterschiedliche Auffassungen gibt. So, wie die neue Theorie Orgasmus definiert, gibt es drei verschiedene Stadien der Empfindung. Die diversen Definitionen basieren möglicherweise auf Aussagen über Empfindungen, die in dem einen oder anderen Stadium wahrgenommen wurden, die aber normalerweise in einer derart komprimierten Zeitspanne – oder einer, die als solche wahrgenommen wird – erlebt werden, daß es schwierig ist, sie voneinander zu trennen.

Beim Orgasmus erleben wir wenigstens drei Gefühle:
• das Gefühl eines unwiderstehlichen Drangs – das Wissen, daß der Orgasmus kommt – ein intensives Gefühl der »Beschleunigung« in den Eingeweiden, das sowohl die Bauchhöhle als auch die Geschlechtsorgane betrifft; wir wissen, daß wir drauf und dran sind, eine Schwelle zu überschreiten, und daß es kein Zurück mehr gibt;
• ein Gefühl des erotischen Außer-sich-Seins;
• ein Gefühl der Ekstase, das uns über die Schwelle fegt, jenseits derer wir wieder zu uns kommen und zu unserem normalen Bewußtsein zurückkehren.

In diesen glückseligen Augenblicken erscheint einem jeder Unterschied zwischen Mann und Frau wie ein Sandkorn am Ufer des Ozeans.

---

[12] Kinsey et al. 1954, S. 479.

# KAPITEL 6

# Körper und Gefühle:
# Einsichten und Ausblicke

Für eine Frau, die liebt, ist das Intimleben das Zentrum ihres ganz persönlichen Universums. Doch was eine Frau über ihren eigenen Körper denkt, über sich selbst als Individuum und darüber, in welcher Beziehung Männer und Frauen zueinander stehen – das alles sind Dinge, die, wie wir gesehen haben, zu einem großen Teil durch die Einstellung der Gesellschaft zu diesen Fragen geprägt werden.

Auch wissenschaftliche Theorien werden von gesellschaftlichen Werten beeinflußt; im großen und ganzen stützen und stärken sie sich gegenseitig. Fallopio bestätigte die Auffassung von der weiblichen Klitoris als einer »Art Penis«. Da das allgemein vorhandene Wissen über die tieferliegenden Strukturen, die er entdeckt hatte, allmählich verlorenging, setzte sich die Anschauung durch, der äußerlich erkennbare Teil sei die gesamte Klitoris: eine Minaturausgabe des männlichen Penis. Diese Auffassung trug dazu bei, die bereits tief verwurzelte Überzeugung, daß die Geschlechtsorgane der Frau im Vergleich zu denen des Mannes minderwertig seien, noch zu verstärken.

In der grundlegenden Einstellung zur Frau spiegelte sich das immer wiederkehrende Thema der Dualität wider. Bereits in den Zeiten vor der Bibel galt die Frau als das Geschöpf, das Gut und Böse in sich vereint – wobei das Gute mit ihrer Rolle als Gebärerin, Amme und Ernährerin zu tun hatte, das Schlechte mit ihrer sexuellen Natur. Beide Vorstellungen gingen ganz selbstverständlich von der Annahme aus, daß der Mann der Frau überlegen ist.

Wie wir ebenfalls gesehen haben, lassen sich die im Bereich der medizinischen Wissenschaft herrschenden Anschauungen bis zu den alten Griechen zurückverfolgen. Die Medizin entwickelte sich aus der Philosophie, und im Bewußtsein der alten Griechen herrschte keine scharfe Trennung zwischen diesen beiden Bereichen.

John Burnet, ein großer Gelehrter der Antike, definierte Wissenschaft einmal als den Vorgang, »nach Art der Griechen über die Welt nachzudenken«.[1] Damit meinte er zweifellos das griechische Ideal, das der wissenschaftlichen Methodik zugrunde liegt, nämlich sich im Rahmen eines logischen Denkprozesses seiner geistigen Kräfte auf rationale Art und Weise zu bedienen.

Doch im Gegensatz zu den meisten modernen Wissenschaftlern haben die alten Griechen Dichotomien zwischen gut und böse, richtig und falsch, überlegen und unterlegen, Geist und Körper aufgestellt. Eine Dichotomie, die in den Schriften der Antike immer wieder auftaucht, ist die von Mann und Frau. In seinem Buch über die Geschichte der Biologie schreibt Emanuel Radl über die Philosophie des Aristoteles, sie sei fest im Bewußtsein der Unterschiede zwischen beiden Geschlechtern verankert.[2]

In Platons Werk *Der Staat* spricht sich Sokrates für eine Gesellschaft aus, die von sorgfältig ausgewählten und ausgebildeten Männern und Frauen regiert werden soll. Dabei handelt es sich um ein utopisches Ideal; aber im Verlauf der Dialoge scheinen doch immer wieder die Ansichten durch, die zu jener Zeit in bezug auf die Unterschiede zwischen den Geschlechtern wirklich herrschten: »Wir sagten zum Beispiel, ein Arzt und einer [eine Frau], der eine ärztliche Seele habe, seien von gleicher Natur; ein Arzt dagegen und ein Zimmermann haben eine verschiedene Natur.«[3] Die Unterschiede in der Fortpflanzungsfunktion freilich waren nicht zu übersehen, aber wenn sich Männer und Frauen nur in diesem einen

---

[1] Burnet 1920, S. v.
[2] Radl 1930, S. 106.
[3] Platon, *Der Staat,* Fünftes Buch, 454d.

Punkt unterschieden, nämlich »daß das Weib gebiert und der Mann zeugt«, mußten weitere Argumente ins Feld geführt werden, um nachzuweisen, daß sich die Frau vom Mann unterscheidet. Der Beweis wird in Form einer Reihe von Fragen erbracht, die schon so gestellt sind, daß der Leser sofort weiß, worauf sie hinauslaufen werden:

»Wenn du gesagt hast, der eine sei von Natur aus zu etwas begabt und der andere unbegabt, meintest du das so, daß der eine etwas leicht lernt, der andere aber schwer? Und daß der eine nach kurzem Unterricht in weitem Maße das, was er gelernt hat, erfinderisch weiterbildet, während der andere trotz vieler Unterweisung und Übung nicht einmal das behalten kann, was er gelernt hat? Und daß bei dem einen der Leib der Vernunft recht zu Diensten steht, beim anderen aber eher hinderlich ist? Oder gibt es noch andere Merkmale als diese, nach denen du unterscheiden kannst, ob einer zu dem oder jenem begabt ist oder nicht? ...
Kennst du nun irgendeine menschliche Beziehung, bei der sich nicht in allen Beziehungen das männliche Geschlecht vor dem weiblichen auszeichnet?« (455 b, c)

Die Schlußfolgerung heißt natürlich: »Auf allen Gebieten sozusagen ist dieses eine Geschlecht diesem anderen weit überlegen. Freilich sind viele Frauen zu manchen Dingen tüchtiger als manche Männer; im Ganzen verhält es sich aber so, wie du sagst.« (455 d) Wenn ein Mann rechtschaffen lebt, so fährt Platon fort, würde er mit ewigem Leben belohnt – einem ewigen »gesegneten und ihm gemäßen Leben« auf seinem Geburtsstern im Universum. Führt er andererseits ein unrechtschaffenes und feiges Leben auf Erden, wird er bei seiner zweiten Geburt damit bestraft, daß er als Frau leben muß.
In seinem Dialog *Timaios* erläutert Platon die Schöpfung des Universums und die Gesetze der Fortpflanzung; auch hier taucht wieder dieselbe Vorstellung vom Schicksal jener Män-

ner auf, die feige sind oder ein schlechtes Leben führen (gemeint sind diejenigen, die sich von menschlichen Emotionen »besiegen« lassen, anstatt diese mit Hilfe ihres Verstandes zu beherrschen). Solche Männer würden bei ihrer zweiten Entstehung zur Strafe in Frauen verwandelt.[4] Die von Platon aufgestellte Hierarchie der Lebewesen – ganz oben die Männer, dann die Frauen und schließlich die Tiere – beeinflußte viele Jahrhunderte lang die Vorstellungen der Menschen vom Leben und den Beziehungen zwischen den Geschlechtern. In diesem Zusammenhang behauptet Platon: »Doch sei die menschliche Natur zwiespältig; deshalb solle das vorzüglichere der beiden das Geschlecht jener Art sein, das man später als Mann bezeichnen werde.« (42 a)

Nach Meinung des bekannten Wissenschaftshistorikers George Sarton übte *Timaios* auf spätere Zeiten einen »gewaltigen und ausgesprochen verheerenden« Einfluß aus, da dieses Werk als wissenschaftlich galt und »Irrtümer und Spekulationen niemals gefährlicher sind, als wenn sie uns im Mäntelchen der Wissenschaft serviert werden«.[5] Sartons Ansicht zufolge »scheint Platon nicht realisiert zu haben, daß zur ehelichen Liebe eine besonders tiefgreifende Beziehung zwischen zwei Menschen gehört«. Und er fährt fort: »Wann immer er sexuelle Begierden idealisierte – und dies tat er häufig –, wann immer er sich Gedanken über den Kampf zwischen Geist und Körper machte, geschah dies nicht unter einem heterosexuellen, sondern unter einem homosexuellen Aspekt.« Über den Menschen Platon urteilt Sarton: »Für ihn war die platonische Liebe die Sublimierung der Päderastie; als wahre Liebe bezeichnet er im *Symposion* die richtige Art und Weise, junge Männer zu lieben.« Wie Sarton erklärt, »war Platon nicht unbedingt ein Päderast im physischen Sinn, aber er war mit großer Wahrscheinlichkeit homosexuell; er war so etwas wie ein Frauenhasser. Das kommt in seinen

---

[4] Platon, *Timaios*, 42 c.
[5] Sarton 1952, S. 423.

186

Schriften deutlich zum Ausdruck.« Wir müssen jedoch davon ausgehen, meint Sarton abschließend, »daß der normale Durchschnittsmann im damaligen Griechenland ebenso wie heutzutage eher Frauen liebte und Kinder zeugte«.[6]

Wer Sigmund Freud liest und sich ein bißchen in den Schriften der griechischen Antike auskennt, wird ohne weiteres den Zusammenhang zwischen einigen Freudschen Ideen und den Vorstellungen der alten Griechen erkennen. Der Psychologe H. J. Eysenck meint dazu: »Eine weitere Vorwegnahme der Freudschen Theorien, vielleicht die berühmteste von allen, liegt in Platos Vorstellung von der Dreigeteiltheit der Seele: in den Reiter, der ein gehorsames, umgängliches und ein ungezügeltes, böses Pferd zügelt. ... Die Ähnlichkeit dieser Vorstellung mit Freuds Ansicht vom Ich, Über-Ich und Es ist natürlich vielen Autoren aufgefallen.«[7] Das Ich versucht, wie der Wagenlenker, die Spannungen zwischen dem Es und dem Über-Ich zu kontrollieren oder zu lösen, die gelegentlich wie zwei ungebärdige Pferde in unterschiedliche Richtungen ziehen. Das Es ist das Unterbewußte, jener Teil der Psyche, der die Libido oder den Sexualtrieb steuert, den Freud als Quelle aller Energie betrachtete. Das Ich nimmt wahr, was vor sich geht, und versucht, entsprechend zu handeln. Probleme entstehen dann, wenn die unterbewußten Impulse des Es dem Ich in die Quere kommen. Freud glaubte, daß sich ein Individuum, das seine inneren Konflikte bewältigen will, mit diesen beiden Kräften auseinandersetzen muß.

Der Philosoph Martin Buber, wie Freud ein Wiener und nur zwanzig Jahre jünger als dieser, schrieb in der Tradition der chassidischen Juden.[8] In *Ich und Du* beschreibt er eine Zwei-

---

[6] Sarton 1952, S. 425.

[7] Eysenck 1973, S. 467.

[8] Unter Chassidismus versteht man religiöse Erneuerungsbewegungen des Judentums, etwa die von Speyer ausgehende mystische Bewegung im Mittelalter in Frankreich und Deutschland, die in der 2. Hälfte des 12. Jh. ihren Höhepunkt erreichte. Eine andere chassidische Bedeutung fand im 18. und 19. Jh unter den Juden Osteuropas weite Verbreitung. In den 20er Jahren dieses Jahrhunderts hat Buber diese mystischen Gedanken wiederbelebt.

geteiltheit, die sich durch die ganze Welt zieht, durch jeden Menschen und jede menschliche Tätigkeit. Wie Freud, so verwendet Buber die Begriffe ›Ich‹ und ›Es‹. Ein dritter Wiener, der Psychologe Bruno Bettelheim, weist in seiner Neuinterpretation der Freudschen Theorien mit dem Titel *Freud und die Seele des Menschen* darauf hin, daß Freud »Wörter [wählte], die zu den ersten gehören, die jedes deutsche Kind gebraucht... das Personalpronomen *es* (it) und... [das] Pronomen *ich* (I)«, die er in der substantivischen Form als »das Es« und »das Ich« gebrauchte.[9]

Bettelheim kritisiert zu Recht, daß in der ersten englischen Übersetzung diese Freudschen Begriffe mit ihren lateinischen Entsprechungen (*the Ego* und *the Id*) wiedergegeben wurden statt mit ihren englischen, und zitiert Freud, der die Verwendung dieser beiden einfachen Begriffe damit begründete, daß es in der Psychoanalyse vorzuziehen sei, »im Kontakt mit der populären Denkweise zu bleiben«.[10]

Natürlich verwendete Freud auch griechische Termini; allerdings schaffte er es irgendwie, daß selbst diese Wörter – zum Beispiel ›Psyche‹, ›erotisch‹ oder ›neurotisch‹ – auf der ganzen Welt zum festen Bestandteil der jeweiligen Sprachen wurden.

Lionel Trilling zitiert in seinem Buch *The Liberal Imagination* Freud mit der Aussage, »er weise den Anspruch zurück, der Entdecker des Unterbewußten genannt zu werden, denn was immer er für das systematische Verständnis des Unterbewußtseins getan haben mochte, die eigentliche Entdeckung gebühre den großen Meistern der Literatur«.[11] Freud erklärt, »wie nahe die erweiterte Sexualität der Psychoanalyse mit dem *Eros* des göttlichen Plato zusammentrifft«.[12] An anderer Stelle schreibt er:»Der ›*Eros*‹ des Philosophen *Plato* zeigt in

---

[9] Bettelheim 1986, S. 65.
[10] Bettelheim 1986, S. 73.
[11] Trilling 1979, S. 153.
[12] Vorwort von 1920 zur 4. Auflage der 1905 erschienenen *Drei Abhandlungen zur Sexualtheorie, Gesammelte Werke*, Bd. V, S. 32.

seiner Herkunft, Leistung und Beziehung zur Geschlechtsliebe eine vollkommene Deckung mit der Liebeskraft, der Libido der Psychoanalyse.«[13] Und wie Platon, so stellte auch Freud nie die Annahme in Frage, daß die Lebenskraft oder Libido maskulin ist. Freud betrachtete die Libido und alles, was mit Aktivität zu tun hat, als maskulin, und alles, was man mit Passivität assoziiert, als feminin. Dieses Konzept einer Aktiv/passiv-Dichotomie bei den Geschlechtern, das sich in Freuds Theorien widerspiegelt, stammt unmittelbar von Aristoteles; dasselbe gilt für die Freuds Denkweise zugrundeliegende Philosophie, zu deren Grundelementen die feste Überzeugung gehört, daß es Unterschiede zwischen den Geschlechtern gibt.

Auch die griechische Mythologie hat einen entscheidenden Einfluß auf die Ideen Freuds ausgeübt. Ein augenfälliges Beispiel dafür ist Freuds Konzept des Narzißmus, eine Form der Neurose, bei der man dem eigenen Aussehen, seinem Körper und seinem Verhalten unverhältnismäßig viel Bedeutung beimißt. Für Freud war Narzißmus die Übertreibung der Liebe, die man normalerweise für sich selbst empfindet. Da er die Klassiker kannte, entwickelte er diese Konzeption und den entsprechenden Begriff dafür auf der Grundlage des griechischen Mythos des Narkissos (Narziß); dieser schöne Jüngling verliebte sich in sein Spiegelbild, als er es zufällig in einer klaren Quelle sah, und verzehrte sich danach, bis er schließlich in eine Narzisse verwandelt wurde. Sein Schicksal war die Strafe dafür, daß er die Liebe der Nymphe Echo zurückgewiesen hatte; diese verflüchtigte sich daraufhin bis auf ihre Stimme, die nur noch die Kraft hatte, die Worte anderer zurückzuwerfen.[14]

Mehr im Mittelpunkt der Freudschen Theorien steht jene Neurose, die Freud in Anlehnung an das Drama *König Oidipus* von Sophokles als Ödipuskomplex bezeichnet hat. Freuds

---

[13] Freud 1921, S. 99.
[14] *Der Kleine Pauly*, Bd. 3, S. 1572.

Theorie zufolge besteht dieser Komplex in der Liebe eines Jungen zu seiner Mutter und der Eifersucht/dem Haß auf seinen Vater; diese Gefühle rufen bei dem Jungen Kastrationsängste hervor. Bei normalen Individuen verliert dieser Komplex des Jugendlichen an Bedeutung; bei Neurotikern hingegen werden diese Impulse und die sie begleitenden Schuldgefühle nie bewältigt. Bei einer neurotischen Persönlichkeit werden sie ins Unterbewußtsein verdrängt, ins Erwachsenenleben mit hinübergenommen und auf andere Beziehungen projiziert.

Eine andere Form der von Freud definierten Neurose ist die Umwandlung eines unterbewußten Konfliktes in symbolische, mit sexueller Repression verbundene körperliche Symptome. Da um die Jahrhundertwende Frauen normalerweise sexuell mehr unterdrückt waren als Männer, wurde dieser Zustand häufiger bei weiblichen Patienten diagnostiziert als bei männlichen. Freuds Theorie zufolge war es denkbar, daß eine Frau, die Probleme mit dem Schlucken hatte, bei der es jedoch keinerlei Hinweise auf irgendeine organische Krankheit gab, dieses Symptom möglicherweise deshalb hatte, weil sie unterbewußten Fellatio-Impulsen Widerstand leistete; ähnlich wurden Schmerzen in den Händen mit dem unterdrückten Wunsch zu masturbieren in Verbindung gebracht. Abgesehen von Schmerzen in verschiedenen Körperteilen traten bei den Patientinnen teilweise auch noch andere Symptome auf, etwa Schwäche, Krämpfe, Hustenanfälle oder Kurzatmigkeit. Heutzutage bezeichnet man diese Form der Neurose als Konversionsneurose, zu Freuds Zeiten hieß sie »Hysterie«.

Die Hysterie und das zuvor erwähnte Phänomen des wandernden Uterus wurden erstmals in Platons *Timaios*-Dialog beschrieben. Und dort stößt man auf genau dieselbe Erklärung für die Ursache der Hysterie, die auch Freud dieser Krankheit zuschrieb: sexuelle Unterdrückung.

Anläßlich seiner Beschreibung der Sexualorgane von Männern und Frauen vergleicht Platon den Penis und die Gebärmutter mit ungehorsamen Lebewesen, die von rasenden Begierden beherrscht werden. Er charakterisiert den Uterus als »ein lebendiges Wesen in ihnen (den Frauen)«, das das Verlangen hat, Kinder zu gebären, und »wenn es trotz der Reifezeit lange keine Frucht tragen darf, so kann es das nur schwer und unwillig ertragen; es irrt dann im ganzen Leib umher, verstopft die Kanäle der Luft und hindert das Atmen; dadurch bringt es den Leib in die äußersten Bedrängnisse und hat auch sonst mannigfache Krankheiten zur Folge, bis die gegenseitige Begierde und Liebe die beiden zusammenführen«.[15] Freud glaubte natürlich, daß Hysterien und jede andere Art neurotischen Verhaltens in erster Linie durch Frustrationen und Ängste im Sexualleben eines Menschen verursacht werden. Wenn die griechischen Philosophen diese sexuelle Leidenschaft als »eine Form des Wahnsinns« beschrieben, so meinten sie damit keine echte Neurose, sondern hatten vielmehr das spontane Handeln und die impulsiven Äußerungen im Sinn, die charakteristisch sind für Leute, die bis über beide Ohren verliebt sind und sich mit ihrem irrationalen Verhalten in den Augen anderer lächerlich machen.

Die klassischen Wurzeln von Freuds psychoanalytischer Theorie werden von Dr. Ishak Ramzy von der Menninger Foundation erörtert, der folgenden Rat erteilt: »Wer beim Studium Freuds Schwierigkeiten hat, dem einen oder anderen Teil seiner Theorien zu folgen, dem würde es wahrscheinlich helfen, auf einige Lehrsätze des Aristoteles zurückzugreifen. . . . Für Freud hat, ähnlich wie für Aristoteles, alles Form und Materie.« Ramzy huldigt Aristoteles als »dem Erfinder der formalen Logik, die sich mit dem Schlußfolgern als solchem ohne Rücksicht auf Inhalte beschäftigt«, und er schreibt Freuds Fähigkeit, seine eigenen Ideen mit einsichtigen und zwingenden Argumenten zu untermauern, diesem aristotelischen Einfluß zu. Zu Freud meint Ramzy: »Wenn irgendeine seiner Theorien nicht akzeptabel ist, dann liegt dies nicht an

---

[15] Platon, *Timaios*, 91 c.

191

der Art und Weise, wie er sie begründet, sondern an den Prämissen, von denen er ausgegangen ist.«[16]

Vor diesem Hintergrund wollen wir jene Konzepte Freuds und ihre möglichen Ursprünge betrachten, die relevant sind für die drei Aspekte, die wir untersuchen: die Wurzeln der Vorstellungen von der Anatomie der weiblichen Geschlechtsorgane, die Charakterisierung des weiblichen Geschlechts und die Ansichten über die Beziehung zwischen den Geschlechtern.

»Die Anatomie ist das Schicksal« – so lautet Freuds berühmte Abwandlung einer Bemerkung Napoleons.[17] Diese Aussage bezog Freud speziell auf das weibliche Geschlecht, ohne dabei jedoch an die frühmittelalterliche Auffassung zu denken, die besagte: »*Tota mulier in utero*« (Der Uterus *ist* die Frau)[18], und damit die Überzeugung zum Ausdruck brachte, daß der Geburtsvorgang das Leben einer Frau beherrscht. Vielmehr dachte Freud dabei an die Anatomie der weiblichen Geschlechtsorgane. Er vertrat die Ansicht, daß das Gefühl einer Frau für sich selbst durch bestimmte, in der Kindheit erfolgte psychische Reaktionen geprägt ist, die seiner Meinung nach das unvermeidbare psychische Ergebnis des Unterschiedes zwischen der weiblichen Klitoris und dem männlichen Penis sind. In *Der Untergang des Ödipuskomplexes* schreibt er: »Die Klitoris des Mädchens benimmt sich zunächst ganz wie ein Penis, aber das Kind nimmt durch die Vergleichung mit einem männlichen Gespielen wahr, daß es ›zu kurz gekommen‹ ist, und empfindet diese Tatsache als Benachteiligung und Grund zur Minderwertigkeit.«[19] In diesem einen Satz spiegeln sich Freuds Auffassung von einer Polarisierung der Geschlechter und seine Überzeugung, daß das weibliche Geschlecht dem männlichen unterlegen ist, wider; er glaubte fest

---

[16] Ramzy 1956, S. 120f.

[17] Freud 1924, S. 400.

[18] Die wörtliche Übersetzung müßte heißen: »Die Gesamtheit der Frau ist im Uterus.«

[19] Freud 1924, S. 400.

daran, daß kleine Mädchen diese Minderwertigkeit ganz automatisch infolge ihrer »organischen Unterlegenheit« empfinden, die er von der inzwischen als falsch erkannten Prämisse einer Gleichsetzung von Penis und Klitoris ableitete.

Dieses Konzept der Polarisierung der Geschlechter begründete Freud mit einer Analyse der zwischen ihnen herrschenden Unterschiede, basierend auf der Erkenntnis, »daß die für die menschliche Anlage behauptete Bisexualität beim Weib viel deutlicher hervortritt als beim Mann. Der Mann hat doch nur eine leitende Geschlechtszone, ein Geschlechtsorgan, während das Weib deren zwei besitzt: die eigentlich weibliche Vagina und die dem männlichen Glied analoge Klitoris.«[20] Freud betrachtete die Klitoris als ein minderwertiges Organ und charakterisierte sie in einer seiner Vorlesungen als einen »verkümmerten Penis«.[21]

Ein weiteres Konzept, das Freud verwendete, um die Unterschiede zwischen den Geschlechtern zu beschreiben, ist die Dichotomie in aktiv (männlich) und passiv (weiblich). Da der Sexualtrieb stets aktiv ist, assoziierte Freud ihn mit Männlichkeit. Vorausgesetzt, man wüßte »den Begriffen ›männlich und weiblich‹ einen bestimmteren Inhalt zu geben«, so meint Freud, »ließe sich auch die Behauptung vertreten, die Libido sei regelmäßig und gesetzmäßig männlicher Natur, ob sie nun beim Mann oder beim Weibe vorkomme«.[22] Im Anschluß an diese Argumentation dehnte Freud diese Assoziation der Männlichkeit auf die weibliche Klitoris aus. »Das Wesentliche, was also an Genitalität in der Kindheit vorgeht, muß sich beim Weibe an der Klitoris abspielen«[23], schrieb er. »Will man das Weibwerden des kleinen Mädchens verstehen, so muß man die weiteren Schicksale dieser Klitoriserregbarkeit verfolgen.... Die Klitoris behält dann die Rolle, wenn sie beim endlich zugelassenen Sexualakt selbst erregt wird [obwohl sie

[20] Freud 1931, S. 520.
[21] Freud 1932, S. 71.
[22] Freud 1905b, S. 120.
[23] Freud 1931, S. 520.

ein verkümmerter Penis ist], diese Erregung an die benachbarten weiblichen Teile weiter zu leiten, etwa wie ein Span Kienholz dazu benützt werden kann, das härtere Brennholz in Brand zu setzen. Es nimmt oft eine gewisse Zeit in Anspruch, bis sich diese Übertragung vollzogen hat, während welcher dann das junge Weib anästhetisch ist.«[24] Freud führte die Idee, daß sich eine theoretisch »männliche« Klitorisreaktion auf eine »weibliche« Vaginareaktion übertragen läßt, als Beweis für einen deutlichen Unterschied zwischen den Geschlechtern an, einen Unterschied, der auf der uralten Vorstellung von der Dualität der Frau beruht. Freud sah diese Dualität nicht nur in der Anatomie der Frau, sondern auch in ihrer geschlechtlichen Entwicklung.

»Das Geschlechtsleben des Weibes zerfällt regelmäßig in zwei Phasen, von denen die erste männlichen Charakter hat; erst die zweite ist die spezifisch weibliche. In der weiblichen Entwicklung gibt es so einen Prozeß der Überführung der einen Phase in die andere [von der Klitoris zur Vagina], dem beim Manne nichts analog ist. Eine weitere Komplikation entsteht daraus, daß sich die Funktion der virilen Klitoris in das spätere weibliche Geschlechtsleben fortsetzt in einer sehr wechselnden und gewiß nicht befriedigend verstandenen Weise.«[25]

Freud vertrat die Ansicht, daß die Antithese zwischen klitoraler Funktion und vaginaler Funktion die Entwicklung der Frau von der des Mannes scheidet.»Das Männliche faßt das Subjekt, die Aktivität und den Besitz des Penis zusammen, das Weibliche setzt das Objekt in die Passivität fort. Die Vagina wird nun als Herberge des Penis geschätzt, sie tritt das Erbe des Mutterleibes an.«[26] Diese Aktiv/passiv-Dichotomie

---

[24] Freud 1905b, S. 122.
[25] Freud 1931, S. 520 f.
[26] Freud 1923, S. 298.

stammt ebenso eindeutig unmittelbar von Aristoteles wie die ihr zugrunde liegende Philosophie, in der die Unterschiede zwischen den Geschlechtern eine zentrale Rolle spielen. Eine der wichtigsten Erfahrungen, die die Entwicklung eines Mannes beeinflussen, ist Freud zufolge das erste Erblicken des weiblichen Genitalbereichs. Wenn der kleine Junge diesen zum erstenmal sieht, so nimmt er nicht etwa die Dualität wahr, die Freud ihm zugeschrieben hat, sondern »er sieht nichts«. Freud erklärt dazu: »Erst später, wenn eine Kastrationsdrohung auf ihn Einfluß gewonnen hat, wird diese Beobachtung für ihn bedeutungsvoll werden.«[27] Der kleine Junge war der Überzeugung, daß alle Menschen, Männer wie Frauen, einen Penis haben so wie er. Und deshalb glaubt er jetzt, daß das kleine Mädchen ihren Penis verloren haben muß; und wenn ihr so etwas passieren kann, könnte es auch ihm passieren. Diese Kastrationsdrohung jagt ihm Angst ein, die zweierlei Reaktionen hervorruft: »Abscheu vor dem verstümmelten Geschöpf oder triumphierende Geringschätzung desselben«.[28] Genau diesen Begriff ›verstümmelt‹ hat auch Galen für die Beschreibung der weiblichen Geschlechtsorgane verwendet; möglicherweise hat Freud ihn ursprünglich dort entdeckt. In Freuds Schilderung erscheinen einem die Kinder wie kleine Adams und Evas, bei denen der Verlust der Unschuld, der darin besteht, daß sie ihre gegenseitigen Geschlechtsorgane kennen, zum psychischen Sündenfall führt: Der kleine Junge, der das Mädchen für verstümmelt hält, befürchtet, seinen Penis zu verlieren; das Mädchen, das die eigene Verstümmelung akzeptiert, beneidet den Jungen um sein überlegenes Organ und möchte es verstümmeln.

Freud behauptet, »die endlich gewonnene Überzeugung, daß das Weib keinen Penis besitzt, hinterläßt beim männlichen Individuum oft eine dauernde Geringschätzung des anderen Geschlechts«. Und: »Es nützt dem Kinde wenig, wenn die

---

[27] Freud 1925, S. 23.
[28] Freud 1925, S. 24.

biologische Wissenschaft seinem Vorurteile [d. h. der früheren Auffassung des kleinen Jungen, daß jeder Mensch einen Penis hat] recht geben und die weibliche Klitoris als einen richtigen Penisersatz anerkennen muß.«[29] Wenn ich Freud richtig interpretiere, so behauptet er damit, daß, selbst wenn man den Jungen über die wissenschaftliche »Tatsache« aufklären würde, daß die Klitoris des kleinen Mädchens das weibliche Äquivalent zum Penis ist, dies nichts an der »triumphierenden Geringschätzung« ändern würde, die er für das weibliche Geschlecht wegen seiner »organischen Unterlegenheit« empfindet. Freuds psychoanalytischer Theorie zufolge wird die Entwicklung des Jungen sehr viel eher durch subjektive Vorstellungen geprägt, die sich infolge seiner unmittelbaren Sinneserfahrungen herausbilden, als durch solche, die auf Tatsachen beruhen. In diesem Fall demonstriert die Kastrationsvorstellung des Jungen ganz deutlich Freuds Auffassung von einer zweistufigen Genitalorganisation der Libido, der zufolge auf der Stufe der infantilen Genitalorganisation »der Gegensatz lautet...: *männliches Genitale* oder *kastriert*«.[30] Dabei handelt es sich um einen direkten Ableger der antiken Vorstellung von der Überlegenheit des Penis, der dieselbe dualistische Denkweise zugrunde liegt.

Seit der Veröffentlichung dieser Abhandlungen sind mehr als sechzig Jahre vergangen, in denen jede Menge Publikationen zum Thema Penisneid erschienen sind. Und wenn man den Konsensus, zu dem andere gelangt sind, gerecht zu beurteilen versucht, so stellt sich heraus, daß die ganze Angelegenheit äußerst strittig ist. Es ist zwecklos anzuzweifeln, ob Freud das, was er bei seinen Patientinnen beobachtet hat, korrekt wiedergegeben hat; aber wie er selbst einräumte, läßt sich seine Anschauung nur dann aufrechterhalten, wenn sich herausstellen sollte, daß seine Erkenntnisse, die zugegebenermaßen auf nicht mehr als einer Handvoll Fällen beruhen,

---

[29] Freud 1905a, S. 96 (siehe dort auch Fußnote 1).
[30] Freud 1923, S. 297.

Allgemeingültigkeit haben. »Sonst«, so schrieb er, »bliebe es eben ein Beitrag zur Kenntnis der mannigfaltigen Wege in der Entwicklung des Sexuallebens.«[31]

Hält nun Freuds Theorie vom Penisneid dem Kriterium der Allgemeingültigkeit stand? Vor einigen Jahren merkte Evelyne Sullerot dazu an, der Penisneid habe in der Tat »einer oder zwei Generationen von Frauen aus der bürgerlichen Mittelschicht erstaunlich großes physisches Leid« zugefügt.[32] Im allgemeinen besteht jedoch Einigkeit darüber, daß der Penisneid kein universeller Bestandteil der psychosexuellen Entwicklung der normalen Frau ist. Es hat viel Geschrei gegeben um das, was man als einfache Verwechslung zwischen ›Neid auf‹ und ›Wunsch nach‹ bezeichnen könnte. Eine Frau kann sehr wohl von den Sexualorganen eines Mannes träumen, ebenso wie ein Mann von denen einer Frau, aber, wie Eysenck das Problem kurz und bündig zusammenfaßt: »Was die Träume von Frauen betrifft – wie können wir sagen, daß das Erscheinen phallischer Symbole *Penisneid* statt vielmehr *Interesse am Penis* anzeigt? Es mag sein, daß Frauen einen Penis *in* sich, aber nicht *an* sich wünschen.«[33]

In derselben Abhandlung geht Eysenck ausführlich auf die Studie von Hall und van de Castle ein, die »für die Freudsche Theorie besonders wichtig [ist], da es sich offensichtlich um die *einzige* Studie handelt, die weithin als Beweis für das Konzept des Penisneids akzeptiert wurde«.[34] Er kommt zu dem Ergebnis, daß diese Studie nicht als eine Bestätigung des Kastrationskomplexes angesehen werden kann.

Es gibt eine Reihe von Neuinterpretationen dieser Freudschen Theorie, mit denen der Versuch unternommen wurde, ihre Bedeutung vom Neid auf den konkreten Penis auf den Neid auf die dominierende Stellung des Mannes in der Gesellschaft zu verlagern, also einen sogenannten sekundären Pe-

---

[31] Freud 1925, S. 30.
[32] Sullerot, 1979, S. 94.
[33] Eysenck, 1973, S. 203.
[34] Eysenck 1973, S. 202.

nisneid zu proklamieren; aber Freud selbst hat in seiner Stellungnahme zu Karen Horneys 1926 erschienener Abhandlung zu diesem Thema mit dem Titel *Flucht aus der Weiblichkeit* eine solche Interpretation zurückgewiesen: »Das entspricht nicht meinen Eindrücken.«[35] Er betonte erneut seine Überzeugung, daß das weibliche »Männlichkeitsstreben« seinen frühesten Ausdruck in dem Wunsch des kleinen Mädchens nach einem Penis findet und daß man dieses Streben folglich als »Penisneid« bezeichnen sollte, wie er es ursprünglich getan hatte.

Wenn wir eines von Freud lernen können, dann dies, daß wir nie die Bedeutung des einzelnen Menschen und seiner ganz individuellen Erfahrungen vergessen dürfen, deren Wesen und Eigenart für eben dieses eine Individuum charakteristisch sind. In dieser Beziehung unterscheidet sich Freud von der medizinischen Vorgehensweise, bei der man bestimmte Normen aufstellt und damit das Hauptaugenmerk auf den Durchschnitt oder das statistische Mittel richtet. Im Bereich der Medizin können Ärzte aus der Beobachtung der von der Norm abweichenden Fälle lernen. Durch die Betrachtung pathologischer Befunde kann der Arzt quantitative Charakteristika – zum Beispiel anatomische – deutlicher erkennen als bei einem Normalfall und auf diesem Weg zu einer vernünftigen Erklärung bestimmter physischer Phänomene gelangen. Freud entwickelte seine Theorie aus einem ähnlichen Ansatz, unterscheidet sich jedoch in der Logik, mit der er ihn weiterverfolgt. Mediziner machen sich diesen Ansatz zunutze, um Erkenntnisse zu gewinnen, verwenden dann diese Erkenntnisse, um eine Unterscheidung zwischen normal und anormal zu treffen. Freud hingegen meint, daß die aus der Pathologie – oder in Freuds Theorien häufig: der Neurose – gewonnenen Erkenntnisse Implikationen für den Verlauf der normalen psychosexuellen Entwicklung haben.

Was veranlaßt uns dazu, das zu tun, was wir tun? Freud hielt

---

[35] Freud 1931, S. 537.

an seiner Theorie fest, daß wir alle von unseren sexuellen Impulsen angetrieben werden. Und dadurch, daß er die Sexualität als Bestandteil der normalen Entwicklung des Kindes hinstellte, war er in der Lage, Beispiele aus der Kindheit anzuführen, um zu zeigen, daß sexuelle Funktion und Fortpflanzungsfunktion nicht notwendigerweise miteinander zu tun haben.

Im Jahr 1922 zog John Dewey gegen den unheilvollen modischen Hang zur Simplifikation zu Felde und empörte sich gegen die Versuche, das menschliche Wesen zu reduzieren auf »eine definierbare Ansammlung von Grundinstinkten, die sich aufzählen, katalogisieren und erschöpfend beschreiben lassen. ... Im Augenblick ist eine weitere Simplifikation *en vogue,* die besagt, daß alle Instinkte auf den sexuellen zurückgehen, so daß *cherchez la femme* (in vielfältigen symbolischen Verkleidungen) das letzte Wort der Wissenschaft bezüglich der Analyse von Verhaltensweisen ist.«[36] Heutzutage ist die Psychologie nicht mehr so einseitig.

Freud selbst schrieb: »Das Lehrgebäude der Psychoanalyse, das wir geschaffen haben, ist in Wirklichkeit ein Überbau, der irgend einmal auf sein organisches Fundament aufgesetzt werden soll; aber wir kennen dieses noch nicht.«[37] Freud spielte damit auf das Fehlen einer chemischen Grundlage für seine Libido-Theorie an und bemerkte ausdrücklich: »Im Übrigen ist uns das Wort ›Sexualstoffwechsel‹ oder ›Chemismus der Sexualität‹ ein Fach ohne Inhalt; wir wissen nichts darüber...«[38]

Inzwischen weiß man sehr viel mehr über die mit der Sexualität zusammenhängenden Hormone Androgen und Östrogen, die beide bei Männern und Frauen vorhanden sind; aber auch dieses Wissen ist noch nicht annähernd erschöpfend. So wissen wir zum Beispiel sehr wenig über den Zusammenhang

---

[36] Dewey 1922, S. 132 f.
[37] Freud 1917, S. 403.
[38] Freud 1917, S. 403.

zwischen Hormonen und Stimmungszuständen, ganz zu schweigen von den komplexen Vorgängen, die sich bei sexueller Stimulation im hormonellen Bereich abspielen. Zweifellos beeinflußt die Interaktion hormoneller und psychischer Faktoren das sexuelle Verhalten; aber abschließende Untersuchungen zu diesem Thema müssen erst noch durchgeführt werden. Man geht davon aus, daß Androgene libidosteigernde Hormone sind; und eine Östrogentherapie zur Behandlung von Frauen nach der Menopause kurbelt die Produktion von Sexualflüssigkeiten an.

Freud war so weitsichtig, die entscheidende Rolle chemischer Stoffe für die Sexualfunktion zu erkennen. Er hatte mit dem Versuch begonnen, ein Modell des Bewußtseins zu konstruieren, das auf den Erkenntnissen der Neurophysiologie beruhte. Doch sobald ihm klar wurde, wie beschränkt das Wissen über die Funktionsweise des zentralen Nervensystems war, mußte er diesen Plan fallenlassen. So hat seine psychoanalytische Theorie weder eine hormonelle noch eine neurologische Basis, dafür aber eine psychologische, die er auf der Grundlage seiner Beobachtungen an Patienten und seiner Analysen ihrer Gedankengänge formulierte. Trotzdem bleibt die Tatsache bestehen, daß einige seiner Ideen über Frauen und die Beziehung zwischen den Geschlechtern durch eine falsche Vorstellung von der Anatomie der weiblichen Geschlechtsorgane beeinflußt worden sind.

Psychologie und Psychiatrie haben eine entscheidende Rolle bei der Entlarvung repressiver Vorstellungen von der weiblichen Sexualität gespielt; gleichzeitig aber läßt sich in einigen Theorien, die sich mit der Einstellung zu den Geschlechtern beschäftigen, eine philosophische Verzögerung feststellen. Beide Disziplinen sind von psychoanalytischen Auffassungen von der Beziehung zwischen Männern und Frauen beeinflußt worden.[39] Innerhalb beider Bereiche scheiden sich an der

---

[39] Die Psychologie, die sich aus der Philosophie entwickelt hat, wird als die Wissenschaft von der Seele oder dem Bewußtsein oder von mentalen

Kontroverse, was Veranlagung ist und was Erziehung, die Geister. So glauben die einen, daß wir bereits von Geburt an psychisch geformt sind und daß durch unsere biologischen Voraussetzungen festgelegt ist, wie wir uns entwickeln – was zu tun und zu erleben wir uns entscheiden. Andere glauben, daß wir, wenn wir in diese Welt kommen, offen sind für psychische Konditionierung durch die Kultur, in die wir hineingeboren werden. Wieder andere halten beide Ansätze für vertretbar und beschäftigen sich eher damit, was sich im »Selbst« und zwischen dem Selbst und dem sozialen Umfeld abspielt. Die psychoanalytische Theorie ist in der Vorstellung verwurzelt, daß physiologische Funktionen wie etwa Hunger, Durst und vor allem der Sexualtrieb diejenigen Faktoren sind, die Motivation oder Antrieb schaffen; daß es, um Einsicht in Motivationen zu gewinnen, erforderlich ist, über Techniken zu verfügen, mit denen sich das Unterbewußte »anzapfen« läßt. In der psychoanalytischen Theorie wurden das Unterbewußtsein und die Sexualität derart überbetont, daß die Bedeutung bewußter geistiger Prozesse darüber ins Hintertreffen geriet. Als Reaktion auf diese Einseitigkeit erfolgte eine Rückkehr zum ursprünglichen Anliegen der Psychologie, nämlich der Erforschung des Bewußtseins durch die eingehende Untersuchung des Selbst und mentaler Prozesse.

William James, oft als Vater der modernen Psychologie apostrophiert, definierte das Selbst als die »Summe all dessen, was [ein Individuum] als das Seine bezeichnen kann, nicht nur seinen Körper und seine psychischen Kräfte, sondern auch seine Kleidung und sein Haus, seine Frau und seine Kinder,

---

Prozessen definiert. Die Psychiatrie ist ein Zweig der Medizin, der sich der Untersuchung und Behandlung von geistigen, emotionalen und Persönlichkeitsstörungen widmet, speziell solchen, die das Ergebnis problematischer Beziehungen mit »signifikanten anderen« sind. Die von Freud entwickelte Psychoanalyse stellt eine Spezialisierung im Bereich der Psychologie dar; ihr Ansatz besteht darin, die Arbeitsweise des Bewußtseins mit Hilfe von Techniken wie etwa dem freien Assoziieren von Wörtern und Gedanken und der Interpretation von Träumen zu analysieren.

seine Vorfahren und Freunde, sein Ruf und seine Werke, seine Ländereien und Pferde und seine Yacht und sein Bankkonto«.[40] Alle diese Dinge erlebt man (und frau, darf man wohl hinzufügen) als Teil seiner selbst, und alles, was einen dieser Teile beeinträchtigt, tangiert die eigene Selbsteinschätzung.

Negative Eigenschaften, die Menschen zugeschrieben werden, können sehr wohl Einfluß darauf haben, wie diese sich selbst wahrnehmen und beurteilen, und das wiederum hat Folgen für ihre Selbsteinschätzung – das heißt, für ihren Stolz und ihr Selbstwertgefühl. Psychiater gehen heutzutage davon aus, daß jede Niederlage für das Selbstwertgefühl das Bild, das man sich von sich selbst macht, beeinträchtigt. Steht diese Niederlage im Zusammenhang mit einer Person, mit der man emotional verstrickt ist, so können sich dadurch die eigenen Vorstellungen von sich selbst – ob man begehrenswert ist oder nicht begehrenswert, ob normal oder anormal – grundlegend ändern. Solche Selbsteinschätzungen können einen Zustand allgemeiner Verunsicherung in bezug auf die eigene Sexualität hervorrufen und einen Circulus vitiosus in Gang setzen. Der Psychiater Silvano Arieti bemerkt dazu, daß »sexuelle Zufriedenheit, Deprivation und Dysfunktion Phänomene sind, die sich auf die gesamte Selbsteinschätzung auswirken, die ihrerseits häufig die sexuelle Funktion beeinträchtigt«.[41] Die menschliche Natur ist so beschaffen, daß wir, solange wir mit unserem Sexualleben zufrieden sind, selten über diese Tatsache nachdenken – wir genießen die Situation einfach. Aber sobald etwas schiefläuft, fühlen wir uns nicht nur betrogen, sondern neigen dazu, ausführlicher darüber nachzudenken und uns insgesamt reduziert vorzukommen. »Sexuelle Entbehrung mag unerfreulich sein, aber das Bild, das sich die sexuell deprivierte Person unter Umständen von sich selbst als einem sexuellen Objekt macht, kann sehr viel traumati-

[40] James 1890, S. 291.
[41] Arieti 1978, S. 354.

202

scher sein«, erklärt Arieti. »Bin ich sexuell zulänglich? Bin ich sexuell begehrenswert?«[42] Männliche Impotenz etwa kann beide Partner beeinträchtigen. Wenn ein Mann keine Erektion zustande bringt, beginnt er möglicherweise, sich für sexuell unzulänglich zu halten. Für ein vorübergehendes physisches Versagen dieser Art kann diese Einschätzung zutreffen; aber das negative Selbstbild, das sich der Mann auflädt, kann eine länger andauernde, verheerende psychologische Wirkung entfalten.

Normalerweise erholt sich der Mann von dem ursprünglichen Schlag, den sein Selbstwertgefühl erlitten hat und der die Impotenz überhaupt erst verursacht hat, aber das Trauma der sexuellen Unzulänglichkeit verunsichert ihn und erfüllt ihn mit Angst vor einer Wiederholung. Diese Unsicherheit und dieses Gefühl sexueller Unzulänglichkeit können länger anhaltende Folgen für seine Männlichkeit haben. Je nach Wertmaßstäben und Persönlichkeitsstruktur gibt es eine ganze Reihe von Möglichkeiten, wie die betroffene Frau reagieren kann. Eine Frau, die die zugrunde liegenden Ursachen für die Impotenz eines Mannes falsch interpretiert, beginnt möglicherweise, ihre eigene sexuelle Attraktivität als Frau anzuzweifeln und sich zu fragen, ob sie für das Malheur verantwortlich ist.

Die meisten Psychologen sind in der Praxis tätig – in der klinischen Psychologie, in der Ausbildung oder im Geschäftsleben. Nur ein kleiner Prozentsatz beschäftigt sich primär mit der theoretischen Seite der Psychologie. Und dort spielt heutzutage die Sexualtheorie eine ungleich geringere Rolle als noch vor zwanzig oder vor vierzig Jahren. Der modernen Psychologie geht es in erster Linie um die beim Spracherwerb und beim Lernen ablaufenden mentalen Prozesse, um die Entwicklungsstadien des Individuums, zu denen auch die Frage gehört, wie wir Dinge wahrnehmen und uns an sie erinnern, und um die Entwicklung des Kindes. Psychologen, die

---

[42] Arieti 1976, S. 163.

ihre Erkenntnisse über die kindliche Entwicklung publizieren, tun dies nach wie vor unter dem Aspekt, inwieweit ihre Thesen mit Freuds Theorien konform gehen oder davon abweichen. Einige erweisen sich als eine Mischung aus neuen Gedanken und Vorstellungen, die deutlich an die von Freud und Aristoteles postulierte Überlegenheit des männlichen Geschlechtsapparats und die Polarisierung der Geschlechter erinnern. So geht man zum Beispiel in der kognitiven Psychologie bei der Frage, inwiefern sich Kinder genitaler Unterschiede bewußt sind, nicht mehr, wie noch Freud, von einer infantilen, »phallischen« Sexualität oder einem zentralen, von Kastrationsängsten begleiteten Ödipuskomplex aus; die Kognitionspsychologie stellt die Unsicherheit des Kindes hinsichtlich »anatomischer Konstanz« in den Mittelpunkt. Diese Unsicherheit drückt sich darin aus, daß das Kind gleichzeitig fasziniert ist und sich bedroht fühlt – beides Zustände, die, wie aus Publikationen zu diesem Thema hervorgeht, bei Männern, Frauen und Schimpansen auch gegenüber verwachsenen und mißgestalteten Individuen zu beobachten sind. Nach Auffassung der Kognitionspsychologie neigen Kinder dazu, Dinge hoch zu bewerten, mit denen sie sich identifizieren können, und sich selbst als etwas zu begreifen, was mit dem, was sie hoch bewerten, identifiziert wird. Dazu erläutert der Schweizer Psychoanalytiker Raymond de Saussure: »Zudem scheint es aus rein kognitiven Gründen wahrscheinlich, daß beide Geschlechter beim Bestimmen eines sexuell undifferenzierten Schemas des menschlichen Körpers die männliche Anatomie als die grundlegende betrachten, das heißt, daß man sich den weiblichen Körper eher als Negativ des männlichen vorstellt als als positive Einheit.«[43]

---

[43] Saussure 1933. Saussure war ein Mitglied der Pariser Gesellschaft für Psychoanalyse, die 1926 von einer Gruppe von in der Praxis arbeitenden Psychologen gegründet wurde, zu denen auch Marie Bonaparte gehörte. In diesem Bereich war er der erste, der den Zusammenhang zwischen der Psychoanalyse und Jean Piagets Theorien über die Entwicklung des Kindes formulierte.

1966 legte Natalie Shainess bei der zehnten Jahresversammlung der American Academy of Psychoanalysis ein Papier mit dem Titel *A Reassessment of Feminine Sexuality and Erotic Experience* (Zur Neubewertung von weiblicher Sexualität und erotischer Erfahrung) vor. Shainess gehörte zu den ersten in der Praxis tätigen Psychologen, die nachhaltig darauf hinwiesen, daß unter Therapeuten eine ausgesprochen männliche Voreingenommenheit herrscht und die Tendenz besteht, bei Frauen das Beharren auf Anerkennung mit Aggression gleichzusetzen. Sie erkannte auch sehr klar, daß es deshalb so wichtig ist, bei Frauen zwischen diesen beiden Charaktereigenschaften zu unterscheiden, weil Frauen traditionsgemäß entweder als passiv, narzißtisch oder masochistisch oder als aggressiv, eifersüchtig und penisneidisch gelten. In der Diskussion im Anschluß an den Beitrag von Dr. Shainess warf der Arzt Josef C. Solomon die Frage auf, inwieweit in diesem Berufsstand ein auf den Mann fixiertes Denken vorherrsche:»Insofern, als die psychoanalytische Bewegung von Männern initiiert wurde, und dies zu einer Zeit, zu der Frauen geringgeschätzt wurden, läßt sich leicht verstehen, wie es dazu kam, daß man die weibliche Sexualität eher als das Fehlen von Männlichkeit beschrieb und ihr nicht vielmehr irgendwelche positiven Attribute zuerkannte.«[44]
Man sollte annehmen, daß solche Vorstellungen ein für allemal der Vergangenheit angehören, aber wie wir gesehen haben, sprechen alle Anzeichen dafür, daß sich die Auffassungen der dreißiger Jahre bis in die sechziger Jahre gehalten haben. In den vergangenen zwei Jahrzehnten ist in den Ländern der westlichen Welt, was die Ansichten über Frauen und die beiden Geschlechter betrifft, ein neues Zeitalter angebrochen, und natürlich haben einzelne Psychologen, Männer wie Frauen, auf diesen Umschwung reagiert. Ihre Reaktionen sind durch feministische Autorinnen, die die männliche Voreingenommenheit in diesem Berufsstand anprangern, zusätz-

[44] Shainess 1966, S. 71.

lich provoziert worden; aber man kann grundsätzlich davon ausgehen, daß die Psychologen aufgrund ihrer Erfahrungen in der Praxis ein Gespür für geschlechtsspezifische Diskriminierung und Vorurteile gegenüber Frauen entwickelt haben; schließlich werden sie tagtäglich mit den psychologischen Folgen all jener Schäden konfrontiert, die nicht nur am Arbeitsplatz und in der Schule, sondern auch in der Familie und in Liebesbeziehungen angerichtet worden sind.

Nicht alle weiblichen Psychologen sprechen sich gegen eine Männlich/weiblich-Dualität aus. Einige von ihnen denken nach wie vor in diesen traditionellen Kategorien; ihnen geht es hauptsächlich darum, jenen Eigenschaften von Frauen, die sie für spezifisch weiblich halten, größeren Wert beizumessen. Ironischerweise treffen einige Feministinnen dieselbe bipolare Klassifikation der Geschlechter wie die alten Griechen. Die Soziobiologin Sarah Blaffer Hrdy ist zwar selbst Feministin, stellt jedoch das feministische Ideal eines Geschlechts in Frage, das »weniger egoistisch [ist], von Natur aus weniger wettbewerbsorientiert, weniger darauf bedacht zu dominieren, ein Geschlecht, das uns in das ›Goldene Zeitalter der Königinnenreiche, als auf Erden noch Friede und Gerechtigkeit herrschte‹, zurückführen wird«. Sie hält dies für »einen Traum, der möglicherweise nicht gut durchdacht ist«. Denn, so meint Dr. Hrdy:

> »Weitverbreitete Klischees, die die Fähigkeiten und die Bedeutung der Frauen herabsetzen, haben weder ihr Schicksal noch das der menschlichen Gesellschaft verbessert. Aber ebensowenig Gewinn läßt sich aus den Gegenmythen ziehen, die das bei der Frau von Natur aus nicht vorhandene Machtstreben, ihre Kooperationsbereitschaft und ihre Solidarität mit anderen Frauen betonen. Ein solches Weibchen haben auch die anderen Primaten niemals hervorgebracht.«[45]

---

[45] Hrdy 1987, S. 190.

Andererseits gestehen die Psychologinnen, von denen ich hier spreche, durchaus zu, daß es eine eindeutig weibliche Art gibt, über sein Leben und seine Beziehungen nachzudenken, und daß Frauen dazu neigen, sich eher auf diese Dinge zu konzentrieren, während Männer sich im allgemeinen mehr mit gesellschaftlich relevanten Fragen beschäftigen. Mag sein, daß sich ihre Theorien über die Geschlechter zwar von jenen der Antike unterscheiden, aber dieser Unterschied beschränkt sich weitgehend auf die Forderung, daß man Frauen mehr Gehör schenken und das, was sie sagen, ernst nehmen soll; für eine grundlegende Veränderung der klassischen Polarisierung der Geschlechter setzen sie sich kaum ein.[46] So muß man sich in der Tat fragen, ob es der Psychologie wirklich gelungen ist, sich von den alten Denkvorstellungen über die Geschlechter zu lösen.

Zum Problem der wissenschaftlich-rationalistischen Betrachtungsweise meinte Albert Einstein: »Es ist immer gut, eine These etwas zuzuspitzen; nur dann tritt ihre wahre Natur zutage.«[47] Die Psychologen wissen sehr gut, wie wichtig ein positives Selbstbild für das Wohlbefinden des Individuums ist, aber ihre alten Überzeugungen – das Weibliche ist das Negativ des Männlichen und keine Einheit für sich, der Mann ist das übergeordnete Bezugsmodell, das dominierende Geschlecht – sterben nur schwer. Kraß ausgedrückt: Die Einstellung der Fachleute zur Beziehung zwischen den Geschlechtern steht in einer Denktradition, die sich nahtlos bis hin zu Aristoteles und den frühgriechischen Philosophen zurückverfolgen läßt. Zwar tauchen immer wieder scheinbar neue Richtungen auf; bei genauerem Hinsehen entpuppen sie sich aber als frische Ablagerungen auf einer alten Muschel, deren Inneres aus genau der Einstellung gegenüber den Geschlechtern besteht, die schon seit zweitausend Jahren herrscht.

---

[46] vgl. dazu Erler 1985.
[47] Einstein 1952, S. 26.

KAPITEL 7

# Schlußfolgerungen

Da jedes Individuum sich von jedem anderen auf der Welt unterscheidet, ist es schwierig, verallgemeinernde Aussagen über Sexualität zu machen. Während einige Leute nach wie vor unter dem Einfluß traditioneller Vorstellungen stehen, kümmern sich andere, meist jüngere Leute, zum Teil überhaupt nicht darum. Mit Sicherheit haben sich die Ansichten über die Beziehung zwischen den Geschlechtern seit dem Ende des Zweiten Weltkrieges radikal verändert. Mehr und mehr Frauen lösen sich gewaltsam aus jenem »Spiegelbild«-Dasein, als das Virginia Woolf die Situation von Frauen so treffend beschrieben hat, deren Leben ausschließlich das ihrer Männer reflektiert. Mehr und mehr Männer und Frauen sind davon überzeugt, daß sexuelle Beziehungen auf dem Prinzip der Gegenseitigkeit beruhen sollten und weniger auf dem der Dominanz des einen oder des anderen Geschlechts.

Doch obwohl das Wissen über die menschliche Sexualität im Laufe der letzten paar Jahrzehnte erheblich zugenommen hat, müssen die Frauen noch immer einen psychologischen Kampf an zwei Fronten ausfechten: gegen die Nachwirkungen einer Wissenschaft, die der weiblichen Sexualität dadurch ausgewichen ist, daß sie sie einfach verleugnet hat, und gegen die anhaltende Verwirrung in bezug auf die weiblichen Sexualorgane.

Ein Großteil dieser Verwirrung wurde durch das alte dualistische Konzept – Klitoris versus Vagina – gestiftet. Die KUV-Reaktion bereitet diesem grundlegenden Mißverständnis ein Ende. Sobald einem bewußt wird, daß die drei in ihrer Funktion gleich wichtigen Bestandteile – Klitoris, Urethra und

Vagina – in ihrem Zusammenwirken eine Einheit bilden, erkennt man die Einschränkungen, die dem sexuellen Potential einer Frau aufgezwungen werden, wenn man davon ausgeht, daß nur ein einzelner »Punkt« die weibliche Reaktion steuert. Hat man sich dieses erst einmal klargemacht, dann wird weder der Liebesakt weiterhin auf die Klitoris fixiert bleiben, noch wird man die Harnröhre lediglich als Abflußkanal für den Urin und die Vagina als unempfindlichen Hohlraum betrachten. Denn jetzt erkennt man, daß alle Teile der Vagina potentiell zu lebhaften Empfindungen imstande sind: der Eingang, das hintere Vaginagewölbe hinter dem Gebärmutterhals, das vordere Vaginagewölbe oder Dach und auch der *hintere* Teil der Vagina.

Die weibliche Eichel ist von jeher vorhanden gewesen; aber das Wissen um ihre Existenz und um die Tatsache, daß sie sich zusammen mit der Klitoris stimulieren läßt, dürfte die weibliche Orgasmusfähigkeit fördern und die Ejakulation erleichtern. Außerdem ist aus einer Reihe offensichtlicher Gründe die Benennung einer Struktur grundsätzlich wichtig. Benennungen tragen dazu bei, das, worüber man spricht, zu identifizieren, die Verständigung darüber zu erleichtern und das Bewußtsein für die einzelnen, unterschiedlichen Teile zu schärfen. Solange es keine Bezeichnung für die Eichel der Frau gab, konnte eine Frau zwar Empfindungen an dieser Stelle haben, aber da die Vokabel zu ihrer genaueren Bestimmung fehlte, konnte sie nicht ohne weiteres ausdrücken, was sie empfand und warum. Das konnte dann leicht dazu führen, daß das Bewußtsein für diese Empfindungen eher verschwamm, als sich zu schärfen. Mit der Benennung der Eichel kehrt sich der ganze Vorgang um. Die Frau weiß, warum sie am äußersten Teil der Vagina so lustvolle Empfindungen verspürt; und der Mann weiß besser Bescheid über das, was er an der Frau berührt und stimuliert, und über die Reaktionen, die er damit hervorruft. Und wenn die Bezeichnungen der miteinander vergleichbaren Teile bei Mann und Frau dieselben sind, bedeutet das für Liebespaare eine weitere physische

Möglichkeit, sich miteinander zu identifizieren und die Gefühle, die sie gemeinsam erleben, dem anderen mitzuteilen. Die neuen Erkenntnisse über die weibliche Ejakulation liefern eine handfeste Grundlage für eine objektivere Beurteilung der physiologischen Reaktionen der Frau auf sexuelle Stimulation. Zur Bedeutung dieser Erkenntnisse haben sich unter anderem der Physiologe Julian M. Davidson von der Stanford University und der klinische Psychologe John Money vom Johns Hopkins Hospital geäußert. In einem Kommentar zu meinem bereits erwähnten, 1978 erschienenen Artikel schrieb Dr. Davidson: »Durch die Beobachtung, daß die weibliche Prostata nicht vollkommen rudimentär ist, und die Möglichkeit, daß sie zumindest bei einigen Frauen Absonderungen ausscheidet, wird potentiell das letzte Hindernis beseitigt, das der ernsthaften Erwägung der Hypothese, daß es keine qualitativen Unterschiede zwischen der sexuellen Reaktion bei Mann und Frau gibt, bisher im Wege stand.«[1] John Money, der mein Forschungsvorhaben von Anfang an als erster medizinischer Wissenschaftler unterstützte, wies darauf hin, daß man, bevor diese Ergebnisse veröffentlicht worden waren, »glaubte, daß Frauen, die behaupteten, beim Orgasmus eine Flüssigkeit auszustoßen, hyperphil[2] und anormal seien«.

Jetzt, da die Hindernisse beiseite geräumt sind und die Tatsache, daß die weibliche Ejakulation etwas ganz Normales ist, anerkannt wird, stellen viele Frauen fest, daß ihr psychisches Wohlbefinden zugenommen hat; der Grund dafür ist ein neugewonnenes Selbstvertrauen, das die Zweifel über ein physiologisches Phänomen abgelöst hat, das bis vor kurzem in den meisten Fällen als Zügellosigkeit diagnostiziert oder ganz automatisch mit einer Verletzung oder Infektion in Verbindung gebracht worden war. Da die Männer jetzt wissen, daß

---

[1] Davidson/Davidson 1980, S. 310.
[2] Money 1981, S. 395. Der von Money geprägte Ausdruck ›hyperphil‹ bedeutet etwa dasselbe wie ›nymphoman‹ oder ›sexuell hyperaktiv‹.

bei Frauen eine kurze Verzögerung zwischen Orgasmus und Ejakulation eintritt, dürfte ihnen auch klar sein, welch besonderen Lustgewinn es für beide Partner bedeutet, mit der Stimulation der Frau fortzufahren, die sie im Zustand der gesteigerten Erregung des KUV-Organs nach dem Orgasmus herbeisehnt. Das Wissen über die weibliche Ejakulation und darüber, wie sie ausgelöst wird, über das »Nach-unten-Pressen«, das sie herbeiführt, über ihren Ursprung, ihre Bedeutung und ihre zeitliche Terminierung im Verhältnis zum Orgasmus (bei Frauen treten die beiden Phänomene Orgasmus und Ejakulation selten gleichzeitig auf), müßte eigentlich den Frauen und auch ihren Partnern dazu verhelfen, die weibliche Sexualität besser zu verstehen.

Wir haben gehört, wie sehr sich Männer und Frauen in sexueller Hinsicht gleichen; jetzt wissen wir sehr viel besser und präziser, warum das so ist. Diese zahlreichen neuen Erkenntnisse tragen zu einer Auffassung von der Beziehung zwischen Mann und Frau bei, die meiner Ansicht nach so ziemlich dem Selbstverständnis der meisten modernen Paare entspricht; sie sehen sich selbst nicht als aktiven Teil auf der einen und passiven auf der anderen Seite, sondern als Sexualpartner, die eine Beziehung gegenseitiger Abhängigkeit schaffen und gemeinsam erleben.

Einige meiner Kollegen wollten mehr über ein paar Einzelheiten wissen, etwa über Liliths Vorliebe für die Koitusstellung, bei der sich die Frau oben befindet, über die »Torhüter« der Vagina und über gleichzeitigen Orgasmus; hier noch ein paar Anmerkungen dazu, in welchem Zusammenhang die hier vorgestellte Theorie mit diesen Themen steht.

Da Liliths Vorliebe von ziemlich vielen Frauen unserer Zeit geteilt wird, möchte ich noch erwähnen, daß hier nicht nur psychologische Faktoren eine Rolle spielen; möglicherweise gibt es sogar einen anatomischen Grund für eine derartige Präferenz. Vielleicht kümmern sich Frauen gar nicht um ein hypothetisches Dominanzgefühl oder auch nur um den psychologischen Reiz, der darin besteht, gelegentlich Platz mit dem Partner zu tauschen. Paare haben nämlich die ganz pragmatische Beobachtung gemacht, daß bei dieser Stellung das »genaue Ineinanderpassen« von Vagina und Penis die Stimulation des Vaginalgewölbes verstärkt. Obwohl der Mann auf dem Rücken liegt, wird er feststellen, daß der Penis in diesem Fall ein Maximum an Liebkosung durch die Vagina erfährt; außerdem hat er die Hände frei. Die Frau kann in dieser Stellung die Annäherung der Vulva an den Beckenbereich des Mannes genau so steuern, daß die exponierte Lowndes-Krone stimuliert wird. Außerdem hat sie die Möglichkeit, ihren Körper auf und ab zu bewegen oder vor und zurück zu gleiten und sich dabei nach vorne zu beugen, so daß ihre Brüste den Mann berühren, und kann durch diese Bewegungen das Zusammenpressen im unteren Teil der Vagina steuern und auf diese Weise Art und Ort der Reibung zwischen Penis und Vagina variieren.

Van de Velde, den ich bereits zuvor zitiert habe, nennt diese Stellung die »Reithaltung«. Er erwähnt, daß möglicherweise anatomische Besonderheiten vorliegen, die einer Frau oder einem Paar diese besondere Stellung verbieten: »Ist die Vagina zu kurz, beziehungsweise zu wenig elastisch oder leicht verwundbar, so sind zu viele Unannehmlichkeiten, ja Bedenken mit der Reithaltung verbunden.«[3] Ein Grund für diese Warnung mag der sein, daß diese Stellung bekanntlich das tiefste Eindringen des Penis fördert – unter anderen Voraussetzungen eine ausgesprochen wünschenswerte Empfindung. Auf der positiven Seite vermerkt van de Velde:

»... es kommen solche von weiteren Reizarten hinzu, denen wir bis jetzt noch nicht begegneten. Sie entstehen dadurch, daß der Phallus bei dieser Haltung der Frau... maximal weit in die Vagina vordringt.... Der Frau [bleibt es] in dieser Haltung... möglich..., mit dem Becken- und Bauchteil ihres Körpers seitliche Bewegungen in jede Rich-

---

[3] Velde 1967, S. 177 f.

tung auszuführen: ... in gerader Linie (seitlich oder vor- und rückwärts), durch wechselnde Körperbewegungen der Frau oder kreisförmig, indem sie ihrem Becken eine mahlende Bewegung erteilt. Den beiden Nuancen entspricht eine verschiedene Tönung der Reize und der durch sie entstehenden Lustgefühle. Bei der letztgenannten Form der Bewegung sind die Gefühle, jedenfalls für den Mann, die stärksten.«[4]

Dies ist natürlich nur eine Stellung von vielen, die Paaren die Möglichkeit bieten, die Bewegungen zu entdecken, die beiden Seiten Befriedigung verschaffen.

Erfahrene Männer wissen, wie frustrierend es für beide Partner sein kann, wenn der Mann den Penis einzuführen versucht, bevor die Frau entsprechend erregt ist. Wartet er andererseits zu lange, kann es sein, daß sich die Muskeln rings um die Vagina unwillkürlich zusammenziehen und das Eindringen erschweren; diesen Zustand vaginaler Enge bezeichnet man im klinischen Bereich als Vaginismus oder Scheidenkrampf. In hartnäckigen Fällen empfiehlt es sich für die Frau, einen Arzt aufzusuchen, um sich zu vergewissern, daß keine physische Störung und kein organischer Grund vorliegt. So unangenehm und enttäuschend das Auftreten von Vaginismus sein kann, er bedeutet nicht notwendigerweise, daß die Fähigkeit einer Frau, anders als durch koitale Stimulation zum Orgasmus zu gelangen, deshalb verringert sein muß, es sei denn, es entsteht infolge von Angst vor Schmerzen oder aufgrund einer durch psychologische Faktoren verursachten Unsicherheit eine Hemmung. Liegt keinerlei medizinischer Befund vor, besteht derzeit das klinische Vorgehen darin, der Frau beizubringen, wie sie das Zusammenziehen und Entspannen der Vaginalmuskeln bewußt steuern kann, so daß sie die Stimulation zunächst wenigstens als angenehm empfindet und letzten Endes das Lustgefühl wiederentdeckt. Ein Teil

---

[4] Velde 1967, S. 177.

des Erfolges dieses Vorgehens hängt von der Kenntnis der Physiologie der sexuellen Reaktion ab; aber es wird auch großer Wert auf die Analyse des in der Psyche verwurzelten sexuellen Konflikts gelegt, der einen bedingten Reflex in Gang setzt. Sehr häufig sagt man solchen Frauen eine negative Einstellung zum Sex nach – angeblich mögen sie Sex im Grunde nicht oder haben Hemmungen, sich sexuell »gehenzulassen«. Der Partner einer solchen Frau befürchtet vielleicht im Lauf der Zeit, daß sie gegen ihn persönlich Widerstand leistet und ihn absichtlich ausschließt; dabei kann in Wirklichkeit ironischerweise genau das Gegenteil der Fall sein, nämlich daß die Frau sexuell so extrem erregt ist, daß ihre Reaktion auf den Mann ungewöhnlich schnell erfolgt. Normalerweise profitieren Mann und Frau von der Fähigkeit der Vagina, den Penis eng zu umschließen; aber wenn die Muskeln, die diese äußerst erotische Reaktion verursachen, in Aktion treten, bevor der Penis eingedrungen ist, führt das zu Schwierigkeiten. Ist die Ursache für die Verengung der Vagina eine beschleunigte KUV-Reaktion, wäre es wohl angebracht, sich Gedanken darüber zu machen, ob nicht vielleicht die Genitalien der Frau in der Phase vor dem Koitus weniger Stimulation brauchen als üblich oder die männlichen Genitalien kräftiger stimuliert werden müssen, um die Erektion des Mannes der schnellen Reaktion der Frau anzupassen. Es gibt keinen Grund, warum die Geschlechtsorgane der Frau noch länger der »dunkle Kontinent« vergangener Zeiten bleiben sollten. Ist sich ein Paar der anatomischen Verwandtschaft der männlichen und der weiblichen Sexualorgane erst einmal bewußt, müßte es in der Lage sein, die zeitliche Abstimmung der Stimulation besser zu steuern. Und je mehr eine Frau Bescheid weiß über das, was in ihrem Körper vorgeht, sobald die Muskeln im unteren Bereich der Vagina und der Pubococcygeus, der das Sich-Aufstellen und Anschwellen etwas weiter oben steuert, in Aktion treten, desto mehr Lustgewinn zieht sie aus den Empfindungen, die die Umwandlung und die Verlagerung der Vagina nach hinten begleiten, durch die die KUV-Reaktion und die Erektion ausgelöst werden.

In einem von Carl Degler zitierten Artikel mit dem Titel *From an Unfortunate Necessity to a Cult of Mutual Orgasm* (Von einer bedauerlichen Notwendigkeit zum Kult des gemeinsamen Orgasmus) werden die wechselnden Ansichten über Sex im Jahrhundert zwischen 1830 und 1940 zusammengefaßt.[5] In der zweiten Hälfte des zwanzigsten Jahrhunderts trieb Kinsey, der seine Forschungsergebnisse 1953 veröffentlichte, die Angelegenheit noch einen Schritt weiter – vom gemeinsamen Orgasmus zum gleichzeitigen Orgasmus:

»Der gleichzeitige Orgasmus zweier Partner im Koitus ist hauptsächlich deswegen wichtig, weil die intensiven Reaktionen des einen Partners im Augenblick des Orgasmus den anderen Partner zu einer ähnlich intensiven Reaktion anregen. Demzufolge bedeutet der gleichzeitige Orgasmus für viele Menschen das Höchstmaß an Befriedigung, das in einer sexuellen Beziehung möglich ist.«[6]

Ideal mag das schon sein, meinen andere, aber schwer zu erreichen. Sie glauben, daß der gleichzeitige Orgasmus, gemessen an den tatsächlichen Erfahrungen von Paaren, kein allzu wahrscheinliches Ereignis ist. Wieder andere sind der Meinung, Sex sollte frei von jeglicher Zielgerichtetheit sein, damit nicht Zwänge entstehen und das Ideal zum Idol wird. Ganz gleich, ob man den gleichzeitigen Orgasmus nun als Ideal, als seltenes Ereignis oder als etwas, was man am besten dem Zufall überläßt, betrachtet, jedenfalls erklären die meisten Menschen, daß er, wenn es dazu kommt, Liebenden in der Tat ein Gefühl der Verzückung beschert, da ihnen, wie Kinsey meint, bewußt wird, daß sie sich gegenseitig zu einem zumindest annähernd gleichzeitigen Höhepunkt der Leidenschaft bringen können. Da das Wissen über die Teile, die

---

[5] Gordon 1971.
[6] Kinsey et al. 1954, S. 292.

218

entscheidend am Zusammenkommen von Erregung und Orgasmusbereitschaft beteiligt sind – etwa die Lowndes-Kronen, die männliche Klitoris und das KUV-Organ der Frau –, erheblich zugenommen hat, steht Männern und Frauen, die einen gemeinsamen Orgasmus erleben möchten, jetzt eine sachliche Grundlage zur Verfügung, mit deren Hilfe sie zu einer präziseren zeitlichen Abstimmung gelangen und damit ihrem Ziel näher kommen können.

Menschen, die sich lieben, liegt das gegenseitige Wohlbefinden am Herzen, und doch können aufgrund der emotionalen Verletzbarkeit im Zustand des Liebens Frustrationen, die durch mangelhaftes Wissen entstehen, leicht unverhältnismäßig stark werden und jene positiven Gefühle, ohne die sich im sexuellen Bereich nicht sehr viel abspielt, unterwandern. Was im intimen Bereich der Sexualität vor sich geht, ist alles andere als einfach. Um die Hochs und Tiefs sexueller Leidenschaft gemeinsam zu durchleben, brauchen Männer und Frauen ein möglichst umfassendes Wissen.

Nachdem Freuds Theorien Allgemeingut geworden waren, ging man davon aus, daß die Motivation zum Sex in erster Linie durch Triebe und Libidostauungen erfolgt, die ihrem Wesen nach quantitativer Natur sind. Bis in die sechziger Jahre hinein, in denen es zur sexuellen Revolution kam, herrschte zunehmend die Tendenz, sexuelle Liebe mit genitaler Liebe gleichzusetzen. Zur körperlichen Anziehungskraft, zu Begierde und Erregung gehört zweifellos auch die leidenschaftliche Sehnsucht nach genitaler Nähe; aber heutzutage versteht man Sex als eine komplexere Äußerung, zu der nicht nur die biologischen Faktoren gehören, sondern auch das Zusammenspiel von Gehirn und Sexualorganen, von Emotionen und Erotik – also von Form, Gefühl und Funktion. Alle diese Faktoren haben einen qualitativen Einfluß auf das sexuelle Potential, auf Leistungsvermögen, Orgasmusfähigkeit und orgastische Intensität, reichen aber gleichzeitig über den genitalen Bereich hinaus und bestimmen die Lebensqualität und die Beziehungen des einzelnen positiv oder negativ.

Untersuchungen, die Wissenschaft und Sex unter einen Hut bringen wollen, sollten meiner Ansicht nach nicht nur die Vielschichtigkeit von Individuen und Beziehungen berücksichtigen, sondern auch die Tatsache, daß sich das, was sich zwischen einer Frau und einem Mann in der Intimität und der Kreativität ihrer Liebesbeziehung abspielt, präzisen Schematisierungen und Messungen teilweise entzieht. Menschen sind eben keine »Liebes«-Automaten. Die grundsätzliche Individualität von Lebensläufen, die unverwechselbare Eigenart von psychologischen und umweltbedingten Faktoren, die die Art und Weise, wie sich Sexualität beim einzelnen Menschen äußert, mitbestimmen, müssen ernster genommen werden, als dies in der Vergangenheit der Fall war. Wie die neuen Erkenntnisse, die ich vorgestellt habe, von Individuen in diesem Sinne genützt werden, sollte man, finde ich, am besten ihnen selbst und ihren kreativen Fähigkeiten und individuellen Vorlieben überlassen.

Ich hoffe, daß dieses Buch Paaren dabei hilft, die Dinge in einem neuen Licht zu sehen. Jeder hat die Möglichkeit, sich selbst und andere immer wieder neu und anders zu sehen. Wenn eine Frau und ein Mann einander jetzt betrachten, könnte dies mit einem neuen Bewußtsein dafür geschehen, wie sehr sich ihre Körper gleichen. Und die Entdeckungen, die auf sie warten, wenn sie sich miteinander auf der physischen Ebene identifizieren, können dazu beitragen, ihnen ein noch tieferes Gefühl von Vertrautheit zu vermitteln.

## ANHANG A: GLOSSAR

*Abdomen* – (Unter-)Leib, Bauchhöhle

*Bartholinsche Drüsen* – erbsengroße Drüsen, deren Ausführungsgänge in den Scheidenvorhof münden; entsprechen den Cowperschen Drüsen beim Mann

*Beschneidung* – operative Kürzung der Vorhaut, z. B. bei Vorhautverengung. Einige Glaubensgemeinschaften schreiben die rituelle Beschneidung bei Knaben vor

*Bulbus penis* – Peniszwiebel; zwiebelförmig verdicktes hinteres Ende des Corpus spongiosum penis

*Bulbus vestibuli* – Schwellkörper des Scheidenvorhofs, Vorhofzwiebel; wird vom → Musculus bulbospongiosus bedeckt

*Carina* – Harnröhrenwulst; Erhebung an der äußeren Harnröhrenmündung der Frau bzw. Rand der weiblichen Eichel

*coccygeus* – zum Steißbein gehörig

*Coitus interruptus* – Methode der Empfängsverhütung, bei der der Koitus kurz vor der Ejakulation des Mannes durch Zurückziehen des Penis aus der Vagina abgebrochen wird

*Corpus cavernosum* – erektiler Schwellkörper, z. B. an Klitoris, Penis, Urethra

*Corpus spongiosum penis* – kompressibler Schwellkörper, Harnröhrenschwellkörper

*Corpus clitoridis* – Schaft der → Klitoris

*Cowpersche Drüsen* – Bulbourethraldrüsen; erbsengroße Drüsen beiderseits des Bulbus penis, die in die Pars spongiosa der männlichen Harnröhre münden

*Crus penis* – paariger Schenkel des männlichen Gliedes

*Diaphragma pelvis* – Beckenboden; eine vom → Musculus levator ani gebildete trichterförmige Muskelplatte, die das kleine Becken nach unten abschließt

*Diaphragma urogenitale* – dreieckige Muskelplatte vor und unterhalb des Diaphragma pelvis

*Ductus deferens* – Samenleiter, welcher bei der Ejakulation die Spermien vom Nebenhoden über den → Ductus ejaculatorius durch die Prostata in die → Pars prostatica der Harnröhre leitet

*Ductus ejaculatorius* – Samenblasengang (Endabschnitt des Ductus deferens)

*Fallopische Tuben (Tuba Fallopia)* – Eileiter

*Faszie* – bindegewebige Hülle um Muskeln u. Muskelgruppen

*Frenulum* – Bändchen

*Frenulum praeputii* – Vorhautbändchen, Hautfalte des männlichen Gliedes

*Glans clitoridis* – weibliche Eichel

*Glans penis* – Eichel; das vom → Corpus spongiosum gebildete, vordere, verdickte Ende des Penis

*Gonaden* – Geschlechtsdrüsen

*Homologe* – Entsprechungen, Gegenstücke; Begriff aus der vergleichenden Anatomie

*Klitoris* – Kitzler; besteht aus Corpus (Schaft), zwei Crura (Schenkel) und Glans (Eichel)

*Kommissur* – bogenförmiger Übergang zwischen den beiden Schamlippen (vorne und hinten)

*Labia minora* – kleine (innere) Schamlippen

*Labia majora* – große (äußere) Schamlippen

*Lakune* – Bucht, hier meistens: Schleimhautbucht

*Meatus* – Harnröhrenmündung

*muköse Drüsen* – schleimabsondernde Drüsen

*Musculus bulbospongiosus* – Muskel der Dammgegend, der bei der Frau den Scheidenvorhof und die Schenkel der Klitoris umgreift, beim Mann die Peniswurzel

*Musculus coccygeus* – Steißbeinmuskel, der vom Sitzbeinstachel zum Seitenrand des Steißbeins zieht

*Musculus ischiocavernosus* – Muskel unterhalb des muskulösen Beckenbodens, der beim Mann das Crus penis, bei der Frau das Crus clitoridis umgreift

*Musculus levator ani* – unterer muskulöser Abschluß des kleinen Beckens (Diaphragma pelvis)

*Musculus pubococcygeus* – gehört zusammen mit dem M. pubourethralis und dem M. puborectalis zu den sogenannten Levator-Muskeln, die den unteren muskulösen Abschluß des kleinen Beckens (Diaphragma pelvis) bilden; beginnt beidseitig in der Schambeinmitte, bildet einen ovalen Ring um Urethra, Vagina und Rektum und führt zum Steißbein

*Os ischii* → Sitzbein

*Os pubis* → Schambein

*paraurethrale Drüsen/Gänge* – nicht mehr gebräuchlicher Ausdruck für urethrale Drüsen/Gänge

*Pars prostatica* → Urethra

*Pars spongiosa* → Urethra

*Pars membranacea* → Urethra

*Perineum* – Damm, zwischen After und äußeren Geschlechtsteilen gelegen

*Periost, Periostum* – Beinhaut, Knochenhaut

*Praeputium clitoridis/penis* – Vorhaut der Klitoris/des männlichen Gliedes

*Prostata* – Vorsteherdrüse; etwa walnußgroßes Organ unterhalb der Harnblase, bestehend aus etwa 30 Einzeldrüsen, die ihr Sekret bei der Ejakulation in die Harnröhre abgeben und dem Samen beimischen

*Pudendum* – Vulva, äußere weibliche Geschlechtsorgane, zu denen große und kleine Schamlippen, Schamspalte, Klitoris und Scheidenvorhof gehören

*Rektum* – Mastdarm, Enddarm

*Rugae* – Runzelfalten; quergestellte Schleimhautfalten an Vorder- und Hinterwand der Vagina

*sakral* – das Kreuzbein betreffend

*Sakralnerven* – Sammelbezeichnung für die fünf Spinalnerven des Sakralmarks

*Schambein* – vorderer Teil des Hüftbeins

*Sinus urogenitalis* – Geschlechtsharnrinne

*Sitzbein* – Teil des Hüftbeins

*Skenesche Drüsen* – weibliche urethrale Drüsen

*Skenesche Gänge* – hinter dem Saum der äußeren weiblichen

Harnröhrenmündung gelegene Gänge, die zu den schlauch-
förmigen → Skeneschen Drüsen führen

*Skrotum* – Hodensack

*Sulcus* – Furche an der Eichel des Penis (entspricht der weiblichen Carina)

*Symphyse* – Schamfuge; Knorpelschaft zwischen beiden
Schambeinen

*Testes* – Hoden

*Testikel* – Hoden

*Urachus* – embryonaler Harngang, verläuft vom Scheitel der
späteren Harnblase bis zum Nabel, bildet sich nach der Geburt zurück

*Ureter* – Harnleiter

*Urethra* – Harnröhre; wird entsprechend dem sie umgebenden Gewebe in drei Abschnitte unterteilt: Pars prostatica
(zieht durch die Vorsteherdrüse), Pars membranacea (durch-
setzt das Diaphragma urogenitale) und Pars spongiosa (eingebettet in das Corpus spongiosum)

*urogenital* – die Harn- und Geschlechtsorgane betreffend

*Urogenitalsystem* – Harn- und Geschlechtssystem

*Uterus* – Gebärmutter

*Utriculus prostaticus* – kleiner Blindsack zwischen den Ein-
mündungsstellen der beiden Samenblasengänge in die Harnröhre; entspricht entwicklungsgeschichtlich der weiblichen
Scheide, daher auch die Bezeichnung Vagina prostatica

*Vagina* – weibliche Scheide; etwa 10 cm langer, stark dehnba-
rer Schlauch, der vom Scheidenvorhof bis zum Gebärmutterhals reicht, den sie umfaßt

*Vagina prostatica* → Utriculus prostaticus

*Vaginismus* – Scheidenkrampf, Überempfindlichkeit der Vagina

*ventral* – zum Bauch gehörig

*Vulva* – Scham; gesamtes äußeres weibliches Genitale (große
und kleine Schamlippen und behaarte Umgebung)

*Zervix* – Gebärmutterhals, Gebärmuttermund; unterer, in
die Vagina ragender Teil der Gebärmutter (Uterus)

# ANHANG B:
## MUSKULATUR DER SEXUALORGANE

| | *Weiblich* | *Beim Mann vorhanden* |
|---|---|---|
| *Dammregion* (Der einzige Unterschied auf dieser Ebene besteht darin, daß sich in der weiblichen Dammregion die Bartholinschen Drüsen befinden, deren männliche Entsprechung – die Cowperschen Drüsen – weiter oben in der nächsten Ebene liegen). | • anale Schließmuskeln | Ja Ja |
| | • oberflächliche Muskelfaserzüge des Dammes | Ja |
| | • M. bulbospongiosus (umgreift die Schwellkörper) | Ja |
| | • M. ischiocavernosus (bedeckt die Crura) | |
| *Diaphragma urogenitale* (Diese Ebene gilt als Bestandteil der Dammregion) | • tiefer querer Dammuskel | Ja |
| | • Harnröhrenschließmuskel | Ja (Cowpersche Drüsen) |
| *Diaphragma pelvis* (Durch diese Ebene ziehen der mittlere und der obere Teil der Vagina) | • M. pubococcygeus (MPC) | Ja |
| | • M. iliococcygeus (MIC) | Ja |
| | • M. coccygeus (ischiococcygeus) | Ja |

*Anmerkung zu Anhang B:* Der MPC und der MIC bilden (zusammen mit urethralen und rektalen Muskeln) eine Muskelgruppe, die man als *M. levator ani* (d. h. Muskulatur, die den Anus anhebt) bezeichnet.

## ANHANG C
### GALENS HOMOLOGE DER MÄNNLICHEN UND DER WEIBLICHEN SEXUALORGANE

| *Männlich* | *Weiblich* |
|---|---|
| Skrotum | wulstiger Teil der Vagina (Labia majora) |
| Penis | Vagina-Kanal (Lumen der Vagina) |
| Vorhaut des Penis (Praeputium) | äußere Geschlechtsorgane (Labia minora) |
| Prostata | Prostata |

# ANHANG D
## AREYS MÄNNLICHE UND WEIBLICHE HOMOLOGE
### Zusammenstellung der urogenitalen Homologe

| Männlich | Indifferentes Stadium | Weiblich |
|---|---|---|
| Testis (Hoden) | Gonade (Geschlechts-drüse) | Ovarium Eierstock |
| (1).......... | | (1)Cortex |
| (2)Tubuli semini-feri (Hoden-kanälchen) | | (2)Medulla (Markzone) (primär) |
| (3)Rete testis (Röhrchen-, Spaltennetz) | | (3)*Rete ovarii* |
| (1)*Mesorchium* | | (1)Mesovarium (Eierstockge-kröse) |
| (2).......... | | (2)Ligamentum su-spensorium ova-rii (Aufhänge-band des Eier-stocks) |
| (3)*Ligamentum suspensorium testis* | Ligamentum genitoinguinale | (3)Ligamentum ovarii proprium |
| (4)*Gubernaculum testis* (kaudaler Teil: Urnieren-leitband) | | (4)Ligamentum teres uteri (kreisrundes Halteband der Gebärmutter) |

227

| | | |
|---|---|---|
| (5)*Gubernaculum testis* (als Ganzes: Leitband des Hodens) | | (5)........... |
| (6)........... | | (6)Ligamentum latum uteri |

| | Sammelröhrchen der Urniere | |
|---|---|---|
| (1)Ductuli efferentes (Kanälchen im Nebenhoden); kraniale *Ductuli aberrantes* | (1)kranialer Teil der Urniere | (1)*Epoophoron* (Nebeneierstock); *Ductuli aberrantes* |
| (2)*Paradidymis;* kaudale *Ductuli aberrantes* | (2)kaudaler Teil der Urniere | (2)*Paroophoron* (Beieierstock) |

| | | |
|---|---|---|
| (1)*Appendix epididymis* (Nebenhodenanhang) | Urnierengang (Wolffscher Gang) | (1)*Appendix vesicularis* |
| (2)Ductus epididymis (Nebenhodengang) | | (2)*Ductuli epoophori* (Kanäl chen des Nebeneierstocks) |

| | | |
|---|---|---|
| (3)Ductus deferens (Samenleiter); Samenbläschen (4)Ductus ejaculatorius (Samenblasengang) (5)Ureter (Harnleiter) | | (3,4)*Gartner-Gang* (5)Ureter, Becken etc. |
| (1)*Appendix testis* (2).......... (3).......... | Müllerscher Gang | (1)Eileiter (2)Uterus (3)Vagina (oberer Teil) |
| Colliculus seminalis (Samenhügel) | Müllerscher Hügel | Hymen (Jungfernhäutchen) |
| (1)Harnblase (2)Oberer Teil der Pars prostatica der Urethra | embryonale Anlage der Harnblase | (1)Harnblase (2)Urethra |

| | Sinus urogenitalis (Urogenitalrinne) | |
|---|---|---|
| (1) Unterer Teil der Pars prostatica | (1, 2) Beckenanteil des Sinus urogenitalis | (1) Vorhof (an die Vagina angrenzend) |
| (a) *Utriculus prostaticus (Vagina masculina)* | | (a) Vagina (unterer Anteil der oberen 2/3) |
| (b) *Prostata* | | (b) *paraurethrale Gänge;* urethrale Drüsen |
| (2) Pars membranacea der Urethra | | (2) Vorhof (mittlerer Teil) |
| (3) Pars spongiosa der Urethra | (3) Pars phallica des Sinus urogenitalis | (3) Vorhof (zwischen den Labia minora) |
| (a) bulbourethrale Drüsen | | (a) große Vorhofdrüsen (Bartholinsche D.) |
| (b) Urethrale Drüsen (Littrésche Drüsen) | | (b) kleinere Vorhofdrüsen |

| (1)Penis | (1)Phallus | (1)Klitoris |
|---|---|---|
| (a)Glans penis | (a)Glans | (a)Glans clitoridis |
| (b)Urethrale Oberfläche des Penis | (b)Genitalfalten | (b)Labia minora |
| (c)Corpora cavernosa penis (erektile Schwellkörper) | (c, d)Corpus (Schaft) (Seitenpfeiler des Genitalhöckers) | (c)Corpora cavernosa clitoridis (erektile Schwellkörper) |
| (d)Corpus cavernosum urethrae | | (d)Vorhofschwellkörper |
| (2)Skrotum | (2, 3)embryonale Genitalwülste | (2)Labia majora |
| (3)Ralphe scroti (Verwachsungsstelle) | | (3)Commissura laborium posterior |
| (4).......... | (4)mittlerer (kranialer) Anteil des Genitalhöckers | (4)Mons pubis |

# ANHANG E
## DIE LOWNDES-KRONEN-THEORIE:
## HOMOLOGE DER MÄNNLICHEN UND DER
## WEIBLICHEN SEXUALORGANE

| Weiblich | Männlich |
|---|---|
| Klitoris | Klitoris |
| *Krone* | *Krone* |
| *Corpus* | *Corpus* |
| *Crura* | *Crura* |
| Weibliche Eichel | Eichel des Penis |
| Carina der Eichel | Sulcus der Eichel |
| | *(corona)* |
| Prostata | Prostata |
| Vagina | Penis |

## DANKSAGUNG

Meiner Familie, die während des vergangenen Jahrzehnts großes Verständnis für meine Arbeit aufgebracht und mich in jeder Hinsicht unterstützt hat, bin ich zu großem Dank verpflichtet. Bedanken möchte ich mich auch bei den Freunden und Kollegen, die mir im Lauf dieser Jahre durch gemeinsame Diskussionen und ihr Vertrauen in die Relevanz meiner Forschungsarbeit Mut gemacht haben. Ich hatte das Glück, daß George Goethals zu denen gehörte, die mich von Anfang an unterstützten, und daß er, nachdem er bereits im Anfangsstadium meiner Arbeit deren potentielle Bedeutung erkannt hatte, meine Studien in Harvard begleitete; ebenso John Money vom Johns Hopkins Hospital, der sich unvoreingenommen und voller Interesse die Theorien anhörte, die ich über die weiblichen Flüssigkeiten entwickelt hatte, und der mir bei der Publikation meiner Harvard-Arbeit zu diesem Thema behilflich war. Auch den Bildungsstätten und medizinischen Institutionen fühle ich mich verpflichtet, deren Einrichtungen ich bei meiner Forschungsarbeit und beim Schreiben so großzügig in Anspruch nehmen durfte – vor allem Harvard, das mir Zugang zu seinen immensen Beständen gewährte. Es versteht sich eigentlich von selbst, sollte aber noch einmal klargestellt werden, daß die Tatsache, daß ich auf die zahlreichen Beiträge anderer Leute zu dieser Arbeit dankbar hinweise, keinesfalls bedeutet, daß diese Leute oder die Institutionen, für die sie arbeiten, für meine Theorien oder dafür, wie ich sie präsentiert habe, verantwortlich gemacht werden sollen.

Die Frauen, die sich als Versuchspersonen zur Verfügung gestellt haben, müssen anonym bleiben, doch wäre diese Danksagung nicht vollständig, ohne auf ihre großzügige Hilfsbereitschaft hinzuweisen, mit der sie zu diesen Untersuchungen beigetragen haben.

Ann Freedgood, meiner Lektorin von Random House, bin ich dankbar für ihr fachmännisches Urteil und die Betreuung während der Entstehung von *Evas Geheimnisse,* für ihre konstruktive Kritik, ihr inhaltliches Einfühlungsvermögen und dafür, daß sie seit unserem allerersten Gespräch an dieses Buch geglaubt hat.

Danken möchte ich auch Morty Schiff für die vielen Verbesserungen, die er beim Schreiben des Manuskripts angeregt hat.

Mein Dank gebührt außerdem Robert Gottlieb und Daniel Strone, meinen Agenten bei William Morris, für ihre zahlreichen hilfreichen Tips und für das Vertrauen, das sie diesem Buch bereits im Stadium der Entstehung entgegengebracht haben.

Ich hatte das große Glück, beim Schreiben in Robert Duggan von Palmer and Dodge einen klugen Ratgeber zur Seite zu haben.

Ich freue mich, daß ich meinen Lesern durch dieses Buch einige ganz besondere und seltene Texte und Illustrationen aus der medizinischen Bibliothek von Harvard vermitteln kann. Danken möchte ich Richard Wolfe, dem Kurator für Seltene Bücher und Manuskripte, dafür, daß er mir dies ermöglicht hat, und ebenso den Mitarbeitern der Bibliothek für ihre jahrelange freundliche Hilfsbereitschaft.

Einige Kapitel dieses Buches enthalten zahlreiche Abbildungen, unter denen sich auch Originale befinden, die die Bildagentur Graphix in Cambridge freundlicherweise zur Verfügung gestellt hat.

John Donne ermahnt uns in seinen *Devotions:* »Niemand ist eine Insel, die sich selbst genügt.« In diesem Sinne möchte ich zuletzt auch den Frauen und Männern aus den zwanziger Jahren meine Reverenz erweisen, darunter Mitgliedern meiner eigenen Familie, den mutigen Wissenschaftlern jener Zeit, vor allem dem Gynäkologen Robert Latou Dickinson, und den – zum Teil längst verstorbenen – Freunden, die ich liebgewonnen habe und deren Schwung und Idealismus meine Generation so viel verdankt.

# BIBLIOGRAPHIE

Acton, William, 1857/1865. *The Functioning and Disorders of the Reproductive Organs in Youth, in Adult Age, and in Advanced Life: Considered in Their Physiological, Social, and Psychological Relations.* London 1857, Philadelphia 1865.

Anonym [F... L..., Esqu.], 1809. *The Female Friend; or the Duties of Christian Virgins to which is added, Advice to a Young Married Lady.* Baltimore: Henry S. Keatinge.

Arieti, A. L., 1978. *Selected Papers of Silvano Arieti.* New York: Brunner/Mazel Publishers.

Arieti, Silvano, 1976. *The Intrapsychic Self: Feeling and Cognition in Health and Mental Illness.* New York: Basic Books.

Ashe, Geoffrey, 1976. *The Virgin.* London: Routledge & Keagan Paul.

Barker-Benfield, Ben, 1972. »The Spermatic Economy: A Nineteenth Century View of Sexuality.« In *Feminist Studies* 1, 1972.

Barthes, Roland, 1984. *Fragmente einer Sprache der Liebe.* Frankfurt: Suhrkamp.

Beauvoir, Simone de, 1980. *Das andere Geschlecht.* 5. Aufl. Reinbek bei Hamburg: Rowohlt.

Bell, Christopher, 1972. »Autonomic Nervous Control of Reproduction.« In *Pharmacological Reviews* 24, 1972.

Berkow, S. G., 1953. »The corpus spongiosum of the urethra: its possible role in urinary control and stress incontinence in women.« In *American Journal of Obstetrics and Gynecology* 65, 1953.

Bettelheim, Bruno, 1986. *Freud und die Seele des Menschen.* München: Deutscher Taschenbuch Verlag.

Blackwell, Elizabeth, 1972. »Sexual Passion in Men and Woman.« In Nancy Gott (Hrsg.), *Roots of Bitterness: Documents of the Social History of American Women.* S. 299–303. New York: Dutton.

Blakemore, Colin, 1977. *Mechanics of the Mind.* Cambridge: Cambridge University Press.

Böckle, Franz/Holenstein, Carl (Hrsg.), 1968. *Die Enzyklika in der Diskussion. Eine orientierende Dokumentation zu »Humanae vitae«.* Zürich: Benziger.

Bonaparte, Marie, 1953. *Female Sexuality.* New York: International Universities Press.

Bonney, Victor, 1923. »The female genital tract.« In Charles Colby Choyce/J. M. Beattie (Hrsg.), *Systems of Surgery.* 2. Aufl., Bd. II. New York: Paul B. Hoeber.

Bonzall, R. W./Michael, R. P., 1978. »Volatile Odoriferous Acids in Vaginal Fluid.« In Hafez/Evans (Hrsg.), *The Human Vagina.* Amsterdam, New York: North Holland Publishing Company.

Bridges, E. Lucas, 1948. *The Uttermost Parts of the Earth.* New York: E. P. Dutton.

Buber, Martin, 1958. *Ich und Du.* Heidelberg: Schneider.

Burgos, M. H./Vargas-Linares, R. de, 1970. »Cell Junctoins in the Human Vaginal Epithelium.« In *American Journal of Obstetrics and Gynecology* 108, S. 565.

Burnet, John, 1920. *Early Greak Philosophy.* 3. Aufl. London: Adam and Charles Black.

Campbell, Joseph, 1974. *The Masks of God: Primitive Mythology.* New York: The Viking Press.

Chen, Chien-Ming, 1969. *Discriminations Between Buddhist and Hindu Tantras.* Kalimpong, Indien: Maui Publishing Works.

*Claudii Galeni Opera omnia.* D. Carolus Gottlob Kühn (Hrsg.), Lipsiae 1822.

Cohen, L., 1969. »Influence of pH on Vaginal Discharges.« In *British Journal of Venereal Disease* 45, S. 241, 1969.

Davenport, John, 1875. *Curiositates Eroticae Physiologicae: or, Tabooed Subjects Freely Treated.* London.

Davidson, J. M./Davidson, R. J., 1980. *The Psychobiology of Consciousness.* New York: Plemum Press.

Degler, Carl, 1984. »What Ought to Be and What Was: Womens' Sexuality in the Nineteenth Century.« In *American Historical Review,* Dezember 1984.

Deter, R. L./Caldwell, G. T./Folsom, A. I., 1946. »A Clinical and Pathological Study of the Posterior Female Urethra.« In *Journal of Urology* 55, 1946.

Devereux, George, 1958. »The Significance of the External Female Genitalia and of Female Orgasm for the Male.« In *Journal of American Psychoanalytic Association* 6, 1958.

Devereux, George, 1947. »Mohave Orality«. In *Psychoanalytic Quarterly* 16, 1947.

Dewey, John, 1922. *Human Nature and Contuct: An Introduction to Social Psychology.* New York: Henry Hold and Co.

Dickinson, Robert Latou, 1949. *Human Sex Anatomy.* 2. Aufl. Baltimore: Williams & Wilkins Company.

*Dorland's Illustrated Medical Dictionary,* 1981. Philadelphia: W. B. Saunders.

Doyle, J. B./Ewers, F. J./Sapit, D., 1960. »The New Fertility Testing Tape: A Predictive Test of the Fertile Period.« In *Journal of American Medical Association* 172, S. 1744, 1960.

Einstein, Albert, 1952. *Aus meinen späten Jahren.* Stuttgart: Deutsche Verlags-Anstalt.

Elias, Hans et al., 1978. *Histology and Human Microanatomy.* 4. Aufl., New York, Toronto: John Wiley & Sons.

Ellis, Havelock, 1936. *Studies in the Psychology of Sex,* Bd. 3. New York: Random House.

Erler, Gisela 1985. *Das Frauenzimmer. Für eine Politik des Unterschieds.* Berlin: Wagenbach.

Eysenck, Hans J./Wilson, Glenn d. (Hrsg.), 1973. *Experimentelle Studien zur Psychoanalyse Sigmund Freuds.* Wien, München, Zürich: Europaverlag.

Fehlinger, Hans, 1921. *Das Geschlechtsleben der Naturvölker.* Leipzig: K. Kabitzsch.

Finsch, Otto, 1880. »Ueber die Bewohner von Ponapé (östl. Carolinen).« In *Zeitschrift für Etnologie* 12, 1880, S. 301–332. Berlin: Paul Parey.

Foucault, Michel, 1984. *Histoire de la Sexualité: Le Souci de Soi,* Bd. 3. Paris: Gallimard.

Freud, Sigmund, *Gesammelte Werke in Einzelbänden.* Frankfurt a. M.: S. Fischer Verlag.

Freud, Sigmund, 1905a. »Die infantile Sexualität.« In *Gesammelte Werke,* Bd. V.

Freud, Sigmund, 1905b. »Die Umgestaltungen der Pubertät.« In *Gesammelte Werke,* Bd. V.

Freud, Sigmund, 1905c. »Bruchstück einer Hysterie-Analyse.« In *Gesammelte Werke,* Bd. V.

Freud, Sigmund, 1917. »Allgemeine Neurosenlehre« (Vorlesungen zur Einführung in die Psychoanalyse, Teil III). In *Gesammelte Werke,* Bd. XII.

Freud, Sigmund, 1921. »Massenpsychologie und Ich-Analyse«. In *Gesammelte Werke,* Bd. XIII.

Freud, Sigmund, 1923. »Die infantile Genitalorganisation. Eine Einschaltung in die Sexualtheorie.« In *Gesammelte Werke,* Bd. XIII.

Freud, Sigmund, 1924. »Der Untergang des Ödipuskomplexes«. In *Gesammelte Werke,* Bd. XIII.

Freud, Sigmund, 1925. »Einige psychische Folgen des Anatomischen Geschlechtsunterschiedes.« In *Gesammelte Werke,* Bd. XIV.

Freud, Sigmund, 1931. »Über die weibliche Sexualität.« In *Gesammelte Werke,* Bd. XIV.

Freud, Sigmund, 1932. »Neue Folge der Vorlesungen zur Einführung in die Psychoanalyse.« In *Gesammelte Werke,* Bd. XV.

Friederici, 1912. *Contributions to Anthropology and Philology of German New Guinea.* Berlin: Documents about German Protectorates, Spl. 5.

Frye, Northrop, 1983. *The Great Code: The Bible and Literature.* New York: Harcourt, Brace, Jovanovich.

Galeano, Eduard, 1985. *Memory of Fire: Genesis.* (Ins Amerikanische übersetzt von Cedric Belfrage.) New York: Pantheon Books.

Galen, siehe *Claudii Galeni Opera Omnia.*

Gladwin, T./Sarason S. B., 1953. *Truk: Man in Paradise.* New York: Wenner-Gren Foundation for Anthropological Research.

Gordon, Michael, 1971. »From an Unfortunate Necessity to a Cult of Mutual Orgasm: Sex in American Marital Education Literature, 1830–1940.« In James M. Henslin (Hrsg.), *Studies in the Sociology of Sex.* New York: Appelton-Century Crofts.

Graaf, Regnier de, 1972. *New Treatise Concerning the Generative Organs of Woman.* (Englische Übersetzung des 1672 erschienenen lateinischen Originaltextes *De mulierum organis generationi inservientibus* von H. D.

Jocelyn und B. P. Setchell). In *Journal of Reproduction and Fertility,* Supplement 17, Oxford: Blackwell Scientific Publications.

Grafenberg, Ernest, 1950. »The Role of the Urethra in Female Orgasm.« In *The International Journal of Sexology* 3, 1950.

Graves, Robert/Patai, Raphael, 1964. *Hebrew Myths: The Book of Genesis. Garden City, N. Y.: Doubleday & Company.*

Hafez, E. S. E./Evans, T. N. (Hrsg.), 1978. *The Human Vagina.* Amsterdam, New York: North Holland Publishing Company.

Hafez, E. S. E./Black, D. L., 1969. »The Mammalian Uterotubal Junction.« In Hafez/Black (Hrsg.), *The Mammalian Oviduct: Comparative Biology and Methodology.* Chicago: University of Chicago Press.

Hamilton, G. V., 1929. *A Research on Marriage.* New York: Boni.

Hartmann, Eduard von, 1888. »Die Gleichstellung der Geschlechter.« Kapitel III. aus *Moderne Probleme* (S. 36−50). 2. vermehrte Aufl. Leipzig: Verlag von Wilhelm Friedrich (1. Aufl. 1885).

Hippokrates: Richard Kapferer (Hrsg.), 1934. *Die Werke des Hippokrates.* Stuttgart, Leipzig: Hippokrates-Verlag. Teil 3: »Die Diät (Lebensordnung)«; Teil 16: »Der Samen«.

Horney, Karen, 1926. »Flucht aus der Weiblichkeit.« In *Internationale Zeitschrift für Psychoanalyse* 12, 1926.

Hrdy, Sarah Blaffer, 1987. *The Woman That Never Evolved.* Cambridge, Mass., und London, England: Harvard University Press.

Huffman, J. W., 1948. »The Detailed Anatomy of the Paraurethral Ducts in the Adult Human Female.« In *American Journal of Obstetrics and Gynecology* 55, 1948, S. 86−101.

Huggins, G. R./Preti, G., 1981. »Vaginal Odors and Secretions.« In *Clinical Obstetrics and Gynecology* 24 (I), 1981.

Huisman, A. B., 1983. »Morphology of the female urethra.« In Ulf Ulmsten (Hrsg.), *Female Stress Incontinence: Contributions to Gynecology and Obstetrics,* Bd. 10. Basel: S. Karger AG, S. 1−31.

James, William, 1890. *The Principles of Psychology,* Bd. I. London: Macmillan and Co., Ltd.

Jaszczak, S./Hafez. E. S. E., 1978. »The Vagina and Infertility.« In E. S. E. Hafez/T. N. Evans (Hrsg.), *The Human Vagina,* Bd. 2. Amsterdam, New York: North Holland Publishing Company.

Keibel, Franz/Vall, F. P., 1912. *Human Embryology.* Philadelphia: J. B. Lippincott Company.

Keith, L. E. Reverend [Felix Feeler], 1984. *Female Filosophy: Fished Out and Fried.* Sterling Memorial Library, Yale University.

Kinsey, Alfred C./Pomeroy, Wardell B./Martin, Clyde E./Gebhard, Paul H., 1954. *Das sexuelle Verhalten der Frau.* Berlin, Frankfurt a. M.: S. Fischer Verlag.

Kinsey, Alfred C./Pomeroy, Wardell B./Martin, Clyde E./Gebhard, Paul H., 1953. *Sexual Behaviour in the Human Female.* Philadelphia, London: W. B. Saunders Company.

Krantz, Kermit E., 1950. »The Anatomy of the Urethra and Anterior Vaginal Wall.« In *Transactions of the American Association of Obstetrics, Gynecology and Abdominal Surgery* 61, S. 31, 1950.

Krantz, Kermit E., 1958. »Innervation of the Human Vulva and Vagina: A Microscopic Study.« In *Obstetrics and Gynecology* 12, 1958, S. 382 – 396.

Krauss, Friedrich S., 1907. *Das Geschlechtsleben in Glauben, Sitte und Brauch der Japaner.* Leipzig: Deutsche Verlagsactiengesellschaft.

Kuhn, Thomas S., 1970. *The Structure of Scientific Revolutions,* Bd. II, Nr. 2. Chicago: The University of Chicago Press.

Kuntz, A., 1945. *The Autonomic Nervous System.* 3. Aufl. Philadelphia: Lea & Bebiger.

Ludwig, H./Metzger, H., 1976. *The Human Female Reproductive Tract: The Scanning Elektron Microscopic Atlas.* Berlin: Springer-Verlag.

Lundberg, Ferdinand/Farnham, Marynia F., 1947. *Modern Woman: The Lost Sex.* New York: Harper & Brothers.

Malinowski, Bronislaw, 1929. *Sexual Life of Savages.* London: Routledge & Sons.

Marcus, Steven, 1966. *The Other Victorians: A Study of Sexuality and Pornography in Mid-Nineteenth Century England.* New York: Basic Books.

Masters, W. H., 1959. »The Sexual Response Cycle of the Human Female: Vaginal Lubrications.« In *Annals of New York Academy of Science* 83, S. 301 – 317, 1959.

Masters, William H./Johnson, Virginia E., 1967. *Die Sexuelle Reaktion.* Frankfurt a. M.: Akademische Verlagsgesellschaft.

Mayr, Ernst, 1982. *The Growth of Biological Thought: Diversity, Evolution, and Inheritance.* Cambridge, Mass.: Harvard University Press.

Mohr, Fritz, 1925. *Psychophysische Behandlungsmethoden.* Leipzig: Hirzel.

Money, John, 1981. »The Development of Sexuality and Eroticism in Humankind.« In *The Quarterly Review of Biology* 56 (4), Dezember 1981.

Money, John, 1961. »Components of Eroticism in Man: II. The Orgasm and Genital Somesthesia.« In *The Journal of Nervous and Mental Disease* 132, 1961, S. 289 – 297.

Muellner, S. Richard, 1959. »The Anatomics of the Female Urethra: A Critical Review.« In *Obstetrics and Gynecology* 14:4, Oktover 1959.

Noonan, John T., Jr., 1965. *Contraception: A History of Its Treatment by the Catholic Theologians and Canonists.* Cambridge, Mass.: The Belknap Press, Harvard University Press.

Ozment, Steven, 1983. *When Fathers Ruled: Family Life in Reformation Europe.* Cambridge, Mass.: Harvard University Press.

Parke, Joseph Richardson, 1906. *Human Sexuality. A medicoliterary treatise on the laws, anomalies, and relations of sex, with especial reference to contrary sexual desire...* Philadelphia: Professional Publishing Company.

Patai, Raphael, 1978. *The Hebrew Goddess.* New York: Avon Books.

*Der Kleine Pauly, Lexikon der Antike in fünf Bänden.* 1979. München: Deutscher Taschenbuch Verlag.

Persol, G. A., 1930. *Human Anatomy,* 9. Aufl. Philadelphia: J. B. Lippincott Company.

Plath, Oreste, 1973. *Geografia del milo y la leyenda chilenos.* Santiago de Chile: Nascimento.

Platon, *Timaios,* in Bd. VI der Jubiläumsausgabe.

Platon, *Der Staat,* Bd. IV der Jubiläumsausgabe.

239

Platon: *Jubiläumsausgabe sämtlicher Werke zum 2400. Geburtstag,* übertragen von Rudolf Rufener. Zürich, München: Artemis 1974.
Preti, G./Huggins, G. R./Silverberg,G. D., 1979. »Alterations in the Organic Compounds of Vaginal Secretions Caused by Sexual Arousal.« In *Fertility Sterility* 32 (I), S. 47 – 54, 1979.
Radl, Emanuel, 1930. *The History of Biological Thought.* London: Oxford University Press.
Raffi, R. O./Moghiss, L. S./Sacco, A. G., 1977. »Proteins of Human Vaginal Fluid.« *Fertility Sterility* 28, S. 1345, 1977.
Ramzy, Ishak, 1956. »From Artistotle to Freud: A Few Notes on the Roots of Psychoanalysis.« In *Bulletin of the Menninger Clinic* 20, 1956.
Raz, S. et al., 1972. »The vascular component in the production of intraurethral pressure.« In *Journal of Urology* 108, S. 93–96.
Reis, T. A./DeCosta, E. J., 1947. »Stress incontinence in the female.« In *American Journal of Obstretrics and Gynecology* 53, S. 776.
Sarton, George, 1952. *A History of Science.* Cambridge, Mass.: Harvard University Press.
Saussure, Raymond de, 1933. »Psychologie génetique et psychanalyse.« In *Revue Française de Psychanalyse* 6, 1933, S. 365 – 403.
Sevely, Josephine Lowndes, 1976. »Female Ejaculation.« Unveröffentlichtes Manuskript, Harvard University.
Shainess, Natalie, 1966. »A Reassessment of Feminine Sexuality and Erotic Experience.« In Jules H. Masserman (Hrsg.), *Sexuality of Woman, Science and Psychoanalysis.* New York: Grune and Stratton.
Sullerot, Evelyne, 1979. »The Emotional State in Sexuality and Reproduction.« In L. Carenza/L. Zichella (Hrsg.), *Emotion and Reproduction.* Fifth International Congress of Psychosomatic Obstetrics and Gynecology, Bd. 20A, London, New York: Academic Press.
Sullerot, Evelyne, 1971. *Woman, Society, and Change.* New York: Mac-Graw-Hill.
Trilling, Lionel, 1979. *The Liberal Imagination: Essays on Literature and Society.* New York: Harcourt Brace Jovnovich.
Undeutsch, Udo, 1950. »Die Sexualität im Jugendalter.« In *Studium Generale* 3, 1950, S. 433 – 454.
Velde, Theodor H. van de, 1967. *Die vollkommene Ehe. Eine Studie über ihre Physiologie und Technik.* 77., neu bearb. Aufl., Zürich, Stuttgart, Wien: Albert Müller Verlag.
Vieille, Paul, 1978. »Iranian Women in Family Alliance and Sexual Politics.« In Lois Beck/Nikki Keddie (Hrsg.), *Woman in the Muslim World.* Cambridge, Mass.: Harvard University Press.
Yamada, Katsuyoshi, 1951. »On the sensory nerve terminations in clitoris in human adult.« In *Tohoku Journal of Experimental Medicine* 54 (2), S. 163–174.
Yokochi, Chihiro/Rohen, Johannes W., 1978. *Photographic Anatomy of the Human Body.* Baltimore: University Park Press; Tokyo: Igaku-Shoin.
Young, Wayland, 1964. *Eros Denied:: Sex in Western Society.* New York: Grove Press.

# ABBILDUNGSNACHWEISE

1    Mit freundlicher Genehmigung von The Harvard University Art Museums (The Fogg Art Museum), Vermächtnis von Grenville L. Winthrop: Skizzen eines Mannes und einer Frau, aus *Das goldene Zeitalter* von Jean Auguste-Dominique Ingres (1780 bis 1867).

2    Francis A. Countway Library of Medicine: Menschliche Vagina, aus *De humani corporis fabrica* (1543) von Andreas Vesalius (1514 bis 1564).

3    Urban & Schwarzenberg GmbH: Erektile Schwellkörper des Penis, aus Johannes Sobotta, *Atlas of Human Anatomy*, 10. engl. Aufl. 1983.

6    Francis A. Countway Library of Medicine: Weibliche Geschlechtsorgane, nach Abbildungen von Robert Latou Dickinson.

7, 20, 25    Wiedergabe mit freundlicher Genehmigung von H. B. Jocelyn und B. P. Setchell, den Übersetzern von Regnier de Graaf, *New Treatise Concerning the Generative Organs of Woman* (1672), erschienen in *Journal of Reproduction and Fertility,* Supplement 17, 1972.

9, 10, 19    Copyright-Nachweise der CIBA bei den Abbildungen.

11, 13, 15    S. Karger AG Basel: Abbildungen der Urethra bei der Frau und beim weiblichen Neugeborenen, aus A. B. Huisman, »Aspects of the Anotomy of the Female Urethra with Special Relation to Urinary Continence«. In *Contributions to Gynecology and Obstetrics* 10, 1983.

12    Oxford University Press: Abbildung der Urethra beim männlichen Neugeborenen, aus Johannes A. G. Rhodin, *Histology: A Text and Atlas,* 1974.

14    Aus F. Hammerson und J. Sobotta, *Histology: A Color Atlas of Microscopic Anatomy.* Baltimore, München: Urban & Schwarzenberg 1985.

16    Aus A. Maximow und W. Bloom, *A Textbook of Histology.* Philadelphia: W. B. Saunders Co. 1957. Abdruck mit freundlicher Genehmigung.

17, 18    Aus J. Sobotta, *Atlas of Human Anatomy.* Baltimore, München: Urban & Schwarzenberg 1983.

21, 22, 27–30    C. V. Mosby Company, aus J. W. Huffman, »Paraurethral Ducts in Females.« In *American Journal of Obstetrics and Gynecology* 55 (1), 1948, S. 86 bis 101.

23    Naturhistorisches Museum, Wien: Venus von Willendorf. Fotografiert von Rick Stafford.

24    Musée National de Préhistoire des Eyzies: Fotografie einer in Stein geritzten Vulva aus La Ferrassie.

26    Aus F. P. Johnson, »Homologue of the Prostate in the Female.« In *Journal of Urology* 8, 1922, S. 13 bis 34; von Williams & Wilkins.

31    Welcome Institute Library, London: Abbildung des weiblichen Uterus, aus Andreas Vesalius, *Tabulae Anatomicae Sex,* 1538.

34    Francis A. Countway Library of Medicine: Abbildung der Hottentotten-Venus.

33    Francis A. Countway Library of Medicine: Abbildung der Vagina, nach einer Zeichnung von Robert Latou Dickinson.

35–37, 43   Elsevier Science Publishers B. V. (Biomedical Division), Amsterdam. Aus E. S. E. Hafez und T. N. Evans, *The Human Vagina,* 1978.

38    Francis A. Countway Library of Medicine: Abbildung des weiblichen Beckenbereichs, von Robert Latou Dickinson.

39, 46  Aus D. H. Nichols und P. S. Milley, *Davis' Gynecology and Obstetrics,* hrsg. v. J. Rovinsky. Hagerstown: Harper & Row 1972.

40      Francis A. Countway Library of Medicine: Weibliche Vagina, nach einer Abbildung von Robert Latou Dickinson.

41, 42 Francis A. Countway Library of Medicine: Abbildungen von Robert Latou Dickinson.

43    Aus Changyul Oh und Allan E. Kark, »Anatomy of the Perineal Body.« In *Diseases of the Colon and Rectum* 16 (6), S. 445–455. Philadelphia: J. P. Lippincott 1973.

45    Francis A. Countway Library of Medicine: Zeichnung der weiblichen Anatomie, aus Leonardo da Vinci, *Quaderni d'Anaromia III,* 1511–1516.

47–49   Francis A. Countway Library of Medicine: Zeichnungen von (47, 49) bzw. nach (48) Robert Latou Dickinson.

Anhang D: Tabelle der urogenitalen Homologe von Leslie B. Arey, *Developmental Anatomy: A Textbook and Laboratory Manual of Embryology.* Philadelphia: W. B. Saunders Co. 1965. Abdruck mit freundlicher Genehmigung.

# REGISTER

(Namen und Titel sind *kursiv* gesetzt; *kursive* Seitenzahlen verweisen auf Abbildungen; die Abkürzungen m. und w. stehen für männlich und weiblich)

247